ДИАЛОГ

Schülerbuch für
den Russischunterricht

4

Kompetenzstufe B 1
des Gemeinsamen europäischen
Referenzrahmens

Herausgeberin/Herausgeber
Dr. Gudrun Seemann
Heiko Seefeldt

Autorinnen/Autoren
Dr. Rima Breitsprecher
Katrin Bykowa
Astrid Grundmann
Peter Jigalin
Antje Meschke
Ulrike Neumann
Lena Richert
Heiko Seefeldt
Dr. Astrid Seidel

Beratung
Claudia Braune
Monika Schuster

Cornelsen
VOLK UND WISSEN

Herausgeberin/Herausgeber
Dr. Gudrun Seemann
Heiko Seefeldt

Autorinnen/Autoren
Dr. Rima Breitsprecher *Greifswald*
Katrin Bykowa *Berlin*
Astrid Grundmann *Bretnig-Hauswalde*
Peter Jigalin *Düsseldorf*
Antje Meschke *Heidenau*
Ulrike Neumann *Bergisch-Gladbach*
Lena Richert *Berlin*
Heiko Seefeldt *Angermünde*
Dr. Astrid Seidel *Werder*

Beratung
Claudia Braune *Landsberg*
Monika Schuster *Grimma*

Redaktion Regina Riemann
Kristina Müller

Illustrationen Cleo-Petra Kurze
Umschlaggestaltung groenland.berlin
Layoutkonzept Wladimir Perlin
Layout und technische Umsetzung Marina Goldberg
Bildrecherche Lena Richert

Zum Lehrwerk *Dialog 4* gehören außerdem folgende Titel:

Arbeitsheft mit Hör-CD	ISBN 978-3-06-120139-5
Arbeitsheft für Lehrer mit Lösungen und Hör-CD	ISBN 978-3-06-120140-1
Handreichungen für den Unterricht	ISBN 978-3-06-120141-8

www.cornelsen.de
www.vwv.de

1. Auflage, 2. Druck 2011

Alle Drucke dieser Auflage sind inhaltlich unverändert
und können im Unterricht nebeneinander verwendet werden.

Druck: CS-Druck CornelsenStürtz, Berlin

ISBN 978-3-06-120138-8

Inhalt gedruckt auf säurefreiem Papier aus nachhaltiger Forstwirtschaft.

Inhaltsverzeichnis

Lektion, Abschnitt	Thema, Situation, Soziokulturelles	Redeabsichten / Lesetexte / ❖ grammatische Strukturen	Lern- und Arbeitstechniken / Dossier / P Projekt	Seite
Повторяем	**Игра**			**8**
П 1	**Компромиссы…**	sagen, was man gern tut, sagen, was man tun muss, eine Umfrage durchführen		**10**
П 2	**Язык до Киева доведёт.**	sich über Reisen und Freizeitinteressen austauschen		**12**
Урок 1	**Я хочу стать дизайнером.**			**14**
1 А	**Первый шаг в будущее** Schulsystem in Russland, Berufswünsche russischer Schüler	über das russische Schulsystem sprechen, eine Statistik auswerten, ein Berufsberatungsgespräch führen ❖ direkte und indirekte Rede ❖ unpersönliche Sätze ❖ Partizip Präsens Passiv		**16**
1 Б	**Профессия – Хобби? Интересы? Карьера?**	über Kleidung und Mode sprechen, unterschiedliche Ausbildungsmöglichkeiten vergleichen *Модельер – Дизайнер – Байкер* *Возможности получения профессионального образования*	ein Interview führen	**20**
1 В	**Наконец-то работа!**	über den Arbeitsmarkt sprechen, einen Lebenslauf schreiben, ein Bewerbungsgespräch führen	Моё резюме	**22**
Урок 2	**В мире красок и форм**			**24**
2 А	**Открой для себя мир искусства.** Museen und Galerien Marc Chagall	Informationen für einen Museumsbesuch einholen *Государственный Эрмитаж в Санкт-Петербурге* *Марк Шагал* ❖ Wortbildung durch Suffigierung: Substantive ❖ Superlativ in Verbindung mit *из*	ein Bild beschreiben	**26**
2 Б	**Искусство на улицах** alternative Kunstprojekte	*Картины Русского музея выйдут на улицы Петербурга.* *Искусство под землёй* ❖ Deklination der Familiennamen	einen Artikel schreiben, eine Präsentation/einen Vortrag vorbereiten **P** Флаер о выставке	**30**

Lektion, Abschnitt	Thema, Situation, Soziokulturelles	Redeabsichten / Lesetexte / ❖ grammatische Strukturen	Lern- und Arbeitstechniken / Dossier / P Projekt	Seite
2 В	**Нет жизни без искусства?!** Architektur und Bildhauerei in Moskau	über Architektur und moderne Kunstformen diskutieren		**32**
Урок 3	**Наш общий дом**			**34**
3 А	**Как нам спасти нашу планету?** Umweltschutz	über globale Umweltverschmutzung und Möglichkeiten des Umweltschutzes diskutieren, Meinung äußern, Gefühle ausdrücken *Красная книга* ❖ Passiv ❖ Partizip Präteritum Passiv		**36**
3 Б	**Земля у нас одна.**	*Живём в одуванчике*	einen Text zusammenfassen, einen Brief schreiben	**40**
3 В	**Потерянный рай**	eine Karikatur beschreiben, eine Meinung in einem Internetforum äußern *Потерянный рай*	Хроника эволюции человека	**42**
Урок 4	**Музыка и литература в нашей жизни**			**44**
4 А	**На вкус и цвет товарищей нет.** Schriftsteller	einen literarisch-musikalischen Abend organisieren, über eigene Lesegewohnheiten sprechen, Eintrittskarten für ein Konzert besorgen ❖ Objektsätze mit *что* und *чтобы* ❖ Konjunktiv ❖ 3. Deklination	Российские композиторы и музыканты	**46**
4 Б	**В мире литературы** Schriftsteller und Musiker Anna Karenina	über russische Musiker und Schriftsteller sprechen, einen Romanauszug besprechen *Анна Каренина*		**50**
4 В	**Сколько людей, столько мнений**	eigene Eindrücke zu einem russischen Rocklied schildern *Моё сердце – Группа Сплин*	ein Gedicht/Lied interpretieren und kommentieren **P** Реклама книги (фильма, концерта) Рассказ (стихотворение, песня) о любви	**52**

Lektion, Abschnitt	Thema, Situation, Soziokulturelles	Redeabsichten / Lesetexte / ❖ grammatische Strukturen	Lern- und Arbeitstechniken / Dossier / P Projekt	Seite
Урок 5	**Добро пожаловать в историю России!**			**54**
5 А	**Изучаем дедов – узнаём внуков.** Geschichte Russlands	eine historische Stadtexkursion vorbereiten ❖ Partizip Präsens und Präteritum Aktiv	Исторические места Санкт-Петербурга	**56**
5 Б	**Свидетели истории**	*Разные пассажиры XIX века* *Из дневника мальчика Алёши*	paraphrasieren	**60**
5 В	**Обсуждаем историю.** Peter der I.	die Bedeutung historischer Veränderungen beurteilen *О политике Петра I есть разные мнения…*		**62**
Урок 6	**Окно в Европу и в мир**			**64**
6 А	**Сегодня русские, завтра немцы** Russische Diaspora	über Herkunft und Leben von Spätaussiedlern sprechen ❖ Adverbialpartizipien	История российских немцев **P** Реклама фирмы	**66**
6 Б	**Зарубежная Русь** russische Weltbürger, russische Kultur im Ausland	*Гражданин мира* *Без родины*		**70**
6 В	**Мы можем то, что хотим!**	über die Zukunft eines Jugendzentrums diskutieren, die Rolle der russischen Sprache für die eigene Zukunft beschreiben	eine Diskussion moderieren Русский язык в моём будущем	**72**
Портфолио				**74**
	Аудирование			**74**
	Письмо			**75**
	Говорение			**76**
	Чтение			**78**
	Медиация			**80**

Lektion, Abschnitt	Thema, Situation, Soziokulturelles	Redeabsichten	Lesetexte ❖ grammatische Strukturen	Lern- und Arbeitstechniken Dossier P Projekt	Seite

Serviceangebote	82
Lerntipps	**82**
Mit dem einsprachigen Wörterbuch arbeiten	82
Ein Interview führen	83
Ein Bild (Plakat, eine Karikatur, Fotografie, …) beschreiben	84
Einen Text zusammenfassen	85
Einen persönlichen (inoffiziellen) Brief schreiben	86
Ein Gedicht/Lied interpretieren und kommentieren	86
Paraphrasieren	87
Eine Diskussion moderieren	88
Redemittel	**90**
in einer Diskussion	90
für Bildbeschreibungen	91
für eine Inhaltswiedergabe	91
zur Kommentierung eines Textes	91
für eine Lied- oder Gedichtinterpretation	92
für eine Präsentation	92
zur Bewertung des Unterrichts	93
zur Leistungsbeurteilung	93
zum Einholen einer Meinung	93
zum Ausdrücken einer Meinung	94
zum Ausdrücken von Zustimmung	94
zum Ausdrücken von Ablehnung	94
zum Ausdrücken von Verwunderung	94
zum Ausdrücken von Emotionen	94
Поурочный словарь	**95**
Личности (Persönlichkeiten)	**116**
Русско-немецкий алфавитный словарь	**117**
Числительные (Zahlen)	**133**
Немецко-русский алфавитный словарь	**134**
Предлоги (Präpositionen)	**154**
Deklination	**156**
Ключи к заданиям игры и портфолио	**158**
Географические названия	**160**
Инструкции к заданиям (Arbeitsanweisungen)	**161**
Bildnachweis	**164**

Verwendete Symbole

M	Muster	❖	grammatische Strukturen
↗G3	Verweis auf grammatischen Anhang im Arbeitsheft		Differenzierungsangebot
↗L3	Verweis auf Lerntipps im Anhang des Schülerbuches	A	Aussprachebesonderheit
	Partnerarbeit	↔	Vergleiche
	Gruppenarbeit	E	Verweis auf Englisch
P	Projektarbeit	F	Verweis auf Französisch
	Dossier	!	Aufgepasst!
	Lesetext(e)		Wortschatztruhe
R	Siehe Redemittel im Anhang	~	ersetzt Stichwort
P	Projekt	↗	Verweis auf anderes Wort
	Übung ist auf der Audio-CD	♪	Lied

Verwendete Abkürzungen

Deutsch:			
Abk.	Abkürzung	Pl.	Plural
Adj.	Adjektiv	Poss.	Possessivpronomen
Adv.	Adverb	Präp.	Präpositiv
Akk.	Akkusativ	Präpos.	Präposition
Ant.	Antonym (Gegenteil)	Prät.	Präteritum
Dat.	Dativ	Pron.	Pronomen
Dekl.	Deklination	s.	sächlich
etw.	etwas	Sg.	Singular
gebr.	gebräuchlich	Subst.	Substantiv
Gen.	Genitiv	Sup.	Superlativ
hist.	historisch	Syn.	Synonym
Imp.	Imperativ	ungebr.	ungebräuchlich
Inf.	Infinitiv	ugs.	umgangssprachlich
Instr.	Instrumental	unpers.	unpersönlich
Interj.	Interjektion	uv.	unvollendet (Aspekt)
jmd./jmdm./jmdn.	jemand, jemandem, jemanden	unveränd.	unveränderlich
Komp.	Komparativ	v.	vollendet (Aspekt)
Konj.	Konjunktion	vgl.	vergleiche
m.	männlich	w.	weiblich
Nom.	Nominativ	Wt	Wortschatztruhe
örtl.	örtlich	zeitl.	zeitlich
Part.	Partizip	zielger.	zielgerichtet
Russisch:			
и т.д.	и так далее	стр.	страница
и т.п.	и тому подобное	упр.	упражнение
ср.	сравни		

Spielanleitung (für 3–5 Spieler):

Beginnt bei СТАРТ. Würfelt der Reihe nach und beantwortet die Fragen, wenn möglich, in ganzen Sätzen. Wer als Erste/r ФИНИШ erreicht, hat gewonnen.

Sonderfelder: *Zwiebelturm* – Bei richtiger Antwort noch 1 x würfeln.
Teeglas – Eine Runde aussetzen.
Matrjoschka – Bei richtiger Antwort kannst du den Weg abkürzen.

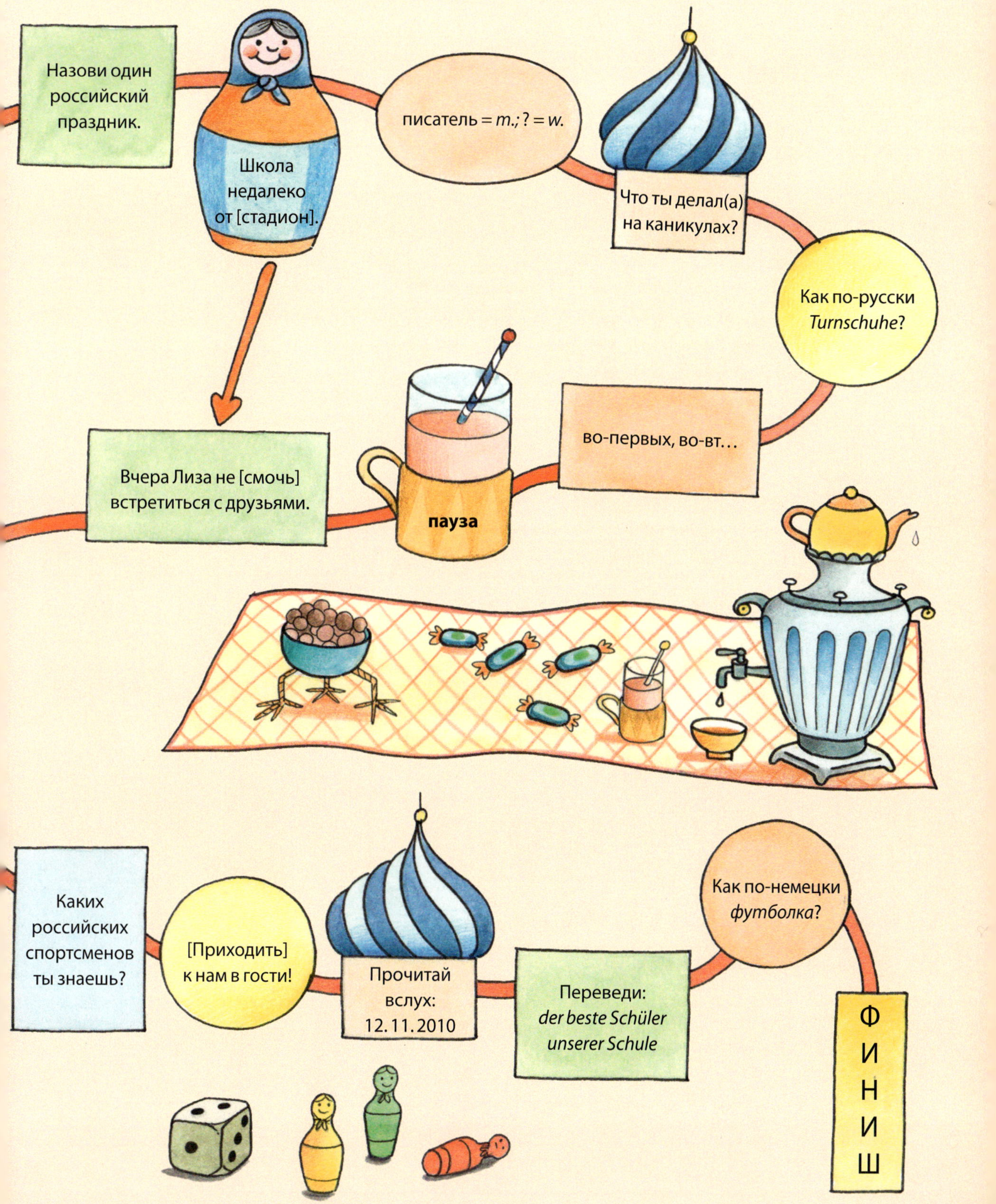

Назови один российский праздник.
Школа недалеко от [стадион].
писатель = *m.*; ? = *w.*
Что ты делал(а) на каникулах?
Как по-русски *Turnschuhe*?
во-первых, во-вт…
пауза
Вчера Лиза не [смочь] встретиться с друзьями.
Каких российских спортсменов ты знаешь?
[Приходить] к нам в гости!
Прочитай вслух: 12. 11. 2010
Переведи: *der beste Schüler unserer Schule*
Как по-немецки *футболка*?
ФИНИШ

Компромиссы...

1 Посмотрите на ассоциограмму.

а) Проведите опрос в классе. Спросите у своих одноклассников, что они любят делать, а что не очень любят делать, но обязательно должны делать.

б) Составьте график о результатах своего опроса.

2 Посмотри на картинки. Придумай маленькую историю.

Эти слова могут быть полезными

- не всегда есть бутерброды
- решить приготовить праздничный ужин
- больше всего любить рыбу
- у мужа хобби: поймать/ловить рыбу
- долго сидеть у озера, но…
- не повезло: ничего не…
- найти выход – пойти в магазин и купить…
- на улице встретить соседа
- скромный
- вернуться домой
- жена рада
- быстро пойти в кухню
- найти ка́ссовый[1] чек
- Какой у меня честный…!
- Какая у тебя классная…!

1 *ср.* касса

П 1
П 2

3 Проведите дискуссию.

Дискотека, супермаркет, фитнес-клуб? Что важнее?

В твоём городе построили большой многоэтажный дом. Первый этаж ещё свободен.
Там планируют открыть супермаркет, молодёжный клуб или спортивный центр.
Администрация города хочет узнать, что думают жи́тели[1] и провела опрос.

Как вы думаете, за что проголосу́ют[2] жители? Объясните, почему.

1 Bewohner 2 stimmen für

Фитнес-центр

- не только для молодёжи
- для всех, кто следит за здоровьем и красотой
- оптимальные возможности для занятия спортом (например, …) и разные услуги в сфере отдыха (сауна, …)
- команда высококвалифицированных тренеров

Молодёжный клуб

- возможность активно проводить свободное время
- не проводить всё время на улице
- отдыхать, читать, организовывать вечеринки
- заниматься спортом (настольным теннисом, бильярдом, …)
- возможность посещать разные курсы (учиться готовить и вести здоровый образ жизни)
- возможность общаться и советоваться со специалистами …

Дискотека

- только для молодёжи
- проводить вечера
- танцевать
- слушать диско-музыку
- общаться с друзьями
- бояться, что постоянно будет шумно

Супермаркет

- совсем рядом, недалеко от своей квартиры
- каждый день покупать свежие овощи и фрукты
- всё хорошее из региона
- разные услуги, например, организация вечеринок
- специальные продукты для здорового питания

4 Опиши фотографию. Придумай маленькую историю.

- (не) только дома
- флиртовать
- общаться с другими людьми
- работать по дому
- провести/проводить время в компании друзей
- собрать чемодан
- построить собственный дом
- забыть о проблемах
- телеман/алкоголик
- бояться

- взять кредит
- нервировать
- мечтать о…
- попросить помочь
- (не) экономить деньги
- развлекаться
- не знать другого выхода
- обмануть – заплатить

5 Прочитай текст со словарём. Придумай конец этой истории.

«Ли́шнего биле́тика? Нет ли у вас лишнего билетика?[1]» – спрашиваю я чуть ли не у каждого, кто проходит мимо… У меня цель – достать билет, любой ценой попасть на спектакль. И я спрашиваю, спрашиваю, вместе с такими же, как я… Менее активные не бегают перед входом, а занима́ют о́чередь[2] в кассу, хотя висит плакат, что билетов уже нет. Молодой мужчина, парень, давно стоит здесь, билетов не спрашивает, с беспокойством смотрит на людей. А время идёт… И вдруг ко мне приближа́ется этот парень. «Послушайте, девушка», – начинает он. «Да», – спрашиваю я…

1 Haben Sie noch eine Eintrittskarte übrig? 2 stellen sich an

1 **Прочитай объявления турагентств из Интернета.**

Туры на 23 февраля,
Широкую Масленицу,
8 марта!

Экскурсии по России и Европе! Круизы.
Любимые зимние праздники России.

Экскурсии: Петербург, Золотое кольцо, Киев, Карелия, Морские круизы
Отдых: Волга, Карелия, Малайзия
Активный отдых: сафари в Карелии, туры в Непал

Вильнюс

Около 900 культурных, художественных и общественных мероприятий:

- выставки;
- фестивали;
- ярмарки;
- праздник 1000-летия Литвы;
- гостеприимная и уютная атмосфера

Плавание с дельфинами – активный отдых для всей семьи!

Плавание с дельфинами – это оригинальный подарок на день рождения, праздник, торжество и просто хороший отдых для всей семьи! Московский дельфинарий ждёт вас!

а) Какое из этих рекламных объявлений тебе особенно нравится? Куда ты хочешь поехать отдохнуть? Объясни, почему.

б) Сделай постер с объявлениями, которые рекламируют отдых в разных странах.

2 **Передай содержание на русском языке.**

Boris lebt erst seit kurzem in Berlin und spricht noch nicht gut Deutsch.
Er hat folgende Informationen gefunden und bittet dich, ihm zu sagen, worum es geht.

WOSTOK

Informationen aus dem Osten für den Westen.

Die Themen aus Politik, Wirtschaft, Gesellschaft und Kultur werden ausführlich und tiefgründig behandelt. Themenschwerpunkte bilden aktuelle Informationen über das Geschehen in den GUS-Staaten.

Die Zeitschrift erscheint vierteljährlich in deutscher Sprache. Die Inhalte der letzten Hefte sind im Internet aufgeführt. Die Zeitschrift kann nur über den Verlag bestellt werden.

Der Hollywood- und Safaripark Stukenbrock

liegt im Teutoburger Wald am Rande des Naturschutzgebiets Senne. Das 650.000 Quadratmeter große Gelände ist eine gelungene Kombination aus Safariland und Freizeitpark, mit Ruhezonen, Spaß und Vergnügen für die ganze Familie. Das Safariland bietet den Besuchern die Möglichkeit, Löwen, Giraffen, Tiger, Elefanten, Kamele vom Auto aus in freier Wildbahn zu erleben. 25 verschiedene Attraktionen warten im Freizeitpark auf die großen und kleinen Besucher.

RUSSISCH-TANDEMPARTNER GESUCHT!

Hallo, mein Name ist Stefan. Ich suche eine/n russischsprachige/n Muttersprachler/in, der/die mit mir Russisch sprechen übt.

Im Gegenzug biete ich Hilfe bei Deutsch und Englisch.

Ich lerne seit zwei Jahren Russisch in der Schule, mache aber noch viele Fehler, besonders beim Sprechen ☹.

3 Российский спортсмен Алекса́ндр Ове́чкин дал интервью на английском языке.

а) Прочитай отрывок.

"As an ice hockey player, it is truly an honour to become Ambassador of the Winter Games being held in my home country.
When Sochi won its bid in Guatemala, we were delighted that in 2014 we will be playing at home on a brand-new modern hockey arena beside the beautiful seaside. As an athlete, I'll try to do everything possible to win the Olympic gold for the Russian team, and as a Sochi 2014 Ambassador, to help ensure that the Winter Games will be held at the highest level possible."

б) Ответь на вопросы по-русски.

Каким видом спорта занимается Александр Овечкин?
О каком соревновании он говорит?
Он рад, что его команда будет участвовать в этом соревновании? Объясни, почему.

4 Кинотеатр *Крокодил*

Прослушай текст и сделай заметки. Потом передай его главное содержание.

5 Россияне – такие же, как мы?

Где россияне чаще всего проводят свободное время?

а) Ознакомьтесь со следующими результатами интернет-опроса.

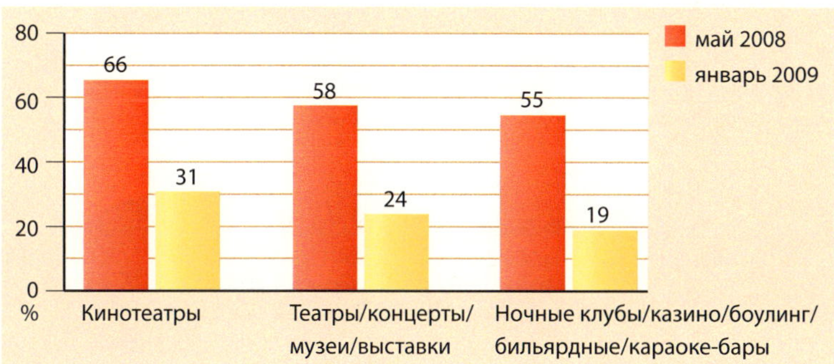

б) Проведите опрос на эту тему в своём классе и сравните результаты с результатами интернет-опроса. Есть различия? Объясните, почему.

6 Кто эксперт по русскому языку?

Придумай маленькую историю с этими словосочетаниями:

вместе с семьёй – планы на будущее – распродажа – менее важно – собрать чемодан – реальность – память – ангина – ездить в спальном вагоне – слава богу – играть в карты

М Летом мы вместе с семьёй…

Я хочу стать диза́йнером.

1 **Посмотри на картинки и расскажи об этапах разви́тия человека. Используй языковой материал.**

а) Опиши факты в хронологи́ческом поря́дке.

б) Расскажи о себе. Как ты обычно проводишь свободное время?

в) Ты уже когда-нибудь работал(а) или проходил(а) практику? Расскажи.

- проводить свободное время
- интерес, хобби
- интересоваться, заниматься, **увлека́ться** (*чем?*)
- работать в выходные дни и во время каникул
- найти/искать работу

- родиться, день рождения
- получить **профе́ссию**
- ходить в детский сад
- учиться в школе,
  в ПТУ (профессиона́льно-техни́ческом учи́лище),
  в медицинском училище,
  в **ву́зе** (институте, университете)
- поступить в школу (институт, университет)
- окончить школу (институт, университет)
- **пройти́/проходи́ть пра́ктику**

2 **Кем ты хочешь стать?**

а) Назови профессии людей, которых ты видишь на этих картинках.

б) Скажи, каким, по-твоему, должен быть автомеханик, врач...

в) Спроси у своих одноклассников, кем они хотят стать. Какие профессии самые любимые? Представь результат своего опроса в классе.

автомеханик, отелье́р, зоолог, полице́йский, врач, юрист, адвока́т, лаборант(ка), систе́мный администра́тор, программист, медсестра́ (медици́нская сестра), стилист, журналист, солда́т, банки́р, тренер, стю́ард(е́сса), (веб-)дизайнер, учитель(ница)

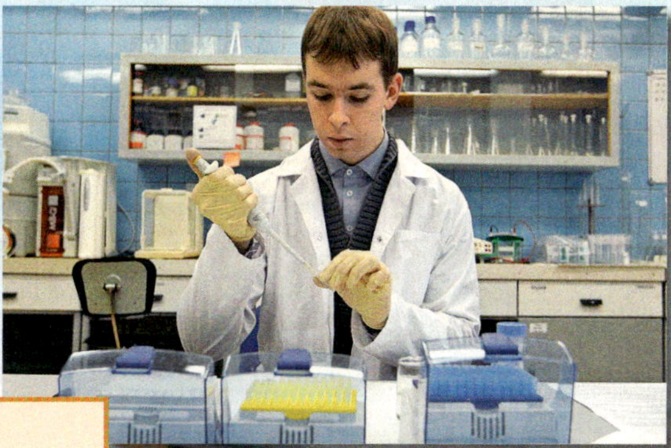

Я весёлый, **до́брый**, надёжный, энерги́чный, общительный, оптимистичный, **пункту́альный**, честный, **аккура́тный**, решительный, серьёзный, скромный, активный, открытый … человек.

- Я мечтаю (хочу) стать (*кем?*)…
- Мне нравится профессия (*кого?*)…
- Я (не) хочу работать (*кем?*)…
- Я уже выбрал(а) профессию (*кого?*)…
- После окончания училища (института, университета) я буду работать (*кем?*)…

Первый шаг в будущее

1 Российские школы

а) Прочитай текст. Потом расскажи о типах школ в России.

Первый **шаг** в будущее – это школа. В России есть **разли́чные** типы школ: **общеобразова́тельные** школы, школы с **углублённым изуче́нием не́которых** предметов, гимназии и лицеи. В школе ученики могут учиться в **про́фильном** классе. Школьниками углублённо **изуча́ются** такие предметы, как например, математика, физика, химия, биология, литература, история, иностранные языки. Изучение одного, а в некоторых школах двух иностранных языков, **явля́ется обяза́тельным**. Самыми популярными иностранными языками **среди́** школьников являются английский, немецкий и французский. Другие иностранные языки **преподаю́тся** факультати́вно. В классе обычно учатся 20–30 человек. У каждого класса есть кла́ссный руководи́тель[1]. **Уче́бный** год **де́лится** на четыре че́тверти. В **конце́** каждой четверти пишутся контро́льные работы по основным предметам. После 11-го класса **выпускники́ сдаю́т** два обязательных **экза́мена** в виде ЕГЭ[2] по русскому языку и математике. Если ученик собирается поступать в вуз, он должен сдать ещё предметы по выбору. Это **зави́сит** от вуза, в котором выпускник планирует учиться.

1 Klassenleiter
2 einheitliche staatliche Prüfung (ЕГЭ – Еди́ный госуда́рственный экза́мен)

б) Составь ассоциограмму на тему *Типы школ в России*.
в) Какие иностранные языки изучают российские школьники?
г) Какие экзамены сдают выпускники после окончания 11-го класса?

2 Прочитай и переведи на немецкий язык следующие предложения. ↗G 1

Achte besonders auf die Wiedergabe der unpersönlichen Ausdrucksweise.

На уроках русского языка часто говорят о России.	говорить → ~~они~~ говорят
Дома детей часто спрашивают об отметках за контрольные.	спрашивать → ~~они~~ спрашивают
Контрольная работа по математике пишется один час.	писать → ~~она~~ пишет + -ся
В конце года школьниками сдаются экзамены по основным предметам.	сдавать → ~~они~~ сдают + -ся
В девятом классе нам ещё не нужно сдавать экзамены.	*кому?* (нужно) + инфинитив

3 Преобразуй предложения по образцу упр. 2.

Девочки часто организуют вечеринки.
5 октября в России отмечают День учителя.
Мы часто пишем контрольные работы по физике.
В 9-м классе мы проходим практику.

4 Скажи по-русски.

Представь себе, у вас в школе гости из России. Директор просит тебя сказать гостям

– dass man während des Unterrichts in den Gängen nicht spricht,
– dass man in der Cafeteria auch zu Mittag essen kann,
– dass man im Frühjahr Prüfungen ablegen muss.

5 Прослушай рассказ Лены о лицее, в котором она учится.

Скажи, какие высказывания правильны, а какие – нет.

1.	а) Ученики старших классов работают в лаборато́риях университета.	б) Только выпускники могут заниматься в университе́тских лабораториях.
2.	а) В лицее учится более 700 детей.	б) В лицее учится более 900 детей.
3.	а) В каждом классе учится не более 25 человек.	б) В каждом классе учится не более 20 человек.
4.	а) У учеников нет возможности обедать в лицее.	б) В лицее можно обедать.
5.	а) В лицее изучаются английский, испанский или итальянский языки.	б) Ученики изучают английский, немецкий или французский языки.

6 А теперь ты расскажи о своей школе.

Тебе помогут следующие вопросы:

1. В какой школе ты учишься?
2. Сколько учеников учится в вашей школе?
3. Это профильная школа? Ты учишься в профильном классе?
4. Когда начинаются уроки, а когда заканчиваются?
5. В вашей школе работают кружки и клубы? Какие?
6. Какие иностранные языки изучаются в вашей школе?
7. После окончания какого класса сдаются экзамены?
8. Что ты ещё хочешь рассказать о своей школе?

Начальная школа
Основная школа
Средняя школа
Гимназия
Реальная школа
Объединённая школа

7 Прочитай, переведи на немецкий язык и сравни предложения.

↗ G 2

Пряма́я речь

– Нина сказала: «Я люблю общаться с интересными людьми».
– Борис ответил: «У меня ещё нет планов на будущее».
– Катя спросила меня: «Как ты сдал экзамен по математике?»
– Учитель спросил учеников: «У вас есть любимое занятие?»
– Дедушка попросил внука: «Помоги мне, пожалуйста!»

Ко́свенная речь

– Нина сказала, что она любит общаться с интересными людьми.
– Борис ответил, что у него ещё нет планов на будущее.
– Катя спросила меня, как я сдал экзамен по математике.
– Учитель спросил учеников, есть **ли** у них любимое занятие.
– Дедушка попросил внука, **что́бы** он помог ему. (Он попросил внука помочь ему.)

8 Передай следующие предложения в косвенной речи.

9 Любимая профессия

а) Прочитай текст и назови любимую профессию Лены.

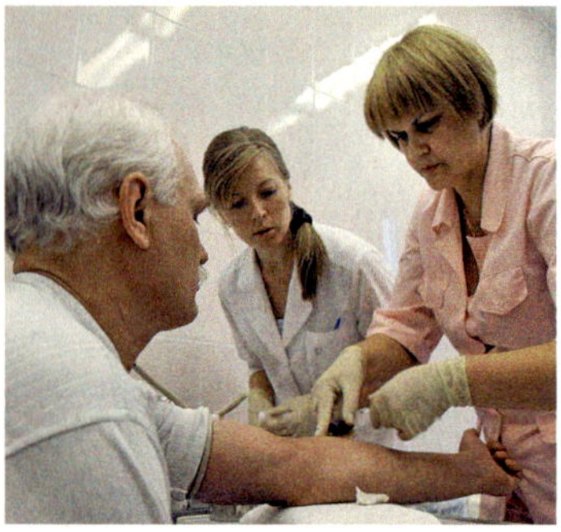

Че́рез год Лена окончит школу. У неё в гостях её подруги Ира и Таня. Они пьют чай и **бесе́дуют** о планах на будущее. Лена говорит, что её любимая профессия – медсестра. Она любит помогать людям, **забо́титься** о больных. Уже три раза она проходила практику в **больни́це**, в которой работают её родители. Её мама по профессии медсестра, а папа – врач. Поэтому после окончания школы Лена будет учиться в медицинском училище. У них дома уже много книг на медицинскую тему. Особенно она любит читать медицинские журналы, потому что **собы́тия**, описываемые в них, реально происходили. Ира и Таня ещё не знают, какую профессию выберут.

б) Как ты считаешь, Лена будет хорошей медсестрой? Обоснуй свой ответ.

10 Прочитай словосочетания и переведи их на немецкий язык.

↗ G 4

M любить – люб**им**ый всеми детьми кло́ун_ – der von allen Kindern geliebte Clown
(der Clown, der von allen Kindern geliebt wird)

предлагать – предлага**ем**ый туроператором тур_
фотографировать – фотографиру**ем**ое туристами озеро
выбирать – выбира**ем**ая школьниками профессия
читать – чита**ем**ые нами книги

11 На кого пойти учиться после окончания школы?

Во время учебного года провели опрос среди школьников 10-го класса лицея Перми.

а) Ознакомьтесь с результатами этого опроса.

1. Чем ты любишь заниматься в свободное время?

заниматься танцами, читать, рисовать, смотреть телевизор, смотреть фильмы на английском языке, играть на гитаре, писать стихи и рассказы, общаться с интересными людьми

2. У вас уже есть планы на будущее?

нет 20 %
ещё нет конкретных планов 20 %
да 60 %

3. Вы хотите работать за границей?

нет 10 %
ещё не знаю 30 %
да 60 %

4. Какие профессии для тебя самые интересные?

менеджер, экономист, химик, ску́льптор, архитектор, дизайнер, врач, журналист, психолог, писатель

5. Ты уве́ренно[1] смотришь в будущее?

60 % – да
40 % – нет

1 zuversichtlich

б) А теперь вы ответьте на вопросы. Сравните ответы с результатами упр. а).

12 Какая профессия самая лучшая?

а) Ознакомься с результатами интернет-опроса на тему *Лучшие профессии для россиян.* В опросе участвовало 6400 россиян.

Рейтинг удовлетворённости[1] россиян своей профессией

№	Профессия	Баллы
1	Финанси́ст	75.0
2	Парикма́хер	72.5
3	Энергетик	70.0
4	Психо́лог	69.2
5	Банковский рабо́тник	68.2
6	Программист / IT-специали́ст	68.2
7	Агроно́м	62.5
8	Юрист / адвокат	62.3
9	Экономист	61.7
10	Руководитель, нача́льник	61.0

1 Zufriedenheit

- работать в бюро
- работать **физи́чески**/ **тво́рчески**
- работать на свежем воздухе
- **руководи́ть** *кем? чем?*
- интересоваться *чем?*
- помогать людям
- **зараба́тывать** много денег
- работать в коллекти́ве (в команде)
- работать с людьми

б) Выберите из ре́йтинга профессии и опишите их. Используйте языковой материал.

в) Проведите в классе опрос на тему *Прести́жные профессии* и поговорите о результатах.

13 Какая профессия мне подходит?

а) Прочитай тексты и передай содержание своими словами в письменной форме.

Саша: Привет, Олег.
Олег: Привет, Саша. **Ну**, как твои дела? Ты уже решил, куда будешь поступать?
Саша: Нет, ещё не решил, но родители хотят, чтобы я учился на экономиста. А ты уже решил, куда пойдёшь учиться?
Олег: Я пойду учиться в ПТУ на автомеханика. Давай поступим вместе.
Саша: Ой, нет, эта профессия не для меня. Ты же знаешь, что я очень люблю животных.
Олег: Знаю, ты ведь даже практику проходил в зоопарке.
Саша: Да, я хочу работать в зоопарке.
Олег: Может быть, тебе пойти учиться на зооте́хника или ветерина́ра?

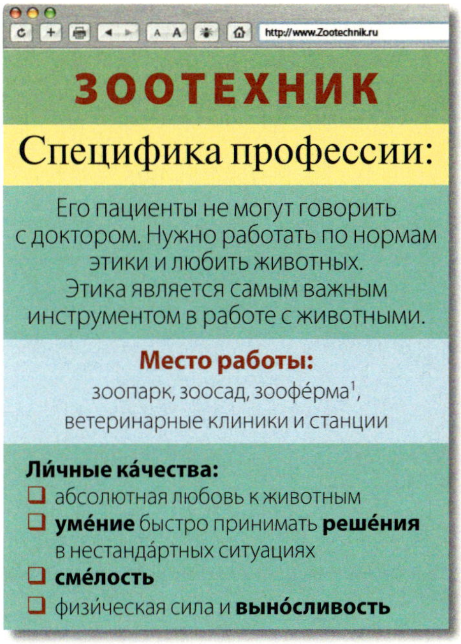

1 Tierfarm

б) Составьте и разыграйте диалог на тему *Консульта́ция по выбору профессии.*

в) Напиши информацию о выбранной тобой профессии по образцу.

1Б Профессия – Хобби? Интересы? Карьера?

1 Прочитай отрывок из интервью со словарём.

МОДЕЛЬЕР – ДИЗАЙНЕР – БА́ЙКЕР

Его́р За́йцев – байкер – *Easy Rider* в легенда́рном байк-клубе *Ночны́е во́лки* (»Night Wolves«), известный моделье́р и дизайнер в Москве. «Егор Зайцев не даёт интервью», – сказали коллеги журналистке Е. К. Но она решила рискнуть. Как оказалось, не напрасно. Егор Зайцев оказался не только интересным дизайнером, но и отличным **собесе́дником**.

Как правило, по работам дизайнера видно, как он **отно́сится** к женщине. Какая она, Ваша сегодняшняя героиня?

Девушки, которые выходят на подиум в моей одежде, – это нежные цветы. Я **стара́юсь** отстранить их от окружающего мира.

Каковы Ваши взаимоотношения с модой?

Меня интересует мода не как способ тратить деньги, а как искусство и возможность самовыражения. Но я не отношусь к этому слишком серьёзно.

Что Вы любите **носи́ть са́ми**?

Я из известной дизайнерской семьи, я не всегда был свободен в своём выборе одежды. Был пери́од, когда мой отец хотел, чтобы я **одева́лся** в класси́ческом стиле. У меня даже был один костюмчик, но я в нём «задыхался». Я никогда не следую никаким тенденциям. Многие вещи ношу годами. Главное – чтобы одежда совпадала с моим внутренним состоянием.

Егор, что Вы рекомендуете женщинам как дизайнер и как мужчина?

Как это ни бана́льно – любить и быть любимыми. И, конечно, принимать себя. Любовь – это самое главное в жизни; именно она является основой любого **тво́рчества**.

Егор Зайцев

Отец Егора – Вячесла́в За́йцев – тоже известный модельер в России. О сыне он сказал: «Егор – совершенно самостоятельный человек. Он уникальный человек…, прекрасный скульптор из ткани. Я с нетерпением жду моме́нта, когда Егор взорвёт[1] российскую моду».

1 sprengt

а) Ответь на вопросы.

Какую одежду любит носить Егор Зайцев? Используй информацию из текста и фотографию.
Считаешь ли ты Егора Зайцева интересным собеседником? Объясни, почему.

б) Передай первый и третий ответ Егора в косвенной речи.

в) Скажи, каким должен быть успе́шный[2] дизайнер?

2 *ср.* успех

2 Представь себе, ты журналист(ка) и взял(а) интервью у Егора Зайцева. ↗L 2

а) Составь вопросы, на которые модельер так ответил:

1. – Я занимаюсь диза́йном и создаю новые колле́кции. Постоянно рисую.
2. – Я много лет работаю, готовлю девушек для серьёзной, интересной и престижной работы в театре моды.
3. – Здесь Вы найдёте лучшие фотографии коллекций нашего дома *SLAVA SAITZEV*, конкурсов, фестивалей, ярмарок и тексти́льных сало́нов.

б) Выбери собеседника (или собеседницу) и проведи интервью о его (её) любимой профессии.

3 Возможности получения профессионального образования

Твой друг интересуется объявле́ниями о возможностях получе́ния профессионального образования.

а) Прочитай объявления со словарём. Передай их содержание на немецком языке.

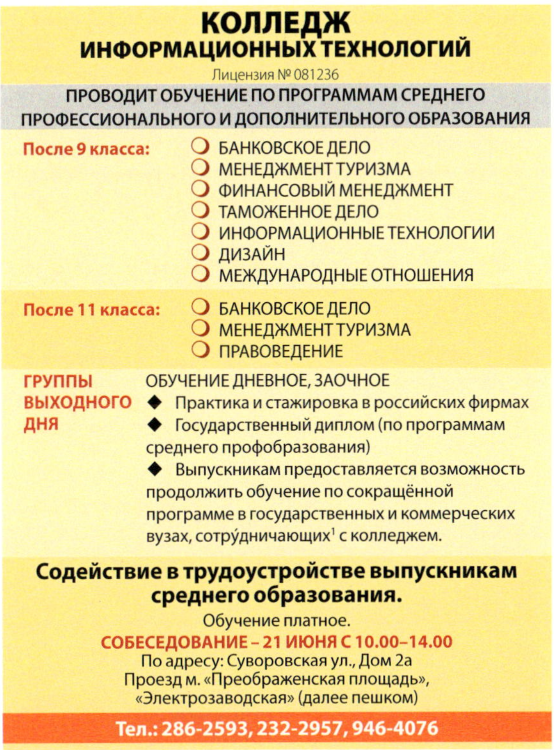

1 die zusammenarbeiten 2 Wehrdienstaufschub

б) Ответь на вопросы.

Какие возможности получения профессионального образования предлагаются в объявлениях?
Что тебя особенно интересует и почему?
Какие профессии можно получить в ко́лледже и в институте?

в) Найди в немецких СМИ объявления о возможностях получения профессионального образования.
Передай их главное содержание на русском языке.

Наконе́ц-то работа!

1 Все профессии важны?!

а) Прочитай текст со словарём и ответь на вопросы.

Что показывает ана́лиз **ры́нка труда́**? По каким **специа́льностям** (не) трудно найти работу в городах? Почему? На какие профессии есть большой **спрос**?

б) Как ты понимаешь карикатуру? Объясни её.

Рынок труда **отража́ет** ситуацию в **о́бществе**, **реаги́рует** на **измене́ния**. Поэтому нестаби́льность является одной из основных его характери́стик. Городскому **жи́телю** не так трудно найти работу в сфе́рах обслу́живания, торговли, **обще́ственного** питания, а также в сфере индустри́и **развлече́ний**.
В городах есть большое **коли́чество** магазинов, ресторанов, ночных клубов, казино́, а также много мест се́рвисного обслуживания (например, парикма́херские и фотолаборато́рии). Люди хотят жить **удо́бно**, комфо́ртно и интересно – и рынок труда на это реагирует. Есть большой спрос на инжене́рно-техни́ческий персона́л с высшим образованием – инженеров, технологов, специалистов по контролю качества продукции. Очень хорошие ша́нсы **име́ют** профессии в области ма́ркетинга и современных технологий, например, топ-ме́неджеры, ведущие проектов, логистики.

2 Посло́вицы

а) Какие поговорки соответствуют немецким?

Легко сказать, но трудно сделать.

Терпение и труд все перетрут.

Без труда не выловишь и рыбку из пруда.

Mit Geduld und Spucke fängt man jede Mucke.

Ohne Fleiß kein Preis.

Leichter gesagt als getan.

б) Объясни значение одной из поговорок.

3 Резюме́ – первый шаг в по́иске интересной работы.

а) Ознакомься с информацией о типах резюме.

Резюме – это визитная карточка. Цель резюме – получить приглашение на **собесе́дование**. Есть три типа резюме:

Хронологическое	Функциона́льное	Комбини́рованное
В таком резюме коротко описываются важные факты в хронологическом порядке.	В таком резюме описываются личные и профессиональные качества и **спосо́бности**.	Это комбина́ция из хронологического и функционального резюме.

б) Найди русскую сказку *Колобо́к*, перескажи её содержание на русском языке.

4 Резюме Ивана

а) Прочитай резюме Ивана и скажи, какие специальные **на́выки** есть у него.

б) Потом напиши своё резюме по этому образцу.

Волцов Иван Иванович

600000 г. Владимир, ул. Высоцкого, д. 134,
Телефон: (+7)4922/846083
e-mail: ivanvol@mail.ru

Образование
2001 – настоящее время — средняя школа № 12 г. Владимир

Специальные курсы
информатика, математика

Специальные навыки
владе́ние графическими редакторами (Adobe Photoshop CS4),
знание языков программирования (Free Pascal, Delphi9),
создание веб-сайтов и веб-дизайна

Владение иностранными языками
английский — говорю и пишу свободно
немецкий — читаю и перевожу со словарём

Личные качества
аккуратный, **отве́тственный**

5 Приглашение на собеседование

а) Прочитай и прослушай разговор.

Нина хочет пройти практику в де́тском саду. Сегодня у неё собеседование.
Анна Петровна, директор детского сада, беседует с Ниной.

Нина: Здравствуйте, Анна Петровна.

Анна П.: Здравствуй, Нина. Я рада, что ты хочешь пройти практику в нашем детском саду. Ты хочешь работать у нас три недели, правильно?

Нина: Да, три или четыре недели.

Анна П.: А почему ты хочешь проходить практику **и́менно** в детском саду?

Нина: Ну, во-первых, я очень люблю детей. Во-вторых, после окончания школы я хочу учиться в педагоги́ческом училище. Мечтаю работать **воспита́тельницей** в детском саду.

Анна П.: А чем любишь заниматься в свободное время?

Нина: Я очень люблю петь, играть на гитаре, рисовать. Часто играю со своим **мла́дшим** братом. Люблю ходить в театр.

Анна П.: Я думаю, ты нам подходишь.

Нина: Я очень рада, Анна Петровна. Значит, я могу **приступи́ть** к практике 1 июня?

Анна П.: Да, мы с радостью тебя ожидаем.

Нина: Анна Петровна, большое Вам спасибо. До свидания.

б) Представь себе, ты работода́тель. Задай Ивану вопросы (→ упр. 4).

в) Представьте, вы хотите пройти практику или начать работать.
Один из вас работодатель, а другой – кандида́т. Разыграйте сценку собеседования.

В ми́ре кра́сок и форм

1 **Что такое искусство, по твоему мнению?**

1) Какая из фотографий тебе больше всего нравится? Почему?
2) Какие виды и жанры искусства тебя интересуют? Почему?
3) Какие музеи, **галере́и** и выставки ты уже посетил(а)?
4) Какие музеи, галереи и выставки ты обязательно хочешь посетить?
5) Какие картины висят у тебя дома?
6) Чем вы занимаетесь на уроках **изобрази́тельного иску́сства**?
7) Что ты знаешь о русском искусстве (об искусстве в России)?

Виды изобразительного искусства

- **гра́фика**
- **скульпту́ра**
- **жи́вопись**
- фотоискусство
- архитектура
- граффи́ти/стрит-арт
- иконогра́фия
- комикс

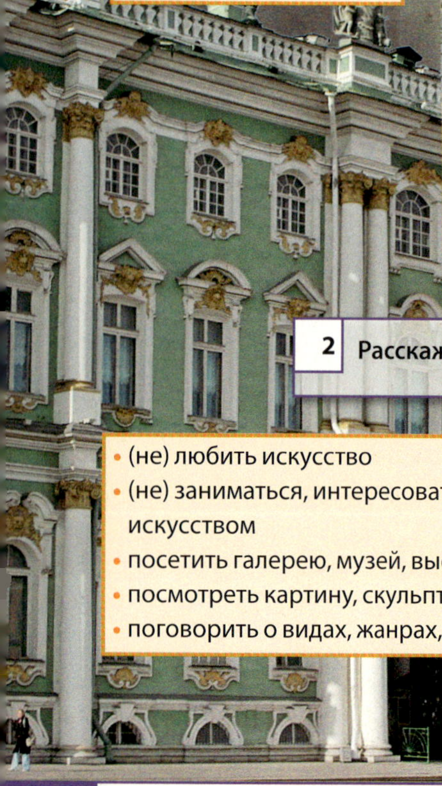

2 **Расскажи, играет ли искусство какую-нибудь роль в твоей жизни.**

- (не) любить искусство
- (не) заниматься, интересоваться, восхищаться, увлекаться искусством
- посетить галерею, музей, выставку, изостудию
- посмотреть картину, скульптуру, **портре́т**, граффити
- поговорить о видах, жанрах, объектах искусства…

3 **Прочитай и переведи цитáты об искусстве на немецкий язык со словарём. Объясни их значение по-немецки.**

Искусство – это одно из средств различения доброго от злого.
Л. Толстóй

Мы восхищаемся искусством, когда оно умеет говорить языком жизни.
Т. Манн

Искусство ***трéбует*** *знаний.*
Б. Брехт

Граффити – это не рисунки на стенах, это искусство!
Граффити – это не развлечение, это творчество!
Граффити – это не хобби, это сама жизнь!
неизвестный автор

4 **Архитектура – искусство вокруг нас.**

1. Какие здáния в твоём городе (в твоём регионе, в твоей земле) тебе особенно нравятся?
2. Когда они были построены?
3. Назови знаменитые архитектурные **пáмятники** и скульптуры твоего города (твоего региона, твоей земли).
4. В каком доме ты хотел(а) бы жить? В старом или новом? Почему?

5 **Как называется этот дом: *школа, Спортивная школа, Школа искусств*?**

Что за дом —
Много радости есть в нём,
Здесь танцуют и поют,
Краски жизни в нём живут.

2 A Открой для себя мир искусства.

1 Русский музей

Прочитай статью и ответь на вопросы.

Когда открылся Русский музей?
Какие в нём **экспона́ты**?
Когда работает музей?

Михайловский дворец

Государственный Русский музей **основа́ли** в 1895 году в Санкт-Петербурге по ука́зу[1] царя Никола́я II. **Впервы́е** этот музей открыл свои двери для **посети́телей** 19 марта 1898 года. **Тогда́** там можно было посмотреть 445 **произведе́ний** живописи, 111 произведений скульптуры, 981 графи́ческий лист[2]. Русский музей сегодня – это уникальное **собра́ние** художественных **шеде́вров**, известный реставрацио́нный центр и авторите́тный нау́чно-иссле́довательский институ́т[3]. В настоящее время в **колле́кции** Русского музея примерно 400 000 экспонатов всех исторических периодов и тенденций русского искусства, всех его видов и жанров, **направле́ний** и школ с X по XXI век. Основная экспозиция находится в здании Миха́йловского **дворца́** и ко́рпусе[4] Бенуа́. Русский музей часто организует выставки в городах России и **за рубежо́м**. Коллекция музея постоянно растёт. В коллекции много экспонатов, которые музей получил в подарок от коллекционе́ров, авторов картин или их детей, но есть и новые экспонаты, которые музей купил на **мирово́м** антиква́рном рынке. Так, например, на аукцио́нах *Кристи* и *Сотби* музей купил рисунки И. Е. Ре́пина и Б. Д. Григо́рьева. Музей работает с 10:00 до 18:00, в понедельник с 10:00 до 17:00. Выходной день – вторник.

1 Erlass 2 grafische Blätter
3 wissenschaftliches Forschungsinstitut
4 Gebäude(block)

2 В Третьяковской галерее

Перед картиной А. Ива́нова *Явле́ние Христа́ наро́ду*

Прослушай объяснения **экскурсово́да** два раза и ответь на вопросы.

1. Какие картины висят в Третьяковской галерее?
2. Чьё имя носит галерея и почему?
3. В каком году построили специальное здание для галереи?
4. В каком году музей открыл свои двери для посетителей?
5. Когда Третьяков подарил свою коллекцию Москве?
6. Сколько картин было тогда в галерее?
7. Сколько произведений сегодня в этом музее?

3 Государственный Эрмитаж в Санкт-Петербурге

Твои родители очень интересуются изобразительным искусством. Они хотят поехать в Санкт-Петербург и посетить Эрмитаж. Прочитай текст со словарём и передай основное содержание на немецком языке.

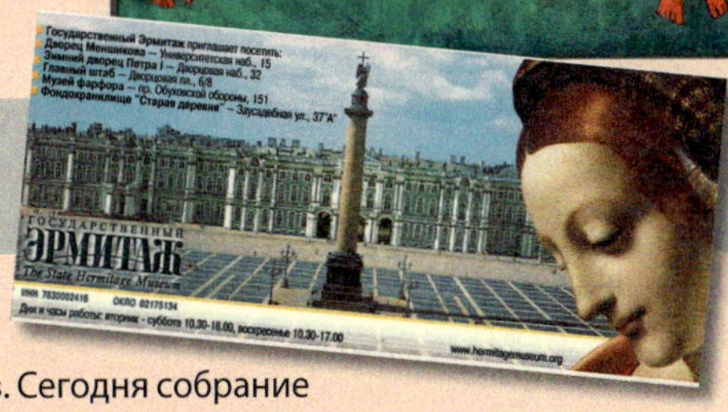

Дата основания	В 1764 году Екатерина II купила в Европе 250 картин.
Адрес	190000, Санкт-Петербург, Дворцовая площадь, дом 2
Проезд	Станции метро: *Канал Грибоедова*, *Невский проспект*, *Гостиный двор*
Телефон	+7 (812) 710-90-79, (812) 710-96-25
Режим работы	Каждый день с 10:30 до 18:00, кроме понедельника. В воскресенье и праздничные дни с 10:30 до 17:00. Касса работает до 17:00 (в воскресенье и праздничные дни – до 16:00).
Билет	100 рублей. Ученикам и студентам бесплатно (если предъявляется ученический/студенческий билет).
Описание	Эрмитаж – один из самых больших и известных художественных музеев в мире. Экспози́ции музея занимают более чем 350 залов. Сегодня собрание Эрмитажа состоит из шести отделов: первобытной культуры, анти́чного мира, культуры народов Востока, истории русской культуры (включает дворцовые интерье́ры и Галерею 1812 года – портреты героев Отечественной войны 1812, а также большой дворец Меншикова, Зимний дворец Петра I), нумизма́тики, западноевропейского искусства. Эрмитаж регулярно **выставля́ет** художественные собрания из других музеев мира.
Здания	Эрмитаж занимает шесть зданий: Зимний дворец, Малый Эрмитаж, Большой (Старый) Эрмитаж, Эрмитажный театр, Новый Эрмитаж, Главный штаб. Главный вход в музей – со стороны Дворцовой площади через Большой двор Зимнего дворца.

Икона Святой Троицы

4 Один из самых больших, известных, популярных…

а) Переведи следующие предложения на немецкий язык.

Русский музей – один из самых известных музеев в России. (музей)

Третьяковская галерея – одна из самых больших **карти́нных** галерей страны. (галерея)

Ико́на Свято́й Тро́ицы[1] – одно из самых **знамени́тых** произведений А. Рублёва. (произведение)

К. С. Мале́вич – один из самых известных **худо́жников** России. (художник)

Бурлаки́ на Во́лге[2] и *Не жда́ли*[3] – одни из самых популярных картин И. Ре́пина. (картины)

б) Найди предложение с такой конструкцией в тексте об Эрмитаже (→ упр. 3).

1 Ikone der Heiligen Dreifaltigkeit
2 Die Wolgatreidler
3 Unerwartet

5 Словообразование существительных ↗G 8

а) Переведи существительные на немецкий язык. Знакомые слова тебе помогут.

1. **мо́лодость** – молодой
2. красота – красивый
3. **мастерство́**– **ма́стер**
4. **посеще́ние** – посещать
5. **основа́тель** – основать

б) Попробуй перевести следующие существительные на немецкий язык. От каких слов они образованы?

1. **ю́ность**, тру́дность
2. **простота́**, **чистота́**
3. **де́тство**, знако́мство
4. **рисова́ние**, приглашение
5. посетитель, собира́тель

в) Найди в текстах упр. 1 и 6 существительные с этими суффиксами.

6 Марк Шага́л (1887–1985)

а) Прочитай текст о жизни и творчестве Марка Шагала.

Автопортрет перед домом, 1914 г.

Марк Шагал – один из самых известных художников XX века. Его картины висят почти во всех больших музеях мира. Марк Шагал про́жил[1] почти век и работал до конца своих дней. Он родился в маленьком белорусском городе Лио́зно недалеко от Ви́тебска в евре́йской[2] семье. Его молодость прошла в России. В 1923 году семья Шагала переехала в Париж. С 1941 до 1947 года он жил в Америке. Но в своём творчестве он остался **ве́рным** темам из своего детства и юности. В 1973 году на открытии выставки своих работ в Третьяковской галерее Марк Шагал сказал следующее: «Я сердечно **благода́рен** Вам за приглашение сюда, на мою **ро́дину**. (…) Я благодарю за то, что Вы выставляете в Третьяковской галерее некоторые мои работы. (…) Можно обо мне сказать всё, что уго́дно[3] – большой я или небольшой художник, но я остался верным своим родителям из Витебска…» За 80 лет работы в его искусстве **меня́лось** многое: ме́тоды, жанры, тенденции к направлениям и стилям. Но Шагал всегда видел мир **осо́быми** глазами, как ребёнок, который ещё не видел плохого. Поэтому в его картинах всегда **чу́вствуется** такая **и́скренность**, такая чистота **чувств**, ска́зочная[4] фантазия и драмати́зм. Его картины – как счастливые сны[5]. Герои многих картин Марка Шагала летают, как птицы, над родным Витебском и над Парижем…

1 lebte 2 jüdisch 3 *hier*: абсолютно всё 4 ср. сказка 5 Träume

б) Подготовь викторину о жизни и творчестве Шагала для праздника русского языка. Напиши восемь вопросов и ответов.

7 *Я и деревня* ↗L3

Прочитай описание одной из самых известных картин Марка Шагала.

Картина **называ́ется** *Я и деревня*. Эту картину **написа́л** известный художник XX века Марк Шагал в 1911 году. Картина висит в Музее современного искусства в Нью-Йорке. **На пере́днем пла́не** в центре картины художник **изобрази́л** маленькое дерево, на котором висят фрукты. На **ле́вой стороне́** картины мы видим голову коро́вы[1].
На **пра́вой** стороне картины мы видим зелёное лицо человека.
На за́днем пла́не картины мы видим маленькие фигуры: мужчину, который, наверное, собирается работать в по́ле[2], и женщину, которая висит вниз[3] головой у ног мужчины. Художник нарисовал картину **я́ркими** красками: синими, красными, зелёными. Картина вызывает чувство радости. Чувствуется, что Марк Шагал очень любил свою деревню.

1 einer Kuh 2 auf dem Feld 3 nach unten

8 Моя любимая картина (R)

Выбери одну картину. Опиши её и объясни, почему она тебе нравится. Используй данные слова и выражения.

- Картина, которую я хочу описать, называется …
- Эту картину написал(а) художник (**худо́жница**) *кто? когда?…*
- Картина висит *где? (в каком музее? в какой галерее?) …*
- Впервые я увидел(а) эту картину *где? когда?…*
- В центре картины находится *кто? что?…*
- На левой (правой) стороне картины мы видим *кого? что?…*
- На переднем плане художник (художница) изобразил(а) *кого? что?…*
- На заднем плане мы видим *кого? что?…*
- Мне нравится картина, потому что…
- Картина создаёт праздничное (весеннее, **ра́достное**, **гру́стное**, …) **настрое́ние**.
- Художник нарисовал картину яркими (пасте́льными, …) красками.
- Картина вызывает чувство радости (счастья, **гру́сти**, …).

9 Ночь музеев (R)

Ты прочитал(а) в газете об а́кции *Ночь музеев* в вашем городе (в вашем регионе). У вас в гостях друг (подруга) из России.

а) Объясни по-русски, что такое *Ночь музеев.*

б) Он (Она) очень интересуется искусством. Расскажи ему (ей) об одном из музеев.

1. Кто основатель музея?
2. Когда музей впервые открыл свои двери для посетителей?
3. Какие произведения искусства выставляют в музее?
4. Сколько экспонатов в коллекции музея?
5. Когда (в какие дни и часы) работает музей?

в) Соберите аргументы **в по́льзу** посещения этого музея.

- Ты обязательно должен (должна) посетить этот музей, потому что…
- Я тебе советую посетить этот музей, потому что…
- Во-первых, это один из самых известных музеев города (региона, Германии, мира).
- Во-вторых, у него интересная история …

Искусство на улицах

1 Картины Русского музея выйдут на улицы Петербурга.

Прочитай текст со словарём.

Знаменитые произведения русского искусства выходят на улицы Санкт-Петербурга – на милю от Русского музея, чтобы быть ближе к **зри́телям**. В рамках проекта *Музейная миля* на фаса́дах зданий повесили первые восемь **ко́пий** картин в рамах. Всего в центре Петербурга повесят 88 картин. Для участия в проекте **искусствове́ды** выбрали самые известные **живопи́сные** произведения Илья́ Ре́пина, Валенти́на Серо́ва, Ива́на Айвазо́вского, Архи́па Куи́нджи и других художников. Как рассказал руководитель проекта *Арт-тур* Александр фон Буш, акция напра́влена[1] на просвещение, её цель – привлечь людей в музей и пробудить широкий интерес к русскому искусству. По словам руководителя проекта, для **созда́ния** уличных картин используются космические технологии. Картины из коллекции Русского музея сканируются и с помощью принтера переносятся на пластиковую основу. Современные материалы **защища́ют** копии от плохой погоды, а также от вандали́зма. До Петербурга такие выставки проходили в Лондоне и Москве.

1 ist gerichtet

2 Имя, отчество, фамилия

↗G 9

а) Поставь имена в нужную грамматическую форму.

1. Рисунки (Женя, Павел, Света) были одними из лучших.
2. Все были рады (Петя, Антон, Ира).
3. В музее мы встретили (Илья, Алекс, Марина).
4. Мы с (Вера, Андрей, Александр) пошли на выставку изобразительных искусств.
5. На уроке литературы все говорили о рассказах (Михаил, Оля, Саша).

б) Выпиши имена художников из текста (→ упр. 1) в именительном падеже.

в) Переведи предложения на немецкий язык.

1. Мариа́нна Влади́мировна Верёвкина – известная русская художница.
2. Музей хочет показать некоторые произведения мексика́нской художницы Фри́ды Ка́ло.
3. На уроке изобразительного искусства мы много узнали об Илье́ Ефи́мовиче Ре́пине.
4. В 1878 году он познакомился с Валенти́ном Алекса́ндровичем Серо́вым.
5. Вчера в театре я видела писательницу Людми́лу Евге́ньевну Ули́цкую.
6. На выставке Ива́ну Константи́новичу Айвазо́вскому подарили цветы.

3 Поставь имена в правильную форму.

М Мне надо подготовить презентацию о Мариа́нне Влади́мировне Верёвкиной.

1. *Де́мон сидящий* – одно из самых известных произведений (Михаил Алекса́ндрович Вру́бель).
2. В 1910 году Никола́й Степа́нович Гумилёв **жени́лся на** (А́нна Андре́евна Ахма́това).
3. Друзья поздравили (Алекса́ндр Никола́евич Бену́а) с созданием журнала *Мир искусства*.
4. Эту картину написал (Амеде́о Модилья́ни).
5. Ученики интересуются творчеством (Антони́на Леона́рдовна Ржéвская).
6. Мы смотрели фильм о (Васи́лий Васи́льевич Канди́нский).

4 Выбери одно из следующих заданий.

а) Напиши статью на русском языке о проекте *Музейная миля* для школьной газеты.
б) Найди в Интернете информацию о жизни и творчестве одного русского художника (одной русской художницы) и подготовь презентацию о нём (ней).
в) Подготовь доклад о жизни и творчестве твоего любимого художника (твоей любимой художницы).

5 Искусство под землёй[1]

а) Прочитай статью о поезде-галерее со словарём и ответь на вопросы.

Где и когда «работает» поезд-галерея? Чьи работы там выставляются?

С 1 июня 2007 года в Московском метро курсирует уникальный поезд-галерея. Это первая в мире подземная передвижная художественная выставка. Поезд называется *Поезд-акваре́ль*, он ходит ежедневно по Арбатско-Покровской линии столичного метро с 12:00 до 15:00. Экспонаты – лучшие работы воспитанников *Школы акварели* Серге́я Андрия́ки, а также картины самого руководителя художественной мастерской – всего 45 акварелей. Снаружи поезд украшают гигантские яркие цветы и фрукты – это большие копии работ. Внутри поезда – настоящие картины: портреты, натюрмо́рты, пейза́жи. Вагоны поезда выглядят как выставочные залы.

б) Твой учитель (Твоя учительница) изобразительного искусства слышал(а) о проекте поезда-акварели, но он (она) не понимает русского языка. Передай ему (ей) основное содержание статьи по-немецки.

1 unter der Erde

6 Чудеса в искусстве

Сегодня везде встречаются ориги́нальные художественные проекты, как *Поезд-акварель*.

а) Найди информацию в Интернете об интересном проекте в твоём городе (регионе).

б) Придумай и составь флаер об интересной выставке.

7 Анекдоты

Прочитай и переведи анекдоты на немецкий язык со словарём.
Выбери один из них, напиши его на плакате и проиллюстрируй его.

① Художник-абстракциони́ст говорит своему другу:
– Я не знаю, что делать. Клие́нт, который заказал портрет, хочет, чтобы я изменил цвет его глаз.
– Ну, измени, что тебе́ сто́ит[1]?
– Так ведь я не помню, в каком месте нарисовал глаза!

1 Was macht's dir aus?

② В музее два мальчика внимательно смотрят на абстра́ктную картину.
– Давай лучше быстро уйдём отсюда, а то подумают, что это мы её разрисова́ли[2].

2 bemalen, ausmalen

Нет жизни без искусства?!

1 Каким должен быть, по твоему мнению, современный город?

В таких современных городах, как Москва, везде встречается искусство: сама архитектура зданий разных стилей, скульптуры и памятники на улицах и в парках, музеи, выставки…

а) Посмотри на эти фотографии с видами Москвы и прочитай тексты. Какая архитектура тебе больше нравится? Объясни, почему.

Московский международный делово́й центр *Москва-Сити*[1]
Здесь всё рядом:
- би́знес-центр,
- шикарные апартаме́нты,
- места развлечений и отдыха.

Арбат – это
- одна из самых старых улиц Москвы,
- достопримечательности и истори́ческие памятники архитектуры,
- дома, где жили и работали известные русские художники, писатели, поэты и композиторы.

1 Handelszentrum «Moskwa City»

б) Напиши статью на тему *Где лучше жить?*.

Редакция журнала *Архитектура XXI века* попросила молодых людей высказать своё мнение на тему «Где лучше жить: на улице с огромными современными зданиями или на улице, где много старых домов и памятников архитектуры?».

2 Скульптуры в Москве

Какая из этих скульптур находится на Арбате, а какая – в центре *Москва-Сити*? Объясни, почему ты так думаешь.

Принцесса Турандот

Дре́во жи́зни[2]

2 Lebensbaum

3 Кто что создаёт?

Составь предложения.

живопи́сец	**спре́йер**		картина	скульптура
ску́льптор	архитектор	**создаёт**	рисунок	плакат
гра́фик	художник		граффити	здания и мосты

4 Искусство – это всё! R

а) Посмотри на эти фотографии. Как ты думаешь, это искусство?

б) Какое искусство тебе больше нравится: современное или классическое? Почему? Приведи примеры.

в) Выбери и опиши одно из произведений искусства, с которым ты познакомился (познакомилась) на этом уроке.

5 Стоит ли современному человеку заниматься искусством? R

а) Выберите аргументы, с которыми вы (не) согласны. Приведите ещё другие аргументы.

- Я люблю долго стоять **пе́ред** картиной или скульптурой. Меня интересуют все детали.
- В картинных галереях и музеях так скучно.
- Я не понимаю современного искусства.
- Каждый **образо́ванный** человек должен немного интересоваться искусством.
- На искусстве денег не заработаешь.
- Искусство помогает нам понимать других.
- Искусство приносит радость художнику и зрителю.
- Искусство всегда отражает историю и политику.

б) Приведите примеры, которые (не) **подтвержда́ют** эти аргументы.

Наш о́бщий дом

1 **Расскажи, как можно провести время на природе.**

- восхищаться природой
- отдыхать на природе
- купаться в море (озере, реке)
- лежать на солнце, на берегу озера (моря)
- ходить в походы (в горы)
- гулять по лесу (парку)
- кататься на лодке (на роликах, на скейтборде …)
- жить в ке́мпинге
- спать в палатке
- заниматься спортом (сноубордингом, велоспортом …)
- работать/помогать в саду (огороде)

2 **Прочитай стихотворение со словарём и переведи его на немецкий язык.**

Что тако́е лес?

Что тако́е лес?
Со́сны до небе́с,
Берёзы и дубы́,
Я́годы, грибы́…
Звери́ные тропи́нки,
Приго́рки и низи́нки,
Мя́гкая трава́,
На суку́ сова́.
Ла́ндыш серебри́стый,
Во́здух чи́стый-чи́стый
И родни́к с живо́й
Ключево́й водо́й.

3 **Какая из этих фотографий тебе особенно нравится? Объясни, почему.**

4 **Прочитай афори́змы и пословицы и переведи их на немецкий язык со словарём.**

Объясни их значение по-немецки.

а) Что говорили известные фило́софы и писатели о природе?

Нет ничего более креативного, чем природа.
М. Т. Цицеро́н

Кто не любит природы, тот не любит человека.
Ф. М. Достое́вский

Природа не делает ошибок; она всегда права, всегда серьёзна. Только человек делает ошибки.
И. В. Гёте

б) А что говорит русский **наро́д**?

Кто не сажа́л де́рева, тому́ не лежа́ть в тени́.
Не плюй в коло́дец – пригоди́тся воды́ напи́ться.
Не руби́ сук, на кото́ром сиди́шь.

5 **Составь ассоциограмму о природе.**
Дополни её другими словами (→ упр. 2).

человек · животные (фа́уна) · природа · расте́ния (фло́ра) · климат · вода · земля́

3 A Как нам спасти́ нашу планету?

1 Прочитай мнения на тему *Защи́та окружа́ющей среды́*. Ответь на вопросы.

О каких проблемах говорят Ирина и Михаил? Что Владимир рассказывает о своём детстве? Почему Олег работает в **экологи́ческой** организации? Какая фотография подходит к какому тексту?

Ирина, 29, Москва

У меня два маленьких сына. У них а́стма. Меня очень **беспоко́ит**, что в нашем городе **гря́зный** воздух. Большие **предприя́тия** и **выхлопны́е га́зы** автомоби́лей сильно **загрязня́ют** атмосферу. Даже здоровому человеку не так **легко́ ды́шится**.

Владимир, 72, Омск

В детстве мы с друзьями играли в зелёных лесах и купались в чистых озёрах. А сегодня? Люди **выруба́ют** леса и загрязняют реки и озёра. Каждый день **исчеза́ет** несколько видов животных и растений. Нам **нужны́ приро́дные ресу́рсы**. А кому нужна природа? Думаю, нашим детям и внукам. Меня очень **волну́ет** экологический кри́зис, **вымира́ние** животных. К сожалению, экологическая ситуация **ухудша́ется** каждый год. Мне грустно, когда я думаю о будущем нашей планеты. Мы **разруша́ем** её.

Олег, 18, Му́рманск

Меня **раздража́ет**, что в городах многие люди не **сортиру́ют** мусор. А в деревнях ещё хуже. Многие **броса́ют** мусор в реку или приносят его в лес. Я этого не понимаю. В некоторых больших городах, например, мусор сортируется по разным конте́йнерам. По-моему, это очень эффективная **систе́ма**. Поэтому я работаю в экологической организации *Природа и Молодёжь*, которая может сделать много полезного по защите природы. Мы организуем экологические акции и выставки. **Благодаря́** нашей работе **всё бо́льше** молодых людей интересуются защитой окружающей среды. Наша общая **зада́ча** – **сохрани́ть** природу.

Михаил, 40, Пермь

Нам нужно всё больше и больше **энергоресу́рсов**. Я считаю, нужно разу́мно **испо́льзовать** не только природные ресурсы, но и альтернати́вные источники эне́ргии, как, например, энергию солнца и ветра. Пора **боро́ться** с **паринко́вым эффе́ктом**. Но, к сожалению, **со́лнечные** батаре́и и **ветряки́** ещё не совсем эффективны.

2 Опиши карикатуру. Кого или что критику́ет её автор? R

3 Сравни предложения. ↗G 10

Обрати внимание на формы глаголов и окончания существительных.
Переведи предложения на немецкий язык

Человек вырубает лес.	Лес вырубается человеком.
Человек вырубал лес.	Лес вырубался человеком.
Человек будет вырубать лес.	Лес будет вырубаться человеком.

4 Преобразуй предложения по образцу и переведи их на немецкий язык.

М Человек разрушает природу Земли.
Природа Земли разрушается человеком.

1. Многие предприятия используют альтернативные источники энергии.
2. Экологическая группа проводит опрос на тему *Защита окружающей среды*.
3. Организация *ПиМ* будет организовывать экологические вечера для школьников.
4. Туристы загрязнили берега озера.
5. **Госуда́рства** должны разумно использовать энергоресурсы.

5 Прочитай и запомни.

Меня	**удивля́ет**, что …	Я		Мне	
	волнует, что …		не понимаю, почему …		непонятно, почему …
	беспокоит, что …		боюсь, что …		жаль, что…
	раздражает, что …		рад(а), что …		грустно, что (когда) …
	шоки́рует, что …		**наде́юсь**, что …		**стра́шно**, что …
	радует, что …				

6 Молодёжь о природе

а) Прочитай результаты опроса, который проводился в Мурманской области.
Выскажи своё мнение (→ упр. 5).

- 23 % опро́шенных[1] ничего не знают об альтернативных источниках энергии.
- 8 % акти́вно работают в экологических организациях или **подде́рживают** их.
- 24 % молодёжи не думают, что **вы́рубка** лесов **влия́ет** на климат.
- 47 % молодых людей интересуются защитой окружающей среды.
- 95 % молодёжи уже бросали мусор в реку (озеро).
- Только 3 % опрошенных ещё никогда не слышали о глоба́льном **потепле́нии** климата.

б) Составьте анкету и проведите опрос в вашей школе.
Представьте результаты в классе.

1 der Befragten

7 Прочитай предложения и переведи их на немецкий язык. ↗G 5

Школьники города Мурманска организовали акцию против вырубки лесов.
Акция, организованная школьниками города Мурманска, очень интересна.
Акция была организована школьниками города Мурманска.

Выхлопные газы загрязняют воздух.
Воздух, загрязнённый выхлопными газами, опасен для здоровья.
Воздух загрязнён выхлопными газами.

Экологическая организация *ПиМ* открыла новый информационный центр.
Инфоцентр, открытый экологической организацией *ПиМ*, находится в центре города.
Новый инфоцентр был открыт экологической организацией *ПиМ*.

8 Переведи газетные заголовки на немецкий язык.

Найди в СМИ другие заголовки на тему защиты природы.

Озёра и реки ***России сильно загрязнены***

Акция «Помогите природе!» проведена с успехом

Выставка «Наша планета» открыта!

Фильм **«Дом – Home»** показан во всех кинотеатрах России.

9 Прослушай разговор между Олегом и Ларой.

а) Прочитай высказывания и скажи, кто это сказал: Лара или Олег?

1. В фильме говорят только о **загрязнéнии** природы и глобальном потеплении.
2. Каждый человек может активно защищать природу.
3. Мы дома сортируем мусор.
4. Мы можем решить проблемы только тогда, когда знаем о них.
5. Я не думаю, что такие люди, как ты и я, могут защитить природу.
6. Только политики и менеджеры больших фирм могут защитить природу.
7. Это задача всех людей Земли.

б) Прослушайте разговор ещё раз.
С кем вы согласны? Обсудите свои мнения в группах.

10 Прочитай текст о *Красной книге* со словарём.

а) Ответь на вопросы.

Когда была написана *Красная книга*?
О чём она информирует?
Какие растения и животные названы в *Красной книге*?
Что такое *зелёные страницы*?

Мы уже поняли, что сохранение природы и охрана животных и растений требуют усилий всех людей Земли. Но для того, чтобы **охраня́ть**, нужно знать, кому и чему **угрожа́ет опа́сность**. *Красная книга* (красный цвет — сигнал опасности) играет важную роль. Она была задумана ещё в 1948 году, когда Международный союз охраны природы начал собирать информацию о редких и исчезающих растениях и животных. В 1966 году *Красная книга*, наконец, была **опублико́вана**. Она постоянно дополняется. Ведь, по стати́стике, каждую минуту на Земле исчезает один вид живых органи́змов. В *Красной книге* перечислены животные и растения, которые могут скоро исчезнуть. **Спасе́ние** этих видов — дело разных экологических организаций. Но если мы не поймём, как важна эта проблема, их спасение невозможно. Радует, что в *Красной книге* регулярно публикуются *зелёные страницы*. Здесь названы растения и животные, которым уже не угрожает опасность. К счастью, экологическая ситуация чуть-чуть **улучша́ется**. И в этом заслу́га всех людей, которые помогают охранять нашу плане́ту.

б) Найди в Интернете актуа́льную информацию о *Красной книге*.
Выбери одно из животных, которым угрожает опасность. Подготовь презентацию.

11 Объясни, о чём эти картинки. R

Какая картинка тебе кажется более эффективной? Почему?

1 Прочитай рассказ со словарём и ответь на вопросы.

Кто главные герои этого **расска́за**? О чём они разговаривают? Что их беспокоит? Какими они видят нас, людей?

Живём в одува́нчике

Мне сни́лся сон[1], что я **инопланетя́нин** и прилетел на Землю с другой планеты. Брат остался в каби́не космического корабля, а я пошёл в город узнать о людях. Я вернулся вечером.

– Кто они? – спросил брат.
– Я их не понимаю. … Боюсь, что они **поги́бнут**.
– Почему?
– Представляешь, они охраняют ценное и драгоценное, а бесценное не охраняют.
– А зачем охранять?
– Они воруют.
– Зачем?
– Не знаю. Золото и бриллиа́нты у них в се́йфах с сигнализа́цией. А воду поливают чем-то чёрным и вонючим. Это называется мазу́том.
– Не может быть!
– Я видел их реки и озёра! …
– Мне их жалко, давно они здесь живут?
– Не очень.
– Может, они не знают, что воды нет во **Вселе́нной**?
– Они об этом не думают.
– Надо им сказать, что только на двух планетах есть живая вода, только у них и у нас.
– Если бы ты видел, что они делают с воздухом.
– Что?
– Они думают, что воздух бесконечен, хотя у них есть книги о стратосфе́ре и озоносфе́ре.
– Ты хочешь сказать, что они знают, но …
– Да, они знают, но не понимают, что Земля – одуванчик, что они живут в одуванчике.
– Они не хотят жить?
– Хотят!
– Странно. …
– У них есть законы. Если человек **украдёт** деньги, его судят и лишают свободы. А если он **отра́вит** воду и рыбу – его не судят. Он просто платит штраф – и всё. …
– Брат, теперь я понял, ты **шу́тишь**!
– Нет, не шучу. Слушай дальше, они загрязняют землю, отравляют растения и животных, угрожают живому миру.
– Удивительно.
– Совсем не ценят полученное в дар от природы. Они природу уродуют.
– А есть **наде́жда** на детей?
– Есть, но в школах не учат главному, никто им не говорит, что Воздух – отец, Вода – мать, Земля – дом. Их дети вырастут стяжателями, их интересуют только деньги.
– А можно ли им помочь? – спросил брат. […]

И тут я **просну́лся**. […]

(по моти́вам рассказа И. Шкляре́вского)

1 ich hatte einen Traum im Schlaf

2 Как передать содержание текста? ↗ L 4

а) Прочитай и запомни стандартные выражения.

Рассказ (текст, повесть, сказка …) называется …

Автор рассказа (текста, повести …)	- … пишет о … *mit Präp.* описывает (рассказывает, показывает) … *mit Akk.*

Тема рассказа (текста, повести …) – …

В рассказе (тексте …) Сначала **Зате́м** После этого	речь идёт говорится рассказывается	о(б) … о том, что …

В конце́ концо́в, …

б) Передай содержание рассказа *Живём в одуванчике* (→ упр. 1).

3 Дополни письмо. ↗ L 5

Представь себе, что инопланетяне посетили нашу планету. Они увидели, сколько у нас экологических проблем. Они решили написать нам, **земля́нам**, письмо о том, что они увидели, и как нам спасти нашу Землю.

Дорогие земляне!
Мы первый раз посетили вашу планету, и мы в шоке!
У вас очень много экологических проблем.
…
Мы надеемся, что вы нас поняли.
Это ваш последний шанс!

Ваши друзья из Вселенной

4 Выберите одно из следующих высказываний и выскажите своё мнение. R

Каждый человек может и должен защищать окружающую среду.

Природа так красива! Не стоит думать о её проблемах.

Экоактиви́сты – это **фана́ты**, которые хотят быть в центре внимания СМИ.

Всё равно, что я делаю. Это не играет никакой роли для жизни нашей планеты.

Нау́чно-техни́ческий прогре́сс важнее, чем **охра́на** окружающей среды!

Потéрянный рай

1 Прочитай текст со словарём.

а) Ответь на вопросы.

С чем сра́внивают нашу планету в тексте?
Как описана её экологическая ситуация?
Как ты чувствовал(а) себя, когда ты читал(а) этот текст?

Нашей Земле 4600 миллионов лет. Чтобы осознать этот период, сравним Землю с 46-летним человеком. Мы почти ничего не знаем о детстве, юности и молодости этого человека. Только в возрасте 42 лет Земля начала **цвести́**. Диноза́вры и большие репти́лии **возни́кли**, когда Земле было 45 лет.

Млекопитающие животные появились только 8 месяцев тому назад. Неделю назад обезьяна превратилась в человека. Три дня тому назад кончился последний ледниковый период. Современный человек живёт на планете 4 часа. Час назад он начал заниматься **се́льским хозя́йством**. Индустриа́льная револю́ция началась минуту назад.

За эту минуту человек превратил Землю в большую **сва́лку** мусора. Он виноват в многочисленных войнах, а также в вымирании 500 видов животных. Ради «технического прогре́сса» человек разграбил почти все ресурсы Земли. Осталась ОДНА секу́нда до полного **уничтоже́ния** всей жизни на планете Земля!

б) Составь хро́нику эволю́ции человека.
Используй факты из прочитанного текста, а также других источников СМИ. Сделай плакат.

2 Проинтерпретируй карикатуру.

R

а) Что ты видишь

– на переднем плане,
– в центре,
– на заднем плане карикатуры?

б) Что ты думаешь о карикатуре?
Выскажи своё мнение.

в) Найди в СМИ карикатуру о проблемах окружающей среды.
Проинтерпретируй и представь её своим одноклассникам.

3 Земля заболела.

Представьте себе ситуацию: на приём к врачу пришла новая пацие́нтка – Земля.
Она очень плохо себя чувствует. Врач хочет помочь ей.
Составьте и разыграйте диалог между врачом и пациенткой.

Как Вам помочь?
Я Вам пропишу ...
Вам надо ...

Мне больно глотать
(тяжело дышится)
У меня болит ...
Мне больно ...
, потому что ...

Проблемы Земли

- парниковый эффект
- потепление климата
- вырубка лесов
- загрязнение воздуха (воды, земли)
- вымирание некоторых видов животных
- **кисло́тный дождь**
- **озо́новая дыра́**

4 Земля – наш общий дом.

а) Выскажи своё мнение на веб-форуме.

	О природе, о влиянии человека на природу
	Подписка на тему | Сообщить другу | Версия для печати
 ecoangel	Земля наш общий дом, который нам надо охранять. Вы разделяете это мнение? Пишите!

б) Дискутируйте в группах о ваших мнениях. Есть ли у вас разные представления? Сообщите об этом в классе.

Музыка и литература в нашей жизни

- современная (классическая, иностранная) литература
- любимая книга
- любимый автор (писатель, писательница)
- повесть
- **стихотворе́ние**
- детектив
- рассказ
- **рома́н**
- фэнтези
- автобиография
- книга о любви (школе, молодёжи, природе, путешествиях, об истории, о проблемах общества)

1 **Расскажи немного о себе.**

Что ты (не) любишь читать? Почему?
Как ты думаешь, чем увлекаются сегодня молодые люди?
Что любят читать твои родители (твои друзья)?

2 **Прокомменти́руй картинки.**
Как ты думаешь, как эти люди отно́сятся к литературе?

- (не) интересоваться литературой
- любить читать детективы
- увлекаться фэнтези
- **обсужда́ть** рассказы
- **спо́рить** об авторах

3 **О чём мы думаем, когда слышим слова *русская литература*?**

Может быть, мы ещё не так много знаем о русской литературе. Когда россияне слышат этот вопрос, они думают о таких **кла́ссиках** русской литературы, как Алекса́ндр Серге́евич Пу́шкин, Фёдор Миха́йлович Достое́вский, Лев Никола́евич Толсто́й и Анто́н Па́влович Че́хов. Современные авторы, например, Ви́ктор Оле́гович Пеле́вин и Татья́на Ники́тична Толста́я тоже очень **популя́рны**.

а) Прочитай имена и фамилии русских писателей вслух.

б) Найди информацию об одном из этих авторов и подготовь презентацию о его (её) жизни и творчестве.

Ф.М. Достое́вский (1821–1881)

А.П. Че́хов (1860–1904)

Т.Н. Толста́я (1951–)

4 Что такое *русская музыка*?

Это много, от русского **компози́тора** Чайко́вского до современных групп *Сплин* и *Земфи́ра*.

1. Какую музыку ты любишь?
2. Ты знаешь русские песни/русскую музыку?
3. Ты любишь **бале́т**? Что ты думаешь об о́пере?
4. На каком концерте ты был(а) в последний раз?
5. На каком инструменте ты умеешь играть?

- классическая (современная, электронная) музыка
- рок-музыка, поп-музыка, хип-хоп, хард-рок
- мю́зикл (опера, ...)
- певец, певица
- поп-группа (рок-группа, джаз-гру́ппа)
- петь в хоре
- слушать музыку на MP3-плеере
- ходить в театр (в оперу, на балет, на концерт)
- играть на гитаре (**пиани́но**, **фле́йте**)

5 Прослушай и прочитай, что разные люди говорят о музыке. А как ты относишься к музыке?

Аня: Я слушаю музыку всё время: по доро́ге в школу, когда делаю уроки, с друзьями.

Вика: Я редко слушаю музыку, я больше люблю читать книги.

Артём: На день рождения родители подарили мне плеер, теперь я могу слушать мою любимую музыку не только дома.

6 Посмотри на картинки и составь ассоциограмму на тему *Музыка*.

На вкус и цвет това́рищей нет.

1 В школьной столо́вой

а) Прочитай разговор и ответь на вопросы.

1. О чём разговаривают Вика и Артём?
2. Какую музыку и литературу любит Артём?
3. Что предлагает Вика?
4. Что должен будет делать Артём, а что будет делать Вика?

Приглашаем всех учителей, учеников и их родителей
на литературно-музыкальный вечер «Любовь, страсть и боль» 28 февраля в 19.00 в актовый зал нашей школы.
Вечер будет интересен для всех, кто любит литературу и музыку.
10[б]

Вика: Сегодня наша учительница по литературе сказала, что мы можем **поуча́ствовать** в литерату́рно-музыка́льном вечере, который состоится через неделю. Тема вечера – «Любовь, страсть и боль».

Артём: Я думаю, что это понравится только девочкам, **уж** лучше **бы** мы организовали вечер рок-музыки.

Вика: Да, мы бы тогда весь вечер слушали только твою любимую рок-группу *Алиса*. А я вот очень люблю классическую музыку. Я считаю, что было бы интересно послушать **отры́вки** из разных произведений или даже почитать стихотворения под тихую классическую музыку.

Артём: А кто будет читать? Я, например, **сомнева́юсь**, что смогу **вырази́тельно** прочитать стихотворение.

Вика: Это я умею, надо только найти что-нибудь **подходя́щее**. У Пу́шкина, Ле́рмонтова, Есе́нина так много любо́вной[1] **ли́рики**. Особенно я люблю *На хо́лмах Гру́зии*[2] Пушкина.

Артём: Неужели только классику читать и слушать будем? По-моему, надо взять и кого-нибудь из современных авторов, сейчас тоже много пишут о любви, эта тема всегда актуальна.

Вика: Не знаю. Мне кажется, что лучше показать маленький отрывок из **пье́сы** Че́хова или станцевать что-нибудь под классическую музыку, например, Чайко́вского.

К. Ки́нчев, рок-группа *Алиса*

Артём: Уж не хочешь ли ты, чтобы мы показали **сце́ну** из балета? Я с тобой не согласен, это уже чересчу́р.

Вика: Ты абсолютно нерома́нти́чен. Ладно, тогда и занимайся чем-нибудь неромантичным. Во-первых, нужно **офо́рмить** актовый зал: **поста́вить** стулья для зрителей, примерно десять **рядо́в**, и **пове́сить за́навес**. Во-вторых, надо сделать плакат, билеты и флаеры. И если бы ты нашёл декора́цию для сцены, было бы просто **замеча́тельно**.

Артём: Эта идея мне нравится. Ты **составля́ешь** программу вечера, а я решаю технические вопросы.

1 *ср.* любовь 2 *Auf Grusiens Hügeln*

б) Выпиши все выражения, с помощью которых Вика и Артём высказывают свои мнения и рассказывают о своих интересах и увлечениях.

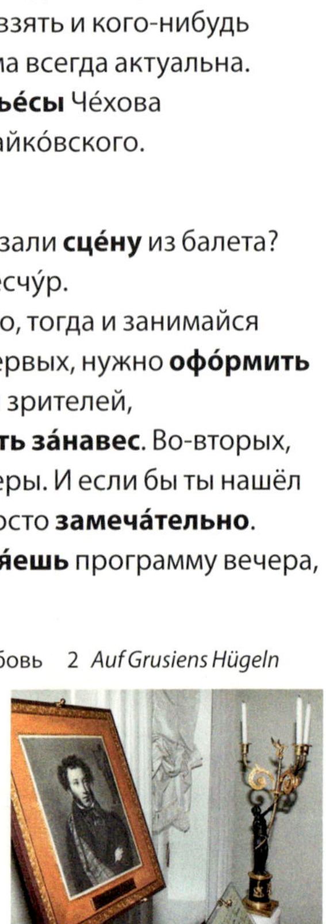

М Я считаю, что …

в) Обсудите, что делать вечером. Первый ученик хочет пойти на концерт, второй – почитать книгу. Употребите в своём диалоге выражения из задания б).

2 Обменяйтесь мнениями по образцу. ↗G 11

М Давай организуем вечер русских песен. – Нет, <u>уж лучше бы</u> мы организовали вечер рок-музыки.

Давай поедем на выходные в деревню.
Давай сделаем уроки на завтра.
Давай сходим завтра вечером в кино.
Давай на перемене пойдём в библиотеку.

3 Закончи предложения.

Потом переведи их на немецкий язык.

Если бы сейчас были каникулы, я бы поехал(а) ???
Если бы я был(а) известным режиссёром, я бы **снял(á)** фильм о ???
Если бы у меня была возможность пойти в Большой театр, я бы с удовольствием посмотрел(а) балет ???
Если бы я был(а) классным музыкантом, я бы дал(а) концерт в ???

4 Составь предложения с союзом *что*. ↗G 13

М Я думаю, что тема любви (по)нравится только девочкам.

Я (не) думаю, что	я лучше буду	послушать концерт Чайковского.
Я (не) считаю, что	было бы интересно	прочитать стихотворение.
Я (не) сомневаюсь, что	я смогу выразительно	маленький отрывок из пьесы Чехова.
Мне (не) кажется, что	лучше показать	оформлять актовый зал.

5 Актуальна ли классика сегодня?

а) Какие авторы и произведения упомина́ются в тексте?

Вика очень любит литературу. Она знает, что романы *Война и мир* Л.Н. Толсто́го и *Преступле́ние и наказа́ние*[1] Ф.М. Достое́вского, пьесы А.П. Че́хова *Вишнёвый сад*[2] и *Три сестры* известны во всём мире. В России очень любят **поэ́тов** А.С. Пу́шкина и А.А. Ахма́тову. Вика провела маленький опрос на тему *Актуальна ли классическая литература в эпо́ху Интернета*?. Вот что думают об этом одноклассники Вики.

Денис: Я думаю, что классика неинтересна, а **заче́м** её читать? Толстой уже не актуален. Сейчас все читают *Гарри Поттера* или **нау́чную фанта́стику**.

Катя: Я **уве́рена**, что не **ста́ла** бы читать роман Достое́вского *Идио́т*, если бы мне учительница не сказала, что школьнику XXI века нужно изучать классическую литературу. Сначала мне не очень понравилось, но потом я **убеди́лась**, что он **гениа́льный** автор. Проблемы, о которых Достоевский писал, актуальны и в наше время.

Дима: Я знаю, что многим это **пока́жется стра́нным**, но я очень люблю стихотворения о природе и о любви. С удовольствием читаю Пу́шкина и Есе́нина. Кстати, я и сам пишу **стихи́**.

Франк: Я читал книги русских авторов по-немецки, например, *Даму с собачкой* Чехова и один детектив Мари́ниной. Обычно я слушаю аудиокни́ги.

1 *Schuld und Sühne* 2 *Der Kirschgarten*

б) Франк ещё не очень хорошо говорит по-русски, передай ему содержание разговора по-немецки.

6 Прокомментируй ответы одноклассников. R

а) Выскажи своё мнение к ответам из упр. 5.

б) Проведи маленький опрос в своём классе о том, что вы читаете и какую музыку вы слушаете. Представь результаты этого опроса своим одноклассникам.

- Я думаю,
- Я считаю,
- Я сомневаюсь,
- Мне кажется,
- Я слышал(а),
- Я знаю,
- Я уверен(а),
- Я убедился (убедилась),
- Надо **доба́вить**,

что …

- **Ме́жду про́чим**, …
- Как уже было сказано, …
- **На са́мом де́ле** …
- Точнее говоря, …
- Кстати, …
- Значит, …
- Кроме того,
- Во-первых, …, во-вторых, …
- Я так думаю, потому что …

7 С любовью ↗ G 12

а) Прочитай письмо и обрати внимание на формы слов *любовь*, *жизнь*, *радость* и *кровь*.

Дорогая Маша,
поздравляю тебя с днём рождения! Дарю тебе три розы, красные, как кровь.
Одну на **дру́жбу** розу, другую на любовь, а третья роза в жизни пусть счастье принесёт. Ещё желаю, чтобы радости твоей ничто не **меша́ло**.
С любовью, твой Саша.

б) Употреби данные в скобках слова в нужном падеже.

Тема вечера – (любовь).
Может ли человек жить без (любовь)?
Как вы относитесь к виртуа́льной (любовь)?
Спасибо вам за (любовь), за дружбу, за всё, что вы для меня сделали.
Чувствуется, что художник с (любовь) относится к окружающему миру.
Есть много литературы о (любовь).

8 Подготовим литературный вечер. ↗ G 13

Что надо ещё сделать? Придумайте мини-диалоги. Обратите внимание на формы глаголов.

М Что хочет Вика? Вика хочет, <u>чтобы</u> Артём сделал флаеры.

Артём, одноклассник, подруга, друг, учительница	просит, хочет, требует	чтобы	Вика, мы, ученики, родители, школьники	оформлять актовый зал, выучить **наизу́сть** стихотворение, принести диски с музыкой, пойти на концерт, прочитать роман Пеле́вина *Generation П*

9 Поговорим о российских артистах.

а) Прочитай краткую биографию Земфиры.

Земфи́ра Талга́товна Рамаза́нова
- родилась 26 августа 1976 года в Уфе́
- ходила в музыкальную школу с пяти лет: играла на пианино и пела в хоре
- играла в баскетбол, была капита́ном женской команды России по баскетболу
- училась в Уфи́мском училище искусств
- работала на радио *Европа плюс*
- 1996: написала первые песни и музыку к ним
- 1997: переехала в Москву
- 1999: **записа́ла** первый диск
- сегодня: известная рок-певица, часто даёт концерты

б) Какие факты в биографии Земфиры кажутся тебе интересными?

в) Найди в Интернете информацию о российском композиторе или музыканте и напиши о нём (о ней) по этому образцу. Подготовь презентацию.

10 А какую музыку мы слушаем?

а) Послушай разговоры и скажи, к какому разговору подходит плакат.

б) Послушай диалоги ещё раз и запиши,
- какие билеты покупает Сергей, где и когда он может забра́ть[1] билеты.
- почему Аня не покупает билеты в первый и третий ряд.
- какие билеты она купила.

1 abholen

11 Пойдём на балет или на концерт?

Посмотрите на рисунки и придумайте диалоги.
Вы решили с друзьями пойти на балет (на концерт).
Вы спрашиваете в кассе о билетах. Обсуждаете и решаете, какие билеты купить.

1 Музыкально-литературный вечер

Вика нашла в Интернете материал для музыкально-литературного вечера. Используй этот материал и подготовь речь. Начать можешь так:

«Дорогие гости, сегодня я хочу вам представить интересную программу со многими известными и новыми именами ...»

Группа Сплин (с 1994 г.)
- популярная российская рок-группа
- **вокали́ст** – Алекса́ндр Васи́льев
- самые известные песни: *Моё* ***се́рдце****,* *Англо-русский словарь, Звезда рок-н-ролла*

Лев Никола́евич Толсто́й (1828–1910)
- знаменитый русский писатель
- много путешествовал по Европе
- открыл школу для дереве́нских[1] детей, в которой он сам и был учителем
- самые знаменитые произведения – романы *Война и мир* и *А́нна Каре́нина*

Пётр Ильи́ч Чайко́вский (1840–1893)
- композитор и **дирижёр**
- в творчестве **отража́ется** интерес к истории России, жизни русского народа
- балеты *Лебеди́ное озеро, Щелку́нчик*[2]
- оперы на произведения А.С. Пушкина *Евге́ний Оне́гин, Пи́ковая да́ма*[3]
- в музыке темы жизни и **сме́рти**, любви, природы, детства

Алекса́ндр Серге́евич Пу́шкин (1799–1837)
- **вели́кий** русский поэт, драматург и **проза́ик**
- писал поэ́мы, повести, рассказы, драмы, стихотворения, сказки, роман в стихах *Евгений Онегин*
- погиб на дуэ́ли
- основные темы творчества: свобода, любовь, природа
- почти в каждом российском городе есть улица или площадь имени А.С. Пушкина

1 *ср.* деревня 2 Der Nussknacker 3 Pique Dame

2 Прочитай и запомни.

Этот роман (рассказ) интересен (скучен)
Эта книга (повесть) интересна (скучна) | по **содержа́нию.**

Мне нравится (нравятся) | уникальный (**о́бразный**, богатый) язык писателя (писательницы), **персона́ж** (герой, героиня, персонажи), | потому что ...

В книге речь идёт о ...; **Расска́зчик** описывает, как ...

3 Прочитай текст со словарём.

Анна Каренина

Поезд поехал. «Ну, всё кончено, и слава богу!» – была первая мысль Анны Арка́дьевны. Она села на свой диванчик, и осмотрелась в полусвете спального вагона. …
Анна своими маленькими руками открыла и закрыла красную сумочку, достала подушечку, положила себе на колени, спокойно села. Маленький фонарик она повесила на спинку кресла и взяла из своей сумочки разрезной ножик и английский роман. …
Анна Аркадьевна читала и понимала, но ей неприятно было читать, то есть следить за жизнью других людей. Ей слишком самой хотелось жить. Читала ли она, как героиня романа ухаживала за больным, ей хотелось ходить неслышными шагами по комнате больного; читала ли она о том, как член парла́мента говорил речь, ей хотелось говорить эту речь; читала ли она о том, как леди Мери ехала на лошади верхом, ей хотелось это делать самой. Но делать нечего было, и она, держа в своих маленьких руках гладкий ножичек, читала дальше.

Кадр из фильма *Анна Каренина* (1967)

(Сокращённый и адаптированный отрывок из романа *Анна Каренина* Л.Н. Толстого)

а) Ответь на вопросы.

О чём идёт речь в отрывке из романа *Анна Каренина*?
Охарактеризуй главную героиню Анну. Что она делает, о чём она думает, когда читает роман?

б) Опиши своего любимого литературного героя (свою любимую литературную героиню). Как он (она) выглядит? Сколько ему (ей) лет? Что он (она) (не) любит? Что он (она) делает?

4 Ф. М. Достоевский в Ба́ден-Ба́дене

Das Spielcasino in Baden-Baden möchte eine Gedenktafel in deutscher und russischer Sprache anbringen. Erstelle aus den genannten Angaben eine russisch-deutschsprachige Gedenktafel mit einem kurzen Informationstext. Arbeite mit dem Wörterbuch.

Дом, в котором жил Ф.М. Достоевский (1863, 1867).

В 1863 году Фёдор Михайлович Достоевский приехал на отдых в Баден-Баден. Писатель был в Баден-Бадене два раза, и почти всё время проводил в казино. В своём романе *Игро́к*, который он написал после первого посещения Баден-Бадена, он описывает всё пережитое. В одном из домов города, над магазином *Coco*, можно увидеть бюст Ф. М. Достоевского. В этом доме Достоевский жил со своей молодой женой Анной Григорьевной. Пять недель подряд Достоевский почти каждый день был в казино. Там он проиграл все деньги, свой костюм, кольца и даже платье жены. Потом семья уехала из Баден-Бадена.

1 Послушай песню и прочитай текст.

Попробуй перевести текст припева на немецкий язык со словарём.

Моё сердце – Группа *Сплин*

Мы не зна́ли друг дру́га до э́того ле́та,
Мы болта́лись по све́ту, земле́ и воде́.
И соверше́нно случа́йно мы взя́ли биле́ты
На сосе́дние кре́сла на большо́й высоте́.

Припев: И моё се́рдце останови́лось,
Моё се́рдце за́мерло…
Моё се́рдце останови́лось,
Моё се́рдце за́мерло…

И ро́вно ты́сячу лет мы просыпа́емся вме́сте,
Да́же е́сли усну́ли в ра́зных места́х.
Мы идём ста́вить ко́фе под Э́лвиса Пре́сли,
Ко́фе сбежа́л под Propellerheads, ах!

Припев

И, мо́жет быть, ты не ста́ла звездо́й в Голливу́де,
Не выхо́дишь на по́диум в ни́жнем белье́.
У тебя́ не беру́т авто́графы лю́ди,
И поёшь ты чуть ти́ше, чем Монсерра́т Кабалье́.

Так и я, сла́ва бо́гу, не Ricky, не Martin,
Не выдвига́лся на О́скар, францу́зам не забива́л.
Мои́м и́менем не на́зван го́род на ка́рте,
Но задёрнуты што́ры и разло́жен дива́н.

Припев

Я наяву́ ви́жу то, что мно́гим да́же не сни́лось,
Не явля́лось под ка́йфом, не стуча́лось в стекло́.
Моё се́рдце останови́лось, отдыша́лось немно́го
И сно́ва пошло́.

Припев: И моё се́рдце останови́лось,
Моё се́рдце за́мерло…
Моё се́рдце останови́лось,
Моё се́рдце за́мерло…

И моё се́рдце «hasta la vista»,
Моё се́рдце за́мерло.
Моё се́рдце останови́лось,
Моё се́рдце за́мерло…

Mein Herz

Bis zu diesem Sommer haben wir einander nicht gekannt,
Wir haben uns in der Welt herumgetrieben, auf dem Boden und auf dem Wasser.
Und ganz zufällig haben wir Tickets gebucht
Für benachbarte Sitze, in großer Höhe.

Refrain

Und genau tausend Jahre erwachen wir gemeinsam,
Auch wenn wir an unterschiedlichen Orten eingeschlafen sind.
Wir kochen Kaffee zu Elvis Presley,
Der Kaffee kochte über zu den Propellerheads, ach!

Refrain

Und vielleicht bist du kein Hollywood-Star geworden,
Gehst nicht auf die Bühne in Unterwäsche,
Die Leute wollen keine Autogramme von dir,
Und du singst ein bisschen leiser als Montserrat Caballé.

Ich bin auch, Gott sei Dank, kein Ricky, kein Martin,
Wurde nicht für einen Oscar nominiert, hab' den Franzosen kein Tor reingeschossen.
Keine Stadt auf der Karte trägt meinen Namen,
Aber die Gardinen sind zugezogen und das Sofa ist aufgeklappt.

Refrain

Ich sehe im Wachen, was viele sogar im Traum,
im Rausch oder betrunken nicht sahen.
Mein Herz ist stehen geblieben, hat sich kurz ausgeruht
Und schlug wieder von neuem.

Refrain

2 Комментируем песню. ↗L 6

а) Обсудите песню. Составьте мини-диалоги.

- Речь в этой песне идёт о …
- Мне особенно (не) понравилось в песне, что …
- У меня возникло такое впечатление, что …
- На мой **взгляд**, (не)хорошо, что …
- Я ничего не могу сказать о …
- В тексте (песне) правильно говорится о …
- Автор ярко (выразительно) показывает …
- **Смысл** песни может быть в том, что …
- С одной стороны, можно сказать, что …, но с другой стороны, …

	+	–
Содержание песни	– герой (героиня) **влюби́лся** (влюбилась) – он(а) **сча́стлив(а)** – всё другое стало неважно – хорошо описывает чувства	– не говорит о важных проблемах – скучное, неинтересное – повторяет одно и то же
Музыкальный стиль, стиль языка	– простые слова – музыка создаёт хорошее (радостное, грустное) настроение – музыка подходит к словам	– много **непоня́тных** слов – **си́мвол** сердца – символ любви – очень часто используется, даже в рекламе – слишком лёгкая, моното́нная **мело́дия**
Смысл песни	– говорит о том, что **изве́стность** не делает счастливым – показывает, что любовь – самое главное в жизни	– смысл непонятный – нереалисти́чное описание чувств – в любви не всегда всё просто

б) Напиши интерпрета́цию песни *Моё сердце*. Используй выражения из упр. а).

! При интерпретации обрати внимание на **содержание** (*что?*), **стиль** (*как?*) и **смысл** текста (рассказа, песни). В заключение можешь сказать, почему тебе текст понравился или не понравился.

3 Мои впечатления

Представь себе, что ты недавно был(а) на концерте своей любимой группы/певицы (своего любимого певца). Напиши своему русскому другу (своей русской подруге) электронное письмо. Поделись своими впечатлениями от концерта, а также напиши о своей любимой песне.

4 Выбери одно из этих заданий.

а) Сделай рекламу книги (фильма, концерта), которая (который) тебе понравилась (понравился). Нарисуй рекламный плакат с краткой информацией.

б) Напиши маленький рассказ или стихотворение (песню) о любви на русском языке.

в) Куда пойти в субботу вечером? Представь себе такую ситуацию: твой друг (твоя подруга) хотел(а) бы пойти в кино (театр, оперу), а ты хотел(а) бы пойти на концерт (литературно-музыкальный вечер, вечеринку). Вы обсуждаете, куда пойти. Составь и напиши диалог. Разыграйте сценку.

Добро пожаловать в историю России!

Ки́евская Русь в 882 г.

Пётр Великий (1672–1725)

Екатерина II (1729–1796)

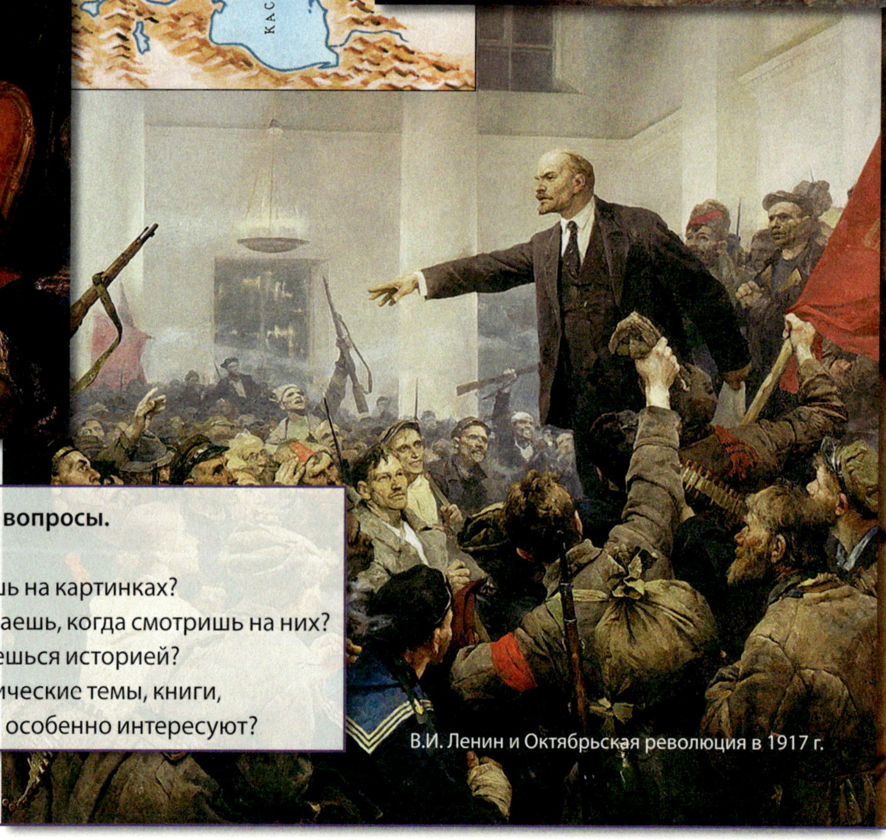
В.И. Ленин и Октябрьская революция в 1917 г.

1 Ответь на вопросы.

1. Что ты видишь на картинках?
2. О чём ты думаешь, когда смотришь на них?
3. Ты интересуешься историей?
4. Какие исторические темы, книги, фильмы тебя особенно интересуют?

2 Расскажи по-немецки, что ты уже знаешь о русской истории. Каких знаменитых россиян ты знаешь? Что, по твоему мнению, знают о немецкой истории российские школьники?

3 Придумайте вопросы по истории и задайте их своим одноклассникам.

M
- Это большой город. Его называют Северной столицей России. Что это за город?
- Его имя – Владимир, в 1917 году он организовал революцию. Кто это?
- Это большое здание в Берлине, там бундеста́г. Что это?

1945 в Берлине

- Жизнь стала лучше (хуже) …
- Политик (Президе́нт) решает разные проблемы: …
- **Револю́цию** организовал(и) и поддержал(и) …
- Война началась (закончилась) в …
- Война **зако́нчилась** тем, что …
- Россия и Германия вместе …
- Народ выбирает (выбрал) …
- Революция **изменя́ет** (изменила) …

Немецкий канцлер Г. Шрёдер в России в 2003 г.

М. С. Горбачёв в Германии в 1989 г.

Д. А. Медведев на открытии завода СПГ в 2009 г.

4 Сравни карты в начале и в конце учебника. Какие государства возникли после распа́да СССР?

5 Ива́н Гро́зный[1] (1530–1584) приказа́л сделать карту России. Расскажи, по каким рекам и местам проходил путь из Москвы до Се́верного Ледови́того океа́на[2], до Чёрного моря.

1 Iwan der Schreckliche 2 das Nordpolarmeer

5 A Изучаем дедов – узнаём внуков.

1 Давай поучаствуем в олимпиаде по истории.

Прослушай и прочитай диалог, потом ответь на вопросы.

1. О чём разговаривают Света и Максим?
2. Чем интересуется Максим, а чем – Света?
3. Как они готовятся к олимпиаде по истории?
4. Хотел(а) бы ты поучаствовать в такой олимпиаде?

Света: Смотри, скоро будет школьная олимпиада по истории. Максим, ты будешь участвовать?

Максим: Ещё не знаю. Я, конечно, люблю читать исторические рассказы о разных революциях и войнах, но для олимпиады надо знать намного больше.

Света: А я не очень люблю все эти войны и революции. Я больше интересуюсь жизнью людей в мирное время. Но ты прав, на олимпиаде могут спросить обо всём.

Максим: Здесь написано, что ученик, занявший первое место, получит приз – ноутбук.

Света: Ноутбук? Здорово! Тогда давай поучаствуем!

Максим: Давай! И готовиться к олимпиаде вместе будем. Нужно очень много всего повторить, а вместе **де́ло** пойдёт быстрее.

Света: Хорошо. Как говорится: «Повторе́ние – мать уче́ния»[1]. Я думаю, лучше всего сделать плакат с основными **да́тами** и событиями, так будет проще всё выучить.

Максим: Давай поищем информацию в Интернете, **схо́дим** на экскурсию по историческим местам нашего города, посмотрим фильмы по истории.

Света: Ещё можно родителей спросить, и бабушку с дедушкой. Моя бабушка очень интересно рассказывает о своей молодости во времена социали́зма. Тогда школьники были октября́тами, пионе́рами, молодые люди – комсомо́льцами[2] и работали в совхо́зах и на комбина́тах. Да и о **перестро́йке** она тоже может рассказать.

Максим: Замечательно. Ну что, встретимся завтра после уроков и начнём с плаката?

Света: Давай, так и сделаем.

1 „Übung macht den Meister" 2 Mitglieder der Jugendorganisationen Oktoberkinder (7–10 J.), Jungpioniere (10–14 J.), Komsomolzen (14–28 J.)

2 Как можно сказать по-другому? Запомни.

↗ G 6, 7

Какие книги?	книги, рассказывающие об истории = книги, которые рассказывают об истории
Какой ученик?	ученик, занявший первое место = ученик, который занял первое место
Какое событие?	событие, **измени́вшее** мою жизнь = событие, которое изменило мою жизнь
Какая картина?	картина, висящая в музее = картина, которая висит в музее

3 Преобразуй вопросы. Используй конструкцию с местоимением *который*.

M Ты знаешь, как зовут человека, полетевшего в космос в 1961 году?
Ты знаешь, как зовут человека, который полетел в космос в 1961 году?

1) Ты посмотрел фильм, рассказывающий о немцах в России?
2) Ты знаешь, как называются государства, получившие независимость в 1991 году?
3) Ты был(а) на выставке, показывающей жизнь в русской деревне?
4) Ты сфотографировал(а) памятник, находящийся в центре города?

4 Периоды истории России

Света и Максим нашли картинки с небольшими текстами о разных периодах истории России. К какому периоду истории относятся картинки? Назови номер картинки.

М Первая картинка относится к периоду Московского государства.

Киевская Русь	Тата́ро-монго́льское и́го[1], разные русские **кня́жества**	Московское государство	Российская **импе́рия**	**Сове́тский Сою́з** (СССР)	Российская **Федера́ция**
882–1240 гг.	1243–1480 гг.	1480–1721 гг.	1721–1917 гг.	1922–1991 гг.	с 1991 года

1 Tatarenjoch, mongolisch-tatarische Gewaltherrschaft

1) Иван III Великий **победи́л** тата́ро-монго́лов и стал **царём** в Москве. 1547–1584 гг. – период **ца́рствования** Ивана IV (Грозного). **При** нём началось **строи́тельство** Собо́ра Васи́лия Блаже́нного[2].

2 Basilius-Kathedrale

1

2а) Революция в России в 1917 г.
Ленин, вернувшийся из эмигра́ции, и **па́ртия** большевико́в **сформирова́ли** новое **прави́тельство.**

2а

2б) 1941–1945 гг.
Вели́кая Оте́чественная война́ зако́нчилась **капиту-ля́цией** Германии. В это трудное время у **вла́сти** находился дикта́тор И. В. Ста́лин. Миллионы людей погибли на фро́нте и в **ГУЛА́Ге**.

3

3) Рассказывают, что первый русский **князь** Рю́рик пришёл в Но́вгород и **навёл** порядок на Руси́. Князь Оле́г в 882 году сделал столицей Руси Ки́ев.

2б

4) В 1985 году М. С. Горбачёв на́чал перестройку. Это **привело́** к распаду СССР и к кризису в **эконо́мике**. В 1991 г. Россия и другие респу́блики Советского Союза стали **незави́симыми**. Первый президент Российской Федерации Б. Н. Е́льцин начал, а В. В. Пу́тин и Д. А. Медве́дев **продо́лжили** модерниза́цию страны. Сегодня Россия важный экспортёр энергоресурсов.

4

5

5) В конце 1240 г. татаро-монголы **захвати́ли** Киев. Более 200 лет не было конта́ктов с Западом.

6) Пётр Великий (1672–1725) **модернизи́ровал а́рмию** и экономику, Санкт-Петербу́рг стал столицей России. Но **крестья́не** продолжали жить **несвобо́дно**, и только в 1861 году русский царь Алекса́ндр II **отмени́л крепостно́е пра́во**.

6

5 Повторение – мать учения.

Максим делает карточки для повторения. На одной стороне карточки он пишет имя исторической личности. На другой стороне пишет то, что он(а) сделал(а).
Сделайте такие карточки. Какую игру можно **приду́мать** с этими карточками?

М Князь Олег | в 882 г. сделал столицей Руси Киев.

Запомни:

начать/начинать	войну
продолжить/продолжать	перестройку
закончить/заканчивать	конфликт
провести/проводить	реформы
начаться/начинаться	война
продо́лжиться/продолжа́ться	перестройка
закончиться/заканчиваться	развитие

На вопрос *Когда это было?* можно ответить:
- во времена Советского Союза (СССР)
- в Киевской Руси́ (в СССР)
- до (после) перестройки
- при царе (при Ленине, при Горбачёве)
- во время Первой (Второй) мировой войны
- к концу XX века (в начале XX века, в XX веке)
- в 1922 году
- 20 лет (тому) назад
- с 1721 по 1917 гг. (с тысяча семьсот двадцать первого по тысяча девятьсот семнадцатый год)

6 Составь вопросы и ответь на них.

М Когда началась Октябрьская революция?
Октябрьская революция началась в 1917 году.

Великая Отечественная война
Российская империя
строительство собора Василия Блаженного
перестройка

7 Илья́ Му́ромец и Солове́й Разбо́йник[1]

По немецкому детскому телеканалу показали мультфильм о русских **богатыря́х**.

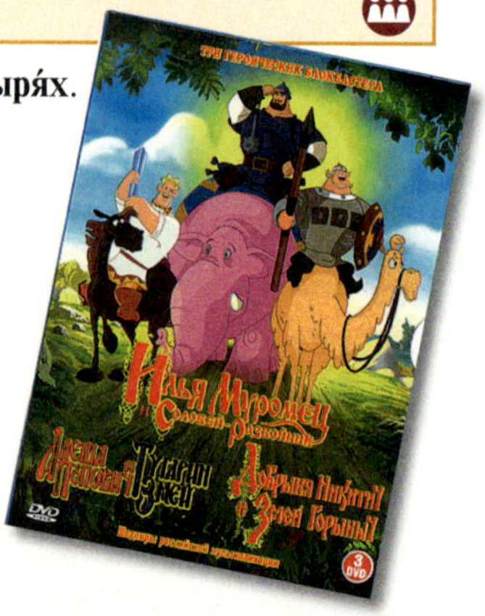

Ilja – der furchtlose Recke
Ein witziger Zeichentrickfilm aus Russland über den russischen Helden Ilja Muromez, der lange schlief, dann aufstand und den armen Menschen gegen den bösen Räuber Nachtigall half. Der Film verbindet Legenden aus der Kiewer Rus ohne Probleme mit Hollywoodelementen. So sagt Ilja genau wie der Terminator „Ich kehre zurück!".
Außerdem gibt es einen Elefanten[2] namens Business und andere interessante Dinge, die man im alten Kiew nicht vermutet hätte, z. B. einen Kampf um die Freiheit in den Medien und eine hübsche Journalistin.

1 „Ilja Muromez und der Räuber Nachtigall"   2 *russ.* слон

а) Максим, твой друг из России, который в гостях в твоей семье, ещё не видел этот мультфильм. Передай ему основное содержание на русском языке.
б) Ты хотел(а) бы посмотреть этот мультик? Обоснуй своё мнение по-русски.
в) Как ты думаешь, это исторический мультфильм? Обсудите в группах, какие фильмы помогают лучше понимать историю, художественные или документальные.

8 Исторические места в Санкт-Петербурге

Света с подругой сходила на экскурсию по историческим местам Санкт-Петербурга.

а) Послушай, что рассказывает экскурсовод. Запиши основную информацию к каждому пу́нкту экскурсии.

б) Представь себе, что ты сам(а) проводишь экскурсию. Расскажи об этих достопримечательностях.

в) Найди в Интернете информацию о других исторических местах Санкт-Петербурга. Составь о них плакат и сделай презентацию своих результатов.

1 Прочитай тексты со словарём.

Потом выполни задания, которые Света и Максим получили на олимпиаде по истории.

Разные пассажиры в XIX веке

Дуня готовит чай гостям.

Я жил в Санкт-Петербурге, работал на царя. Я часто ездил по России. Во время одной из поездок я познакомился с Ду́ней, дочерью крепостного крестьянина.

Служи́ла она в ресторане по дороге между Москвой и Санкт-Петербургом. Дуня была красивая и умная девушка. Ещё до того, как гость открыл дверь ресторана, она знала, кто он. Как она это делала? Очень просто. Смотрела через окно на экипа́ж[1]. Она знала, что богатый **дворяни́н** ездит **по служе́бным де́лам** на каре́те[2], поме́щик с семьёй едет из города в имение на колыма́ге[3]. А кто очень **спеши́т**, ездит на **тро́йке**. **Бе́дные** крестьяне чаще всего ездят на простых теле́гах.

В 1851 году построили железную дорогу между городами, и **всё** меньше гостей останавливалось у Дуни. А в 1861 году отменили крепостное право. Кто знает, что **случи́лось** тогда с Дуней…

1 Gespann 2 bequeme geschlossene Kutsche
3 große schwerfällige Kutsche

а) Какая важная информация об обществе содержится в этом тексте? Выпиши основные факты.

Из дневника мальчика Алёши. Пятница, 26 октября 1917 года

Алёша и солдат

Сегодня утром я, как всегда, спешил в школу. Заканчивался октябрь, поэтому было уже холодно.

Когда я шёл по Невскому проспекту, то увидел, что везде стояли солдаты и матро́сы. Я не понимал, что произошло. Я боялся их, но потом спросил у одного солдата: «Что случилось?» «Произошла революция. Правительства больше нет, теперь война закончится, – радостно ответил солдат. – Иди домой, школы сегодня не будет. Тут опасно». Больше он мне ничего не сказал.

На улицах было много людей. Они читали газеты с лозунгами. Я тоже прочитал «Вся власть Советам! Хлеба! Мира! Земли!». Я хотел пройти к Зимнему дворцу, но и там стояли солдаты, и они не разрешили мне туда пойти. Царя и правительства там больше не было. Я быстро пошёл домой. …

б) Алёша спрашивает своих родителей, что случилось. Что родители могут ему сказать?

2 На олимпиаде по истории ↗L7

а) Прочитай и запомни следующие слова и выражения.

- **то есть, …**
- другими словами, …
- **со́бственно говоря́**, …
- **ина́че говоря́**, …
- **я име́ю в виду́**
- **име́ется в виду́**
- например, …
- **как изве́стно**, …
- **а и́менно, …**
- **коро́че говоря́, …**
- это значит …
- это анто́ним к слову …
- это другое слово для …
- это сино́ним к слову …
- это (не)хорошо, потому что …
- это **ли́чность**, которая …
- это событие, которое …
- это организация, которая …
- это (почти) **то же са́мое**, что и …
- это говорят, когда …

б) На олимпиаде по истории Света и Максим объясняют значение слов и исторические события. Дополни данные предложения. Для части 1) используй информацию из текстов (упр. 1).

М Во время перестройки всё изменилось, *другими словами*, произошёл распад СССР.
Война – *это антоним к слову* мир.

1) В первом тексте речь идёт о Дуне, *то есть*, ???
Солдат сказал, что правительства больше нет, *другими словами*, ???
Каждый день Дуня видела разных людей, *например*, ???
В газете были опубликованы революцио́нные ло́зунги, *а именно*, ???
Царь и дворяне жили хорошо, *короче говоря*, ???

2) **Отме́на** крепостного права – *это событие, которое* ???
Дворянин – *это личность, которая* ???
Правительство – *это организация, которая* ???
Бедный – *это антоним к слову* ???
Революция – *это (не)хорошо, потому что* ???

3 Работайте с текстами (упр. 1).

а) Выпиши из прочитанных текстов ключевые слова. Передай содержание текстов двумя-тремя предложениями. Придумай новый заголовок к каждому тексту.

б) Работайте в группах по три человека.
Первый ученик (А) перефрази́рует[1] основную информацию из первого текста, второй (Б) и третий (В) ученики внимательно слушают.
Затем Б рассказывает, что он услышал, а ученик В говорит, что было неправильно в ответах ученика Б.
Потом поменяйтесь ролями.

в) Что вы знаете об этих временах из уроков истории?
Какие события произошли тогда в Германии?

1 paraphrasiert

Обсужда́ем историю.

1 О политике Петра I есть разные мнения…

а) Прочитай текст о реформах Петра со словарём.

А Пётр боярам бороды отрезал!

Пётр I был против старых традиций Московского государства. Он построил новую столицу Санкт-Петербург на Балтийском море. Он хотел сделать из России империю, и при нём Россия стала важным государством в Европе.

Русский поэт А. С. Пушкин в своей поэме *Ме́дный вса́дник*[1] сказал, что Пётр I «прорубил окно в Европу»[2]. Когда Пётр I вернулся из Европы, он **отре́зал** боя́рам[3] длинные бороды, которые были для него символом старой России. Пётр быстро **реформи́ровал** армию, экономику, **це́рковь** и государство. Многие люди должны были всю жизнь верно служить царю, чтобы реализовать его грандио́зные планы.

Положи́тельные оце́нки давал этим проектам, например, М. В. Ломоно́сов, потому что он думал, что благодаря реформам Петра Россия стала великой **держа́вой** в Европе.

Но другие историки думают, что после реформ только государство стало сильнее, а народ стал ещё беднее. **Проти́вники** реформ Петра говорили, что его политика была против всех хороших русских традиций. Современные историки говорят, что Пётр I сделал много для России, но его реформы не всегда носили положительный характер, потому что он использовал репресси́вные средства.

1 *Der eherne Reiter*
2 hat das Fenster nach Europa aufgemacht (*wörtl.* durchbrochen)
3 Bojaren, *Adelstitel für Mitglieder der obersten Gesellschaftsschicht, Großgrundbesitzer*

б) Выпиши все положительные и отрицательные мнения о политике Петра I.

в) Проинтерпретируй картинку к тексту о реформах Петра I.

2 Составьте диалог.

Разыграйте сценку, в которой вы говорите о разной оценке политики Петра Великого.

3 Программа российского исторического телеканала

а) Прочитайте программу передач. Представьте себе, что вы находитесь в редакции исторического телеканала. Обсудите содержание программы.
Расскажите, о чём эти передачи.

б) Предложите интересную передачу, которую покажут в 16:00.

15:15	Документальный сериал *История Кремля*. 5-я серия
15:45	Документальный фильм *Немцы в России*
15:50	Документальный фильм *Путешествия Петра Великого по Европе*
16:00	???
16:10	Мультфильм *Илья Муромец и Соловей Разбойник*
17:30	Документальный фильм *Де́нежные*[1] *реформы в России*
18:00	Программа *У́мники и у́мницы*[2]*: Результаты школьной олимпиады по истории*
18:45	Документальный фильм *Первый полёт Юрия Гагарина в космос*

1 *ср.* деньги
2 *Schlaue Jungen, schlaue Mädchen*

4 История не останавливается.

Представь себе, вчера тебя не было на уроке истории. Поэтому ты спрашиваешь своих одноклассников, чем они занимались на уроке. Твой одноклассник показывает тебе картинки, о которых шла речь на уроке.

Ф.Я. Алексе́ев, *Красная площадь* (1801)

а) Опиши, как изменилась Москва.

б) Как, по твоему мнению, будет выглядеть Москва через 100 лет?

Здание Газпрома в Москве

1 Русский язык – один из мировых языков

а) В XX веке русский язык стал одним из официальных языков **ООН**.

1. На каких языках говорят в ООН?
2. Какое место в современном мире занимает русский язык?

б) В каких странах русский является официальным языком?

2 Русскоязы́чная диа́спора

а) Посмотри на диаграмму и скажи, сколько человек и когда **эмигри́ровало** в Германию.

б) Как ты можешь **объясни́ть** такую тенденцию?

3 Кто в Германии говорит по-русски?

а) В Германии **прожива́ет** 82 млн человек. 6 млн жителей Германии говорят по-русски. Из них более 3 млн – **переселе́нцы** из стран **бы́вшего** СССР. Как ты думаешь, кто ещё, **кро́ме** русских, знает русский язык? Посмотри на фотографии и скажи, людям каких профессий нужно **зна́ние** русского языка и почему?

б) Где в твоём городе (регионе) можно изучать русский язык?

в) Какие русские фирмы, магазины, клубы, рестораны, дискотеки есть в твоём городе (регионе)?

4 **Моя родина за границей**

а) Есть ли у тебя одноклассники, друзья, родственники, ненемецкого **происхожде́ния**? Расскажи о них.

1. В какой стране они жили раньше?
2. Когда и почему они эмигрировали в Германию?
3. На каком языке они говорят дома?

б) Есть ли у тебя одноклассники, друзья, родственники, которые эмигрировали в другие страны? Расскажи о них.

1. В какой стране они сейчас проживают?
2. Когда и почему они туда эмигрировали?

в) А ты сам(а) уже был(а) за границей? В каких странах ты уже побывал(а) и что ты там делал(а)?

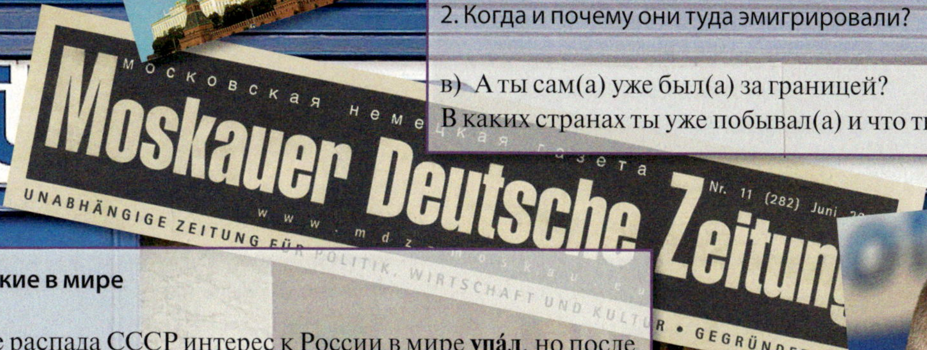

5 **Русские в мире**

а) После распада СССР интерес к России в мире **упа́л**, но после 2000 года сно́ва **вы́рос**. Как ты можешь это объяснить?

- работать за границей
- интересоваться событиями, происходящими в России
- **укрепля́ть** экономические **свя́зи**
- организовывать русско-немецкие программы школьного обмена
- участвовать в культурном обмене
- **достига́ть** успехов в спорте
- знакомиться с городами
- посещать музеи, выставки, театры
- путешествовать по стране
- отдыхать на природе (на Байкале, в Крыму)
- учить русский язык в России

б) Назови зарубе́жные фирмы и организации, которые **сотру́дничают** с российскими фирмами и организациями.

Сегодня русские, завтра немцы

1 Прочитай текст об истории российских немцев.

Российские немцы – есть такая национáльность?!

Русланддойче – так называют российских немцев в Германии. Слово «немец», пришедшее из древнерýсского языка, не значит «житель Германии». «Немец» происходит от слова *немъ* – немóй, тот, кто говорит неясно, непонятно. Поэтому «немцами» на Руси называли всех **западноевропéйцев**, которые говорили на **чужóм**, непонятном языке. Бóльшая часть **инострáнцев**, живших в то время в России, была **рóдом** из Германии, Прýссии, Áвстрии, Швейцáрии, и поэтому их и называли «немцами».
Пересели́вшись в Россию, немцы жили различными группами, которые сильно **отличáлись друг от дрýга**. Поэтому до Второй мировой войны немцы, живя в СССР, назывались по географическому месту, в котором они проживали, например, немцы повóлжские, кры́мские, сибирские, московские, одесские, санкт-петербургские. Сами немцы, отличаясь по месту их **проживáния** на исторической родине, называли себя швáбами, саксóнцами[1] и т. п. Или, **принадлежá** к одной из конфéссий, они называли себя, например, лютерáнами, катóликами, меннони́тами, бапти́стами или **правослáвными**.
Во время Второй мировой войны, депорти́ровав немцев в Сибирь, Казахстáн и Среднюю Азию, их стали называть русскими или **совéтскими**. В Германии немцев из стран бывшего СССР называют «русскими немцами», не **задýмываясь** об абсýрдности словосочетáния. А сами переселенцы из постсовéтских госудáрств, проживая в Германии, называют себя «русакáми[2]».

1 *ср.* Саксония/житель Саксонии 2 русак *ugs. für* русский человек

2 Правильно или неправильно? Исправь неправильные высказывания.

1. Слово «немец» значит «житель Германии».
2. «Немцами» на Руси называли всех западноевропейцев.
3. Немцы в России жили различными группами.
4. Во время Второй мировой войны немцев депортировали в Германию.
5. Немцев в России называют «русаками».

3 Напиши инфинитив глагола, от которого образовано деепричастие. ↗ G 14

М отличаясь – отличаться переселившись – переселиться

депортировав проживая живя принадлежа задумываясь

4 Найди в тексте упр. 1 предложения с деепричастиями.

а) Переведи эти предложения на немецкий язык.

б) Преобразуй эти предложения по образцу.

М Немцы, после того как они переселились в Россию, жили различными группами, которые сильно отличались друг от друга.

5 Знаешь ли ты историю российских немцев?

Найди в Интернете информацию о немцах, переселившихся в Россию во времена Екатерины II, и подготовь презентацию.

1. Почему Екатерина II пригласила немцев переселиться в Россию?
2. Когда немцы начали переселяться в Россию, и в каких регионах они жили?
3. Какая ситуация была в то время в Германии?

6 Российско-немецкий спорт

а) Прочитай текст о чемпионке Германии по лёгкой атлетике Ири́не Микитéнко.

Ирина Микитенко родилась в Казахстане. В 1996 году она, **выступа́я** за **сбо́рную** Казахстана на Олимпийских играх в Атланте, заняла 11 место. В этом же году Ирина, окончив школу олимпийского резéрва и институт физической культуры в городе Алма-Атé, переехала в Германию. В Германии её диплом не **призна́ли**.

Не имея немецкого **гражда́нства**, Ирина Микитенко не имела права выступать за сборную Германии. И только в 1998 году, получив немецкое гражданство, ей было разрешено защищать спортивную **честь** Германии на **междунаро́дной** арене. Ирине и её мужу, который приехал в Германию «**без** языка», было трудно **адапти́роваться** к новой жизни. Начинать **пришло́сь** с нуля́. Почти год их семья жила в **общежи́тии** для переселенцев.

Социальный работник, кури́ровавший[1] переселенцев, познакомил Ирину и её мужа Александра с известным немецким легкоатлéтом, который помог им **связа́ться** с Немецким союзом легкоатлетов. Сейчас имя Ирины Микитенко, десятикра́тной чемпионки и рекордсмéнки Германии, известно всем, кто любит лёгкую атлетику.

1 курировать betreuen

б) Расскажи, какие трудности были у Ирины Микитенко на её исторической родине.

7 Новая жизнь

Как вы считаете, какими качествами должен **облада́ть** человек, который собирается эмигрировать в другую страну? Выберите 3–5 слов или выражений и объясните свой выбор.

- *быть* **сме́лым**, сильным, **самостоя́тельным**, уверенным в себе, общительным, весёлым, **открове́нным**, **любопы́тным**, **терпи́мым**, **му́жественным**
- *знать* язык, традиции, **зако́ны** страны, свои права
- *иметь* друзей, семью, хорошее образование, работу
- *интересоваться* страной, другими культурами, политической и экономической жизнью страны
- *любить* эту страну, язык, менталитет людей

8 Курьёзное в языке

а) Объясни, почему эти слова называют ло́жными друзья́ми перево́дчика[1].

фамилия | футболка | машина | конкурс | дом | магазин

1 falsche Freunde des Übersetzers

б) Пойдём на шпрахи! Прочитайте диалог двух аусзидлеров и найдите в нём немецкие и английские слова.

Сергей: Привет!
Ирина: Халло!
Сергей: Ты завтра пойдёшь на шпрахи?
Ирина: Нет, у меня в 10 термин у цанарцта. Зуб болит.
Сергей: Ну, тогда приходи после термина. Мы собираемся всем классом в мензе футбол посмотреть.
Ирина: О’кей, приду.
Сергей: Ну, ждём.
Ирина: Слушай, а ты хаусауфгабен уже сделал?
Сергей: Да, это было изи. Там датив или аккузатив нужно было написать.
Ирина: Ах зо, а я не поняла, что значит *рихтигер казус*, а стоит *цум*.
Сергей: Это в мустере они *цум* написали – предло́г[2] и артикль вместе.
Ирина: Аллес клар!
Сергей: Ну, ладно, филь глюк тебе завтра!
Ирина: Спасибо. Чус.
Сергей: Пока.

2 Präposition

в) **По́льзуясь** словарём, переведите немецкие слова на русский язык. Прочитайте (напишите) диалог на правильном русском языке.

г) Как вы думаете, почему многие переселенцы так говорят?

д) А вы пользуетесь в своей речи иностранными словами? Приведите примеры.

9 Русские объявления в Германии

а) Объясни, почему здесь использованы немецкие, русские и английские слова.

Только у нас:
визитки, брошюры, флаеры
- Grafik-Design
- digitale Fotowerbung
- оформление витрин
- Web-Design
- Werbegestaltung

Фирма
Maxiplex Consulting GmbH
предлагает Ausbildung
als Bürokauffrau
Тел.: 030–245 74 00 46

б) Представь, что ты открыл(а) в России свою фирму (магазин, кафе и т. п.) Напиши рекламу, чтобы привле́чь внимание россиян и иностранцев.

10 Русская дискотека

Представь, что у тебя в гостях друг (подруга) из России. В городе он(а) увидел(а) плакат. Расскажи ему (ей), что написано. Он(а) не знает Влади́мира Ками́нера, расскажи ему (ей) о нём.

11 Русский или немец?

Прочитай отрывок из статьи *Я русский и немец* и скажи, о чём в нём идёт речь.

На вопрос «Кем вы себя чувствуете?» многие российские немцы не могут ответить одним словом. Живя в Средней Азии или в России, они чувствовали себя не такими, как все – «другими», а по паспорту были немцами. А здесь, в Германии, даже выучив немецкий язык, многие чувствуют себя русскими – и опять «чужими». Многие российские немцы, переехав в Германию, быстро **интегри́ровались** в общество, некоторые **скуча́ют** по своей **про́шлой** жизни. Одни не могут найти работу **из-за** плохого знания языка, другие – быстро ассимилировались. Труднее всего, конечно, людям **ста́ршего поколе́ния**. Многие из них говорят, что их **душа́** тоску́ет по родине и **привы́чной** жизни.

12 Кем вы себя чувствуете в Германии?

а) Führt an eurer Schule (in eurem Umfeld) eine Umfrage unter russischsprechenden Jugendlichen durch. Сначала составьте вопросы, а потом проведите опрос.

Bringt in Erfahrung,

- wie sie sich in Deutschland fühlen,
- mit welchen Erwartungen sie nach Deutschland kamen und ob sich ihre Erwartungen erfüllt haben,
- ob sie in Deutschland mehr russisch- oder mehr deutschsprachige Freunde und Bekannte haben,
- ob sie zu Hause mit den Eltern Deutsch oder Russisch sprechen,
- wie gut sie Russisch sprechen und schreiben können,
- in welchen Situationen sie eher Deutsch und in welchen eher Russisch sprechen,
- welche Rolle sie im Russischunterricht einnehmen,
- was das Schwierigste war (ist), an das sie sich in Deutschland (in der Schule) gewöhnen mussten (müssen),
- was sie am meisten vermissen,
- ob und wie sich ihre Situation von der ihrer Eltern und/oder Großeltern unterscheidet.

б) Подведите итоги вашего опроса и проведите дискуссию.

1. Почему российские немцы переселились в Германию?
2. Как чувствует себя в Германии молодёжь, и как чувствуют себя здесь люди старшего поколения?
3. Что вы считаете важным для успешной **интегра́ции** в общество (знание языка, работа, изучение культуры…)?
4. Как вы думаете, почему некоторым переселенцам легче, а некоторым труднее интегрироваться в общество?

Зарубежная Русь

1 Граждани́н мира

а) Прочитай текст о русско-америка́нском писателе Влади́мире Набо́кове со словарём.

Владимир Набоков сказал о себе так: «Моя голова разговаривает по-английски, моё сердце – по-русски, и моё ухо – по-французски». **Судьба́** у В. Набокова непростая, и его жизнь можно разделить на жизнь в России, Германии, Франции, США и Швейцарии. Но он не эмигрировал в эти страны, он эмигрировал в литературу. Буквы и слова стали его домом. Язык, на котором он писал, это язык сначала «литературный», а потом уже «английский» или «русский». Сердце В. Набокова разговаривало по-русски, но сам он не принадлежал никакой стране. Он был гражданином мира. Таких людей, как В. Набоков, конечно, не много, но и не мало. Они особенны тем, что место и годы их жизни не имеют никакого **значе́ния**. В. Набоков мог бы быть жителем Древней Греции или средневековой Германии. Он жил **вне** времени и **простра́нства**, показывая условность географии. Ни язык, ни кровь, ни география не возвыша́ют «своих» над «чужими». Возвышают талант и мужество, **че́стность** и ще́дрость. Наше гражданство и наша пропи́ска в этом мире условны. Всё, что от нас остаётся, – это продукты **вну́треннего** мира. От одного – книги, музыка и построенные дома, от другого – загубленные жизни. Когда Фёдора Шаля́пина **лиши́ли** российского гражданства, он сказал: «… я стал гражданином мира». Гражданами мира были и такие люди, как Андре́й Са́харов и Михаи́л Горбачёв – лауреа́ты Но́белевской пре́мии мира, Ива́н Бу́нин, Ио́сиф Бро́дский – лауреаты Нобелевской премии по литературе, а также композиторы И́горь Страви́нский, Серге́й Рахма́нинов, Серге́й Проко́фьев, хорео́граф Серге́й Дя́гилев и многие другие знаменитые личности. Все **гордя́тся** русской литературой не потому, что она русская, а потому, что она великая.

б) Ответь на вопросы.

1. В каких странах жил Владимир Набоков?
2. Как ты понимаешь фразу «В. Набоков эмигрировал в литературу»?
3. Как называют В. Набокова в тексте?
4. Что значит выражение «жить вне времени и пространства»?

в) Выбери одну из личностей, названных в тексте, и объясни, почему этих людей называют *гражданами мира*.

г) Найди в тексте предложения, которые объясняют слова В. Набокова: «Моя голова разговаривает по-английски, моё сердце — по-русски, и моё ухо — по-французски».

2 Русская культура за рубежом

Прослушай текст о *Дягилевских сезо́нах* и о русской культуре за рубежом. Выбери правильный ответ.

1. В каком году прошла выставка русских художников в Париже? (1906, 1908, 1916)
2. В каком городе не проходят *Дягилевские* сезоны? (Пермь, Петербург, Москва)
3. Что не входит в программу фестиваля? (современный танец, хип-хоп, фотография)

3 Неделя русского кино

В немецкой газете ты прочитал(а) о *Неделе русского кино*. Ты хочешь пойти туда со своим другом (со своей подругой), который (которая) недавно приехал(а) в Германию. Объясни ему (ей), о чём здесь написано.

Der neue russische Film boomt!

An insgesamt sieben Tagen zeigt die Russische Filmwoche aktuelle Filme aus Russland. Das Kino *International* öffnet vom 25. 11. bis 2. 12. seine Türen für alle Kinoliebhaber, Kulturinteressierte und Russlandfans. Die Russische Filmwoche bietet einen Einblick in die kulturelle, politische und gesellschaftliche Gegenwart des östlichen Nachbarn, um mehr über das „fremde Russland" zu erfahren. Der russisch-deutsche Dialog via Film funktioniert auch in die andere Richtung, denn traditionsgemäß findet im Anschluss an die Russische Filmwoche in Berlin das German Filmfestival in Moskau und in Sankt-Petersburg statt. 5 x 2 Freikarten für einen Film Ihrer Wahl wurden *Kulturportal Russland* freundlicherweise zur Verfügung gestellt. Wenn Sie um unsere Freikarten spielen möchten, schauen Sie einfach unter www.kulturportal-russland.de vorbei. Wir drücken Ihnen allen die Daumen!

4 Аквариум

а) Российская рок-группа *Аквариум* часто выступает с концертами в Германии и в других странах мира. Прослушай песню *Единственный дом*.

1. О чём эта песня?
2. Какое настроение она передаёт? Какие чувства она вызывает?

Вот моя́ кровь;
Вот то, что я пою́.
Что я могу́ ещё;
Что я могу́ ещё?

Чуть-чуть кры́ши,
Хлеб, и вино́, и чай;
Когда́ я с тобо́й,
Ты – мой еди́нственный дом.
Что я могу́ ещё;
Что я могу́ ещё?

Джа[1] даст нам всё,
У нас бо́льше нет пробле́м;
Когда́ я с тобо́й,
Ты – мой еди́нственный дом…

Что я могу́ ещё?…

1 Джа Gott – *wird in dieser Form in der Rastafaribewegung verwendet*

б) Попробуй продолжить последнюю строчку песни *Ты — мой единственный дом…*

5 Без родины

Прочитай отрывок из стихотворения Ио́сифа Бро́дского *От окра́ины к це́нтру* со словарём. Найди в Интернете информацию о судьбе И. Бродского и скажи, как ты понимаешь последнюю строчку.

Сла́ва Бо́гу, чужо́й.
Никого́ я здесь не обвиня́ю.
Ничего́ не узна́ть.
Я иду́, тороплю́сь, обгоня́ю.

Как легко́ мне тепе́рь,
оттого́, что ни с кем не расста́лся.
Сла́ва Бо́гу, что я на земле́
без отчи́зны[1] оста́лся.

1 отчи́зна *(высок.)* родина

1 Молодёжь и политика

а) Прочитай рекламу проекта Ряза́нской Школы прав человека.

Осо́бенность лагеря состоит в том, что изучение **есте́ственных** прав человека проходит в **усло́виях** естественной природной среды.

«Гражданин мира» Передвижно́й молодёжный образова́тельный лагерь

Цель:
заинтересова́ть молодёжь в изучении прав человека

Формы обуче́ния:
групповая работа, мини-лекции, ролевые игры, дискуссии

Темы обучения:
демокра́тия, гражданское общество, права человека
Количество: 50–60 человек не моложе 17 лет

б) Что ты узнал(а) об этом проекте?

1. Расскажи, что является целью этого проекта.
2. Назови темы и формы обучения.
3. В чём особенность этого лагеря?

в) Как ты думаешь, должна ли молодёжь в наше время интересоваться политикой. Почему?

2 Наша жизнь в наших руках! R ↗L8

Представьте себе, что в вашем городе (регионе) есть русско-немецкий молодёжный центр, который собираются закрыть. Проведите круглый стол под лозунгом *Нам нужен наш дом!* Сначала выберите ведущего, потом распределите роли.

1. Владе́лец дома

Ты хочешь, чтобы **вме́сто** молодёжного центра был открыт супермаркет, который принесёт тебе больше денег за **аре́нду помеще́ния**.
Ты уверен, что супермаркет **вы́годнее** и полезнее для всех жителей города (региона).

2. Представи́тель администрати́вной власти

Ты считаешь, что у города нет денег, поэтому молодёжный центр надо закрыть – есть более важные объекты.
Но ты также считаешь, что будущее центра в руках тех, кто туда ходит. Поэтому ждёшь **предложе́ний** по программе центра.

3. Социальный работник

Ты считаешь, что молодёжный центр играет важную роль в интеграции переселенцев. Но ты за то, чтобы центр работал только до шести часов вечера **в це́лях безопа́сности**.

4. Ученики

Вы против **закры́тия** молодёжного центра, потому что вы проводите там много свободного времени. В вашем городе (регионе) это одно из немногих мест, где вы можете собираться и вечером. Поэтому вы хотите предложить программу, организовать кружки и выбрать **отве́тственных** за них.

Вед*é*ние дискуссии

Вступительная часть (объявление темы)
- Сегодня мы хотим поговорить (*о чём?*) …
- Главный вопрос нашей дискуссии – …
- Сегодня мы хотим решить следующие вопросы:…

Основная часть
- Вы сказали что, … ; Приведите, пожалуйста, примеры.
- Согласны ли вы с мнением (*кого? с каким?*) …
- У кого другое мнение?
- Что вы можете сказать по этому вопросу?

Заключи́тельная часть (подвéдение **итóгов**)
- В нашей дискуссии **прозвучáли** мнения (*какие?*) …
- Сегодня мы **попытáлись** найти ответы на вопросы: …
- В заключение нашей дискуссии можно сказать, что…
- Итогом нашей дискуссии можно назвать следующие **решения**: …

3 Русский – это сила! R

а) На русско-немецком форуме ученики из разных стран пишут свои мнения на тему *Мир и язык будущего*. Прочитай их мнения.

 logos7	Я думаю, что для счастливого будущего богатые страны должны помогать бедным странам, и все люди должны получать **одинáковую зарплáту**. А ещё нужно открыть все границы и выучить всем один язык. И таким языком будет английский, поэтому у русского нет будущего. И **вообщé**, что там делать в России, где такой холод и ничего нет?
 сирин	Я с тобой не согласен, если всем учить только английский, то мы потеряем все **остальны́е** языки и культуры. Мир станет скучным, и ездить в другие страны, даже если открыть границы, никто не захочет. Да и зачем!? Ведь всё везде **одинáково**! Кроме того, мои родители работают в фирмах, где нужно знание русского языка. Сейчас количество российских фирм в Германии и вообще в мире **увели́чивается**, и я думаю, что со знанием русского и немецкого есть хорошие шансы найти работу и в Германии, и в России.
 фея	А по-моему, всё очень просто! В школе изучение трёх или даже четырёх языков должно стать нормой. Специалисты, **владéющие** несколькими иностранными языками, нужны везде. Нельзя забывать, что Россия – это **крупнéйшая** по площади и одна из богатейших по природным ресурсам страна мира. Нельзя думать стереоти́пами, нужно побывать там самому. И, кроме того, русский язык может помочь и в других славя́нских странах.

б) Придумай заголовки в виде лозунгов к этим мнениям.

в) Напиши своё мнение на этот форум.

4 Напиши сочинение на тему *Русский язык в моём будущем.*

1. Как хорошо ты знаешь русский язык?
2. Смог(ла) бы ты проходить практику или работать в России?
3. Хотел(а) бы ты работать в русской фирме в Германии или в немецкой фирме в России? Почему?
4. Хотел(а) бы ты дальше изучать русский язык и говорить на русском языке?

P

Портфолио

Аудирование

1 Прослушай, что люди рассказывают о своей работе.

а) Какой рисунок подходит к какому рассказу? Один рисунок лишний.

А

Б

В

Г

Д

б) Для людей каких профессий, по их рассказам, типичны следующие действия?

1. знакомить людей с городом
2. работать днём и ночью
3. заниматься ремонтом технических средств
4. отвечать на вопросы людей
5. помогать людям, защищать их интересы
6. приезжать к своим клиентам домой
7. прекрасно знать историю города

2 Прослушай объяснения экскурсовода. Что она рассказала о картинах в галерее?

а) Напиши буквы в своей тетради в той последовательности, в которой они были представлены экскурсоводом.

б) Потом напиши, что ты узнал(а) о художнике и времени, в которое он жил.

Ф. П. Толсто́й, *Семе́йный портре́т*

В. И. Су́риков, *Ме́ншиков в Берёзове*

А. П. Ря́бушкин, *Семья́ купца́ в XVII ве́ке*

3 Прослушай сообщение на автоответчике музея.

Сделай заметки в тетради, чтобы потом дополнить следующие предложения.

Туристу отвечает автоответчик, потому что ???
Музей не работает в ???
В ??? он работает дольше обычного.
Билеты стоят ???
??? вообще платить не нужно.
Чтобы заказа́ть[1] специальную экскурсию, нужно позвонить по номеру ???

1 bestellen

Письмо

1 Напиши e-mail ребятам вашей школы-партнёра из России.

- Проинформируй их о том, что вы будете делать в рамках проекта *Охрана природы на Земле и в нашем регионе*.
- Попроси их поучаствовать в этом проекте и подготовить презентацию о том, что в России делается по охране природы.
- Напиши о том, как этот проект будет организован.
  Назови отдельные темы. Предложи разные формы презентации.

2 Напиши для школьной газеты статью о посещении всем классом краеве́дческого музе́я[1] вашего района.

- Почему вы туда ездили (ходили)?
- Что вам рассказали об истории города (района, региона)?
- Что вы узнали о культурной жизни региона?
- Какие экспонаты произвели на вас особое впечатление?
- Ты бы порекомендовал(а) посетить этот музей? Почему?

1 Heimatmuseum

3 Мой первый день на практике

Это Таня из Москвы. Сегодня у неё был первый день практики в больнице.
Как ты думаешь, что она сегодня напишет в своём блоге?

- Каким был этот день?
- Как она подготовилась к нему?
- Что случилось по дороге в больницу?
- Как её встретили коллеги?
- Что она должна была делать в первый день практики?
- Как она себя чувствовала весь день?

4 Напиши резюме и письмо работодателю.

Представь себе, что ты студент (студентка). Летом ты хочешь пройти практику на одном из российских предприятий.

автомобильный завод в Улья́новске

больница в Москве

школа в Санкт-Петербурге

аптека в …

Обязательно напиши

- о своей учёбе в вузе и когда ты поступил(а) учиться,
- о своих интересах,
- о том, что тебя связывает с Россией,
- о своём опыте работы,
- о своём знании иностранных языков.

Говорение

1 Расскажи по-русски.

Во время вашего пребывания в Москве вы вместе со своими русскими партнёрами хотите пойти в театральный музей. Прочитай следующую информацию о музее со словарём, а потом проинформируй об этом своих одноклассников.

Государственный центральный театральный музей им. А. А. Бахрушина

Адрес: ул. Бахрушина 31/12
Проезд: ст. метро «Павелецкая», 10 мин. пешком
Режим работы: с 12:00 до 19:00 (касса до 18:00), кроме вторника и последнего понедельника каждого месяца.
В летнее время понедельник – выходной.
Входная плата: полный – 100 руб., пенсионеры – 30 руб., учащиеся средних учебных заведений – 40 руб., студенты – 50 руб.
(Вход в музей только в бахи́лах[1] – 10 руб.)
Описание: музей основан в 1894 году московским промышленником Алексе́ем Алекса́ндровичем Бахру́шиным; сегодня более 500 000 экспонатов: сценические костюмы и маски великих актёров, программы и афиши спектаклей и т. д.

1 Füßlinge aus Plastikfolie

2 Разыграйте диалог. Используйте ролевые карточки.

1: Ты школьник (школьница) по обмену и живёшь в русской семье в Москве. В школе ты познакомился (познакомилась) с мальчиком (девочкой). Этот мальчик (Эта девочка) предлагает тебе провести следующее воскресенье с ним (ней). Он(а) очень интересуется живописью и хочет взять тебя с собой в Третьяковскую галерею. Но ты ещё не занимался (занималась) искусством и почти ничего о нём не знаешь. Ты просишь его (её), чтобы он(а) пошёл (пошла) с тобой в бассейн.

2: Ты ученик (ученица) московской школы. К вам приехали ребята из Германии. Ты познакомился (познакомилась) с мальчиком (девочкой) из немецкой группы. В воскресенье ты собираешься пойти в Третьяковскую галерею и хочешь взять его (её) с собой, но он(а) не очень интересуется искусством, а хочет пойти в бассейн.
Попроси его (её) пойти с тобой и объясни ему (ей), почему ты предлагаешь пойти именно в эту галерею.

3 Составьте диалог между работодателем и выпускником вуза, который ищет работу.

Следующие данные должны быть включены в ваш диалог.

Информация о предприятии
- профиль предприятия
- коллеги
- рабочее время
- перспективы
- задания
- зарплата
- сертификат о практике

Информация о тебе
- образование, квалификация
- качества характера
- увлечения
- планы на будущее
- владение иностранными языками
- опыт работы

4 Аргументируй.

Представь себе, что ты мать (отец, брат,...) девушки (→ упр. 3, стр. 75), которая не хочет больше проходить практику в больнице.

Поговори с ней и объясни,
- почему ей в первый день не дают более интересные задания,
- что работа, наверно, ещё будет более интересной.

Сначала придумай аргументы и подбери нужный языковой материал (→ стр. 98).

5 Расскажи о жизни за границей.

Два года назад семья Дружининых переехала из Санкт-Петербурга в Ганновер. Отцу Антона очень повезло, он быстро нашёл работу. Как вы думаете, что Антон рассказывает своему другу Саше о первых днях пребывания в Ганновере?

6 Подготовьте постер или презентацию на тему *Регион, в котором мы живём* и представьте его своим одноклассникам.

а) Включите в свой рассказ информацию

- об истории вашего региона,
- о важных событиях в вашем регионе,
- о знаменитых людях в вашем регионе,
- о социально-экономическом и научно-техническом развитии вашего региона,
- об известных достопримечательностях, памятниках искусства и архитектуры, находящихся в этом регионе,
- о различных проблемах региона, например, экологических или социальных.

б) А каким вы представляете себе будущее вашего региона в 2050 или 3000 году?

7 Проведите дискуссию в классе по одному из следующих мнений.

- В нашем регионе всё делается для охраны природы.
- История интересна только людям старшего поколения. Нас она не волнует.
- Я смог(ла) бы жить везде, всё равно, в какой стране и на каком континенте.
- Делать карьеру – значит учиться всю жизнь.
- Жить без искусства и музыки невозможно.

Чтение

1 Прочитай тексты со словарём.

а) В Интернете можно найти советы о том, какие ошибки при выборе профессии лучше не делать. Какой абзац подходит к какому заголовку?

1 Выбор профессии под влиянием товарищей
2 Незнание своих способностей
3 Неправильные представления о характере труда в сфере материального производства
4 Увлечение только внешней (одной) стороной профессии

Ошибки при выборе профессии

А Часто, когда мы видим людей на работе, нам эта работа кажется очень лёгкой и приятной. Но это только на первый взгляд легко. Например, ведущий какой-нибудь телепередачи или актёр должен долго готовиться к своим представлениям. И не всегда представления проходят с успехом.

Б Работа на фабрике или в сельском хозяйстве сегодня совсем не та, какой она была раньше. Сложная и интересная техника есть во всех областях производства. Культура труда повышается. А без знания компьютера сегодня – вообще никуда!

В Вопрос о будущей профессии нередко решается по отметке по тому или другому школьному предмету. С одной стороны, это нормально, ведь обычно ученик хорошо учится, если предмет его интересует. Но с другой стороны, в возрасте 16 или 17 лет интересы могут ещё меняться. Поэтому подход к принятию решения выбора профессии должен быть другим. Вы лучше спросите себя: чем я хочу заниматься? А потом проанализируйте, что вы уже умеете особенно хорошо делать. По каким школьным предметам у вас нет проблем, и по каким предметам надо больше стараться? Между прочим, профессий намного больше, чем школьных предметов.

Г Профессию мы выбираем по своему «вкусу» и «размеру», так же как одежду или обувь. Чувство группы, ориентация на одноклассников при этом играют немалую роль. Это очень позитивные особенности ребят твоего возраста. Они нужны для освоения норм поведения в обществе. Сравнивай себя с друзьями, но не слепо повторяй всё, что они делают. Старайся увидеть, чем ты от них отличаешься.

б) В тексте говорится о проблемах при выборе профессии.
Выбери один из абзацев и перескажи его содержание своими словами.
Потом выскажи своё мнение на эту тему. Обоснуй его.

2 Прочитай объявление Столичного института переводчиков.

Какими из следующих предложений приглашают выпускников школ учиться в Столичном институте переводчиков?

1. В институте можно учиться не только языкам, но и методам перевода или обучения.
2. Институт можно окончить раньше, если пройти специальные курсы.
3. Студенты могут выбрать изучение любого иностранного языка.
4. Часть обучения проводится в стране изучаемого языка.
5. После получения диплома надо работать несколько лет в армии.

СПЕЦИАЛЬНОСТИ:
ПЕРЕВОД И ПЕРЕВОДОВЕДЕНИЕ
Квалификация: лингвист, переводчик
ТЕОРИЯ И МЕТОДИКА ПРЕПОДАВАНИЯ ИНОСТРАННЫХ ЯЗЫКОВ И КУЛЬТУР
Квалификация: лингвист, преподаватель
ГОСУДАРСТВЕННЫЙ ДИПЛОМ
ОТСРОЧКА ОТ АРМИИ
ПРИЁМ СТУДЕНТОВ В ТЕЧЕНИЕ ВСЕГО ГОДА,
В ТОМ ЧИСЛЕ ПЕРЕВОДОМ ИЗ ДРУГИХ ВУЗОВ
Изучаемые языки: английский, немецкий, французский, испанский, итальянский
ФОРМЫ ОБУЧЕНИЯ: очная, очно-заочная, заочная
ВРЕМЯ ОБУЧЕНИЯ: дневное, вечернее, ГРУППА ВЫХОДНОГО ДНЯ
Возможно обучение по сокращённым и ускоренным программам
Продолжение практики за рубежом

3 **Прочитай сказку Л. Н. Толстого со словарём.**

Равное наследство

У одного купца было два сына. Старший был любимец отца, и отец хотел отдать всё своё наследство ему. Мать жалела младшего сына и просила мужа не говорить до времени сыновьям о своём решении: она хотела как-нибудь сравнять сыновей. Купец её послушал и ничего не сказал сыновьям. Один раз мать сидела у окна и плакала; к окну подошёл незнакомый человек и спросил, о чём она плачет. Она сказала: «Как мне не плакать: оба сына мне равны, а отец хочет одному сыну всё отдать, а другому ничего. Я просила мужа не говорить о своём решении сыновьям, пока я не придумаю, как помочь меньшóму. Но денег у меня своих нет, и я не знаю, что делать». Мужчина сказал: «Тебе легко помочь. Скажи своим сыновьям, что старший получит всё богатство, а младший – ничего; и у них будет поровну». Младший сын, как узнал, что у него ничего не будет, ушёл в чужие страны и выучился мастерствам и наукам, а старший жил при отце и ничему не учился, потому что знал, что будет богат. Когда отец умер, старший ничего не умел делать, прожил всё своё имение, а младший выучился наживать на чужой стороне и стал богат.

а) Что правильно?

1. Отец хочет отдать всё старшему сыну, потому что он…
а) считал младшего сына глупым. б) его больше любил. в) про младшего забыл.

2. Мать хочет, чтобы …
а) младший сын получил всё. б) муж и ей оставил деньги. в) оба сына получили по половине всего наследства.

3. Когда незнакомый человек сказал: «У них будет поровну», он имел в виду, что …
а) мать должна отдать свои деньги младшему сыну.
б) младший сын поймёт отца.
в) младший сын сможет стать богатым человеком благодаря своему труду.

4. Младший сын стал жить …
а) лучше, чем его старший брат. б) хуже, чем его старший брат. в) так же, как и его старший брат.

б) Лев Николаевич Толстой писал свои произведения не только для взрослых, но и для детей. Многие из его рассказов были опубликованы в его *А́збуке*, по которой дети учились в его школе. Как ты думаешь, чему учит эта сказка? Передай коротко её содержание.

Медиация

1 Напиши по-русски.

Ты пишешь письмо русскому ученику (русской ученице), в семье которого (которой) ты будешь жить три месяца.

Schreibe, dass
- du dich für die russische Kunst am Ende des 19. Jahrhunderts interessierst,
- sich in der Kunst die Probleme der Zeit widerspiegeln,
- du immer gute Laute hast, wenn du in einer Ausstellung/Galerie gewesen bist,
- deinen Freunden unverständlich ist, warum du nicht jeden Samstag mit in die Disco gehst,
- du die Musik dort nicht sehr gut findest,
- Musik deiner Meinung nach Geschmackssache ist.

2 Вечер русской и немецкой литературы

Представь себе, у вас в гостях российские школьники. Вы хотите организовать вечер русской и немецкой литературы. Но не все немецкие участники литературного вечера понимают по-русски, и российским ребятам тоже не всё понятно. Помоги им.

Алексей: Мне кажется, мы уже составили программу. Мы выбрали самые интересные отрывки из произведений русской и немецкой литературы разных эпох.
Ты: ???
Нина: Да, но я не думаю, что немецким друзьям будет понятно всё, что мы будем читать. Я уверена, что и нам будет трудно понимать их.
Ты: ???
Вика: Это действительно проблема. У меня есть идея. Давайте дадим им наши тексты, переведённые на немецкий язык.
Ты: ???
Кристофер: Wir könnten doch Bilder und kurze Erklärungen in der anderen Sprache für die Zuschauer mit dem Beamer an die Wand werfen.
Ты: ???
Алексей: Это хорошая идея. А ещё можно повесить занавесы с мотивами действий каждой сцены.
Ты: ???
Вика: Значит, проблема решена. Кто что будет делать?
Ты: ???

3 Скажи по-русски.

Du hast eine Ankündigung eines Rock-Konzerts einer Schülerband aus deiner Gegend erhalten. Informiere deinen russischen Gast darüber und frage ihn, ob er mit dir und einigen anderen aus der Klasse dorthin gehen möchte.

4 Галерея интересных людей

В вашей школе проводится выставка *Жизнь и творчество замечательных людей*.
Каждый месяц представляются личности разных исторических эпох.
Представь выставку гостям из России. Используй факты, данные на немецком языке.

Johann Wolfgang von Goethe

Bedeutendster Vertreter der deutschen Klassik und der deutschen Literatur überhaupt. Er lebte von 1749 bis 1832 u. a. lange Zeit in Frankfurt und Weimar. Seine bekanntesten Dramen sind *Götz von Berlichingen* und *Faust*. Von Goethe stammen auch einige der schönsten deutschen Balladen, z. B. *Der Zauberlehrling, Der Schatzsucher, Der Erlkönig.*

Wolfgang Amadeus Mozart

Der berühmte Komponist wurde 1756 in Salzburg geboren. Er war ein typisches Wunderkind. Als Sohn eines Musikers spielte er schon mit 6 Jahren Klavier und komponierte erste Stücke. Mit 13 wurde er Konzertmeister am Salzburger Hof. Später siedelte er nach Wien um.
Er wurde berühmt, blieb aber arm. Er starb in Wien 1791. Seine Opern wie *Die Hochzeit des Figaro, Die Zauberflöte, Don Giovanni* oder *Cosi fan tutte* werden überall auf der Welt gespielt.

Alexander I.

Geboren 1777 in Petersburg, gestorben 1825 in Taganrog. Er war von 1801 bis zu seinem Tod Zar von Russland. Er war ein Enkel von Katharina der Großen. Besonderes Ansehen erlangte er durch den Sieg über Napoleon. 1815 wurde er Mitbegründer der Heiligen Allianz auf dem Wiener Kongress. In Russland betrieb er nach 1815 eine sehr reaktionäre Politik, die 1825 u. a. zum Dekabristenaufstand führte.

Эти русские названия тебе помогут

- Ученик чародея
- Кладоискатель
- Лесной царь
- Женитьба Фигаро
- Волшебная флейта
- Дон Жуан
- Так поступают все
- Священный союз
- восстание декабристов

5 А что это за фильм?

Друзья из России подарили вашей семье несколько российских фильмов на DVD.
Об одном из них ты читал(а) статью в журнале *По свету*. Прочитай статью со словарём и передай её содержание своим родителям.

В семисерийном фильме *Любовь императора* рассказывают о самой скандальной паре в русской истории. Речь идёт о царе Александре II, которого мы знаем как либерального реформатора, продавшего Аляску и убитого народовóльцами[1], и о княжне Екатерине Долгоруковой. Историю их красивой и тяжёлой любви биографы описали по воспоминаниям современников, а также по дневникам царя и его любимой женщины.
Александру II было 49 лет и у него была семья, когда он познакомился с 18-летней княжной Екатериной. Княжна была недовольна статусом вечной любовницы. Царь уже с самого начала обещал Екатерине, что женится на ней. Нетрудно представить себе, что в это время переживáла[2] царица. Она рано умерла, и после годичного траура царь женился на Долгоруковой. Семья царя очень холодно приняла Екатерину, и всего через несколько месяцев царь был убит. Екатерина вместе с детьми уехала за границу. Она умерла в 1922 году, пережив Александра на 41 год.

1 Narodowolzy *Mitglieder einer revolutionären Organisation* 2 *hier:* litt

L 1 Mit dem einsprachigem Wörterbuch arbeiten

Das einsprachige Wörterbuch, z. B. *Учебный толковый словарь русского языка*, kann dir eine wichtige Hilfe sein. In ihm werden alle Erläuterungen in russischer Sprache gegeben. Um das einsprachige Wörterbuch zeitsparend und effektiv einsetzen zu können, musst du dir zunächst einen Überblick über seinen Aufbau und die in ihm verwendeten Abkürzungen verschaffen. Dazu ein Beispiel:

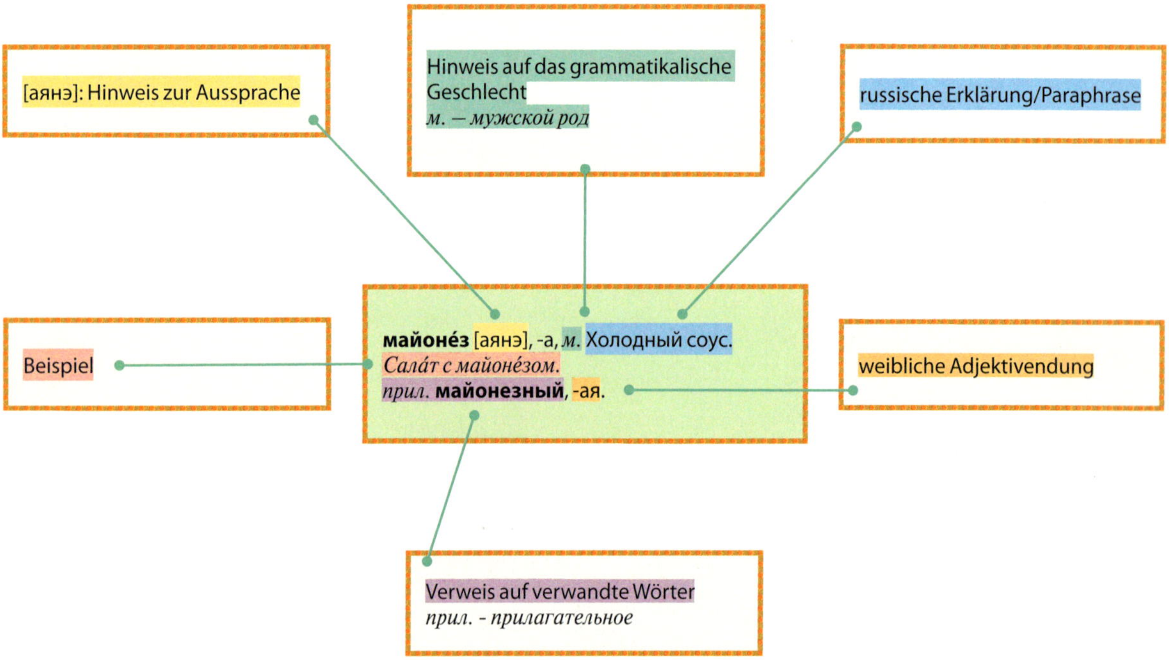

Das einsprachige Wörterbuch kann dir bei verschiedenen Aufgaben eine Hilfe sein, z. B.
– beim Lesen von Texten zur Erschließung von Wortbedeutungen,
– beim Verfassen von russischen Texten,
– beim Erstellen von Wortfeldern.

Tipps

- Lies dir im einsprachigen Wörterbuch zuerst die Beispiele (Kursivdruck) durch, dann die Synonyme und erst zum Schluss die Definition. Beispiele, Synonyme und Definition ergänzen einander bei der Klärung der deutschen Bedeutung eines Wortes – du musst nicht unbedingt jedes Wort der Definition verstehen, um die Bedeutung zu erfassen.
  роман = большое литературное произведение
  простой = нетрудно/несложно понять
  тайна = секрет
  решить = принять решение
- Auch bei der Bedeutungsklärung von Redensarten, Phraseologismen oder Wörtern mit übertragener Bedeutung hilft das einsprachige Wörterbuch.

  золотóй, -áя, -óе, -ы́е. **1.** *см.* зóлото. **2.** Цвéта зóлота. *Золоты́е вóлосы.*
  3. *перен.* Прекрасный, замечательный. *Золотóй человéк. Золотóе сéрдце.* [...]
  Золоты́е рýки. [...] *У негó золоты́е рýки.*

- Werden im einsprachigen Wörterbuch mehrere Bedeutungen für ein Wort angegeben, so musst du dich durch Abwägen verschiedener Möglichkeiten für die passende entscheiden. Prüfe dein Suchergebnis immer am Kontext.

L2 Ein Interview führen ↗1 A

Ein Interview zu führen ist mehr als nur das Stellen vorbereiteter Fragen.
Der Fragensteller hat das Ziel, persönliche Informationen oder Sachverhalte zu ermitteln.
Ein Interview erfordert eine intensive Vorbereitung im Hinblick auf Nachfragen, Einwände und Gesprächsführung und ein hohes Maß an Einfühlungsvermögen.

1. Vorbereitungsphase

- Du musst genau überlegen,
  - wann das Interview stattfinden soll,
  - wo es geführt werden soll,
  - welches Ziel angestrebt werden soll.
  - welche Antworten für dieses Ziel dringend benötigt werden und was der Interviewpartner dir sagen soll.
- Du musst dich auf deinen Interviewpartner vorbereiten, dir Informationen über ihn sammeln. Je besser du auf deinen Partner vorbereitet bist, desto fundierter wirst du das Interview führen können.

2. Durchführungsphase

- Zunächst solltest du deinem Interviewpartner sagen, worum es im Interview geht, z. B.
  Сегодня я хотел(а) бы с Вами/тобой поговорить/побеседовать о ...
  Я Вам (тебе) очень благодарен/благодарна, что Вы нашли (ты нашёл/нашла) время поговорить/побеседовать со мной о...
- Zu Beginn des Interviews solltest du einfache, unkomplizierte Fragen zum Thema stellen, z. B.
  Вам/Тебе нравится в нашем городе?
  Какая у Вас/тебя самая любимая книга?
  Какая книга Вам/тебе особенно нравится? О чём она?
- Du solltest keine Entscheidungsfragen stellen, sondern *W-Fragen*, damit dein Interviewpartner die Möglichkeit hat, selbst zu erzählen, z. B.
  Когда Вы решили стать писателем/писательницей?
  Weitere *W-Fragen*: *Что? Где? Кто? Как? Почему?*
- Stelle immer nur eine Frage und warte auf deren Beantwortung. Gehe ggf. individuell auf die Aussagen deines Interviewpartners ein, fasse diese zusammen oder hinterfrage sie, z. B.
  Вы сказали, что...
  Вы рассказали (о том), что...
  Почему Вы так думаете/считаете?
  Я Вас правильно понял(а), (что) Вы ...?
  Вы действительно ... ?
  Правда ли, что Вы ...?
- Bedanke dich zum Abschluss bei deinem Interviewpartner für das Gespräch, z. B.
  Большое Вам/тебе спасибо за интервью.

L3 Ein Bild (Plakat, eine Karikatur, Fotografie, ...) beschreiben
↗2A

Bei einer Bildbeschreibung ist es sehr wichtig, das ganze Bild aufmerksam zu betrachten, damit keine wichtige Informationen und Details übersehen werden.

Schritte für eine Bildsbeschreibung

- Bildüber- bzw. -unterschrift genau lesen — *Картина, которую я хочу описать, называется «Устный счёт. В народной школе С. А. Рачинского».*

- Autor/Maler des Bildes herausfinden — *Эту картину написал русский художник Н. П. Богда́нов-Бе́льский в 1895 году (кто? когда?).*

- Ausstellungsort des Bildes nennen — *Картина висит в Третьяковской галерее в Москве (где?). Впервые/В первый раз я увидел(а) эту картину (где? когда?) ...*

- alle Details erfassen

На заднем плане картины мы видим (кого? что?) большую белую пе́чку[1].

На левой стороне картины мы видим учителя и двух учеников, которые стоят рядом. Один из них что-то ше́пчет[2] на ухо учителю.

На правой стороне картины мы видим мальчиков, которые смотрят на то, что написано на доске.

В центре картины изображены (кто? что?) четыре ученика. Они решают математическую зада́чу[3].

На переднем плане картины мы видим двух мальчиков с заду́мчивым[4] видом.

Н. П. Богда́нов-Бе́льский,
У́стный счёт. В наро́дной школе С. А. Рачи́нского, 1895
Государственная Третьяковская галерея, Москва

1 Ofen 2 flüstert 3 Aufgabe 4 *ср.* по/думать

- überlegen, welche Intentionen sich hinter den Details verbergen können — *Чувствуется, что автор...* *Картина создаёт ... (какое?) настроение.*

- die Wirkung des Bildes auf die eigene Person beschreiben — *Мне (не) нравится картина, потому что...* *Картина вызывает у меня чувство... (чего?)*

L4 Einen Text zusammenfassen ↗3Б

In einer Zusammenfassung gibst du in verkürzter Form wieder, was du gelesen, gesehen oder gehört hast. Du reduzierst den Inhalt auf die wesentlichsten Aspekte. Dabei solltest du schrittweise vorgehen.

- Schritt 1: Lies dir den Text aufmerksam durch.
- Schritt 2: Entscheide, welche Informationen wirklich wesentlich sind. Nutze die 5 W-Fragen.
- Schritt 3: Fertige Stichpunkte an.
- Schritt 4: Formuliere die Zusammenfassung unter Beachtung folgender Punkte:
  - – Verzichte auf bildhafte und beschreibende Sprache. Bleibe sachlich.
  - – Schreibe in der Regel im Präsens.
  - – Beachte, dass du den Ablauf der Geschehnisse nicht veränderst.
  - – Nutze kurze Sätze.
  - – Formuliere direkte in indirekte Rede um.
  - – Gib <u>keine</u> persönliche Wertung des Gelesenen.

Hier nun ein Beispiel für einen Originaltext (links) und dessen Zusammenfassung (rechts). Beachte die Nutzung der für eine Zusammenfassung typischen Satzanfänge (vgl. SB S. 41).

Молодые ребята убрали городской пляж от мусора

Очень приятно, что молодые люди сдержали своё слово, и ещё раз собрались вместе для выполнения работы, которая принесла пользу городу Берди́чеву и его жителям. Организаторами этой акции были Вита́лий Ками́нский, Екатери́на Ме́льник и Ко́ля Оле́йник – члены новой неформальной организации «Активная молодёжь г. Бердичева».

Молодёжь решила провести уборку городского пляжа, где почти каждый житель города отдыхает летом.

Несмотря на плохую погоду, собралось около 20 человек. Организаторы раздали им перчатки и большие полиэтиленовые мешки для мусора, а также объяснили, что надо делать. И ребята приступили к уборке.

Коля Олейник: «Было очень холодно, но мы решили убрать пляж и доказать горожанам, что молодёжь может не только пить пиво, но может и работать».

Старательно убирая мусор в течение двух часов, участники сделали для себя выводы, что надо делать всё для того, чтобы пляж всегда оставался чистым.

Как сказала один из участников акции Викто́рия Куся́к: «Мне понравилось всё, хотя нас было мало, но было весело. Правда, погода была холодная, даже дождь шёл. Но нас это не остановило. По моему мнению, нужно чаще проводить такие акции, ведь от этого наш город станет ещё лучше и чище».

На вопрос организаторов, желают ли участники уборки участвовать и в будущем в таких акциях, они услышали однозначный ответ от участников, и это было «да». Будем надеяться, что энтузиазм этих молодых людей на этом не закончится, но и дальше будет проявляться только в хороших делах. Очень важно, чтобы молодые жители нашего города были активными в решении важных для города проблем.

***Текст называется** «Молодые ребята убрали городской пляж от мусора».*
***Тема этого текста:** Молодёжь и окружающая среда.*
***Автор показывает,** как молодые люди города Бердичева убирают городской пляж от мусора. Около 20 человек собираются в плохую погоду на пляже и начинают уборку.*
***Затем в тексте рассказывается** о цели этой акции. Коля Олейник, один из организаторов акции, говорит, что они хотят доказать горожанам, что молодёжь может работать, а не только развлекаться и пить пиво.*
***Потом говорится,** что ребята два часа собирали мусор.*
***После этого речь идёт о** мнениях участников этой акции. По мнению молодых людей, надо делать всё, чтобы городской пляж всегда был чистым.*
***В конце концов,** все ребята обещают участвовать в таких акциях и в будущем.*
Автор выражает надежду, что молодые люди будут активно участвовать в решении проблем города.

L5 Einen persönlichen (inoffiziellen) Brief schreiben ↗3Б

Wie du weißt, unterscheidet man offizielle und inoffizielle Briefe. Die Art des Briefes beeinflusst ganz entscheidend, welche Struktur der Brief haben muss und welche Sprache zu nutzen ist.
Bei persönlichen Briefen, d. h. Briefen an Verwandte, Freunde oder Bekannte, sind die Vorgaben hinsichtlich Struktur und Sprache weniger streng.
Trotzdem müssen bestimmte formale und sprachliche Regeln beachtet werden:

Ort und Datum
Кёльн, 20 февраля 2012 г.
Москва, 20. 02. 2012

Anrede
Дорогая Света! Дорогой Олег! Дорогие друзья!
Привет, Нина!
Милая Аня! Милый Максим!

Dank
Большое спасибо вам (тебе) за письмо (открытку, имейл).

Entschuldigung
Извини(те), что я долго не писал(а).
К сожалению, не мог(ла) сразу ответить.
У меня не было времени.

Hauptteil,
in dem du Fragen beantwortest oder ein Thema, das dir wichtig erscheint, beschreibst.

Abschluss
На этом я заканчиваю.
Ну, вот и всё.
Пиши(те)!
Жду твоего (вашего) ответа (письма).
Передай(те) привет ... (кому?) от ... (кого?).
Всего хорошего!
Обнимаю тебя (вас).
Целую.
Твой (Твоя) ...
Ваш(а) ...

Ростов, 20 февраля 2012 г.

Дорогая Света!

Большое спасибо за твоё письмо.

Извини, что я долго не писал. У меня просто не было времени.

Тебя интересуют результаты нашего проекта.
В ноябре мы составили анкеты на тему «Энергия будущего» и провели опрос. Мы заметили, что людей не особенно волнует эта тема, и они мало знают об энергии солнца и ветра.
Кстати, мы сняли небольшой фильм о том, как работает ветряк. Посылаю тебе файл с этим фильмом. Посмотри его и напиши мне своё мнение.
В начале января мы организовали информационный вечер, на который пригласили наших родителей и учителей. На этом вечере мы сделали презентацию результатов опроса. Профессор физики нашего университета проинформировал гостей о том, как можно использовать энергию ветра у нас на берегу Балтийского моря. Всем было очень интересно.

На этом я заканчиваю.
Жду твоего письма.
Передай привет твоим родителям.

Твой Флориан

L6 Ein Gedicht/Lied interpretieren und kommentieren ↗4B

Ein Gedicht/Lied interpretieren und kommentieren bedeutet, es zunächst zu beschreiben/ analysieren und danach in einem zweiten Schritt seine Wirkung zu erläutern.
Anders als bei einem Gedicht muss man bei einem Lied neben dem Text auch die musikalische Umsetzung mitberücksichtigen.

Herangehensweise (Mache dir dabei Notizen)

- Lies das Gedicht aufmerksam. *Oder:* Höre dir das Lied aufmerksam an, verfolge beim Hören den Liedtext lesend mit.
- Finde heraus, worum es in dem Text geht. Wie wird dieses Thema inhaltlich bearbeitet? Welche sprachlichen Bilder verwendet der Autor (die Autorin), um dieses Thema darzustellen?
- Untersuche, welche anderen sprachlichen (und musikalischen) Mittel der Autor (die Autorin) verwendet.

- Suche nach Hintergrundinformationen zum Autor/zur Autorin und zum Gedicht/Lied. Wann und wo ist es erschienen?
- Beschreibe, wie das Gedicht/Lied auf dich wirkt. Welche Stimmung ruft es hervor?

Auf der Grundlage deiner Notizen kannst du dann eine schriftliche Interpretation mit Einleitung, Hauptteil und Schluss verfassen:

In der **Einleitung** gibst du zunächst die wichtigsten Informationen wieder.

Стихотворение/Песня называется «...».
Автор стихотворения/песни – ...

Im **Hauptteil** stellst du dann die zentralen Gedanken des Liedes mithilfe von inhaltlichen, sprachlichen und musikalischen Belegen dar.

В этой песне (В этом стихотворении) речь идёт о ...
Смысл песни (стихотворения) в том, что ...
Автор использует простые (трудные, иностранные, ...) слова.
В этом стихотворении (этой песне) ... (что?) является символом (чего?)...
Музыка живая (медленная, монотонная, ...).
Мелодия (Ритм) песни подходит к словам/подчёркивает смысл песни.

Zum **Schluss** solltest du deine Aussagen zu einem Urteil zusammenfassen.

Автор ярко (выразительно) показывает ...
На мой взгляд, (не)хорошо, что ...

Hier ein Beispiel für eine kurze Gedichtinterpretation:

***
О тебé я хочý дýмать. Дýмаю о тебé.
О тебé не хочý дýмать. Дýмаю о тебé.
О другúх я хочý дýмать. Дýмаю о тебé.
Ни о ком не хочý дýмать. Дýмаю о тебé.

Л. А. Óзеров, 1964

Стихотворение - без названия - было написано русским поэтом Л. А. Озеровым в 1964 году. В этом коротком стихотворении речь идёт о несчастной любви. Лирическое «Я» обращáется[1] к любимому человеку со словами, что он не может перестáть[2] думать о нём. Все его мысли заполняет только этот человек. Автор использует совсем немного слов, но повторяет их в каждой из четырёх строчек. Эти повторения символизируют мысли, которые крýжатся[3] вокруг любимого человека.
На мой взгляд, автор таким простым стилем ясно и прекрасно передаёт сильные чувства влюблённого человека.

1 wendet sich 2 aufhören 3 drehen sich

L7 Paraphrasieren ↗5Б

Etwas paraphrasieren bedeutet etwas umschreiben. Beim Paraphrasieren wird das Gesagte oder Geschriebene einer anderen Person mit eigenen Worten wiedergeben. Das Wichtige dabei ist, eigene neue Formulierungen zu verwenden.
Zwei Beispiele für die Technik des Paraphrasierens:

– Dir fällt ein Wort oder ein Name nicht ein und du umschreibst es/ihn, d. h. du paraphrasierst es/ihn.

*Зимний дворец – **там сейчас музей Эрмитаж***

– Du liest einen längeren und vielleicht auch schwierigeren Text und willst ihn besser verstehen. Daher schreibst Du in eigenen, evtl. einfacheren Worten auf, was du gelesen hast.

Hier einige Tipps, wie man paraphrasiert, ohne einfach nur abzuschreiben oder etwas wörtlich zu wiederholen.

- Lies den Text aufmerksam bzw. höre aufmerksam zu.

- Ersetze Aufzählungen durch Oberbegriffe und Umschreibungen:
  царь и министры – ***правительство***
  Об этом рассказывали бабушка и дедушка, мама и папа, брат. – ***Об этом говорили дома все.***

- Ändere die Satzstruktur bzw. die Formulierung, behalte aber die Grundidee des Gesagten bei, z. B. statt
  Но другие историки думают, что после реформ только государство стало сильнее, а народ стал ещё беднее. – ***Некоторые историки считают, что люди стали жить хуже в новом, реформированном государстве.***

- Ersetze Wörter durch Synonyme.
  реформировать – ***модернизировать***; *современный* – ***новый***

- Ersetze das Wort durch einen Relativsatz. Dabei kann dir auch das einsprachige Wörterbuch behilflich sein.
  Автор – это человек, который пишет книги.

L 8 Eine Diskussion moderieren

↗ 6 B

Beim Austausch unterschiedlicher Meinungen ist es sinnvoll, dass ein(e) Diskussionsleiter(in) als Moderator(in) eine vermittelnde Rolle übernimmt. Dazu gehört, dass er/sie die Abfolge der Diskussionsbeiträge koordiniert und während der gesamten Diskussion auf die Einhaltung einiger grundlegender Regeln durch die Diskussionsteilnehmer achtet:

- Diskussionsbeiträge sollten einen Bezug zum Thema haben.
  Говорите, пожалуйста, только то, что относится к теме.
  Это, конечно, интересно, но сегодня (сейчас) мы говорим о другом (обсуждаем другой вопрос).

- Meinungsäußerungen müssen mit Argumenten belegt werden.
  Вы могли бы назвать примеры?
  Обоснуйте, пожалуйста, своё мнение.

- Es wird sachlich argumentiert und jeder darf ausreden.
  Не перебивайте, пожалуйста, вашего собеседника.
  Говорите, пожалуйста, по очереди (громче, тише).

Einstieg in die Diskussion	
Der (die) Moderator(in) stellt die zentrale Diskussionsfrage.	*Сегодня мы хотим поговорить /побеседовать (о чём?) ...* *Главный вопрос (Тема) нашей дискуссии - ...* *Сегодня мы постараемся /попытаемся/хотим решить следующие вопросы: ...* *Мы собрались, чтобы обсудить вопрос (о чём?)...* *Центральный вопрос, на который мы постараемся/ попытаемся найти ответ, ...*

1. Diskussionsrunde	
Am Ende einer Diskussionsrunde wiederholt der (die) Moderator(in) die wichtigsten genannten Argumente, fragt nach weiteren Meinungen. Wiederholung, Präzisierung, Zusammenfassung	*Вы сказали, что...* *Приведите, пожалуйста, примеры.* *Если я вас правильно понял(а), вы думаете, что...* *Вы считаете, что...* *По вашему мнению, ...*
Fortsetzung der Diskussion	*Согласны ли вы с (этим) мнением (кого?) ...?* *У кого другое мнение?* *Что вы можете сказать по этому вопросу?* *Кто не согласен с (этим) мнением (каким?) ...* *У меня к вам другой вопрос: ...*

2. Diskussionsrunde, 3. ...

Auch nach den nächsten Diskussionsrunden werden die wichtigsten Aussagen an der Tafel/auf dem Whiteboard zusammengefasst und genannte Äußerungen aufgegriffen (s. Fortsetzung der Diskussion)

Diskussionsabschluss	
Nach der letzten Diskussionsrunde fasst der (die) Moderator(in) den Diskussionsverlauf zusammen und spricht ein Schlusswort.	*Дискуссия, по-моему, была интересной, откровенной, полезной.* *Участниками (нашей) дискуссии были высказаны такие мнения, как, например, ...* *Сегодня мы постарались/попытались/хотели найти ответы на такие вопросы, как, например, ...* *В заключение нашей дискуссии можно сказать, что...* *Результатом нашей дискуссии можно назвать следующие принятые нами решения.* *Подводя итог дискуссии, можно сказать, что, во-первых, ..., во-вторых, ..., в-третьих, ...* *Большое спасибо (вам, всем) за интересную дискуссию.*

Сле́дующие станда́ртные выраже́ния ты мо́жешь употребля́ть …

(Folgende Standardausdrücke kannst du … verwenden)

➤ при веде́нии диску́ссии (in einer Diskussion)

Нача́ло диску́ссии (веду́щий)

- Я хочу́ с ва́ми поговори́ть о *mit Präp.* …
- Сего́дня мы хоти́м поговори́ть о *mit Präp.* …
- Сего́дня мы хоти́м реши́ть сле́дующие вопро́сы:…
- Дава́йте поговори́м о *mit Präp.* …
- Дава́йте проведём диску́ссию о *mit Präp.* …
- Речь пойдёт (бу́дет идти́) о *mit Präp.* …
- Речь идёт о *mit Präp.* …
- Гла́вный вопро́с на́шей диску́ссии – …
- У меня́ к вам вопро́с(ы): …
- Я хочу́ (у) вас спроси́ть, …
- Что вы ду́маете о *mit Präp.* …
- Как вы ду́маете, …?
- Дава́йте снача́ла поговори́м о *mit Präp.* …
- Объясни́(те) мне, пожа́луйста, сле́дующее:…
- Дава́йте обсу́дим *mit Akk.* …

Основна́я часть диску́ссии

веду́щий

- Как, по-ва́шему, …
- Сейча́с немно́го о *mit Präp.* …
- Вы сказа́ли, что …
- Приведи́те, пожа́луйста, приме́ры.
- Согла́сны ли вы с мне́нием, что…
- У кого́ друго́е мне́ние?
- Что вы мо́жете сказа́ть по э́тому вопро́су (по э́тому по́воду)?

уча́стники диску́ссии

- Ду́маю, вам бу́дет интере́сно узна́ть, что …
- С одно́й стороны́, мо́жно сказа́ть, что…, но с друго́й стороны́,…
- Ва́жно сказа́ть, что…
- Я́сно, что …
- Наве́рное, вы уже́ зна́ете, что…
- Не вызыва́ет сомне́ний то, что…
- Ты прав(а́) (Вы пра́вы), но…
- (Всё) де́ло в том, что…
- (Здесь) на́до доба́вить, что…
- Сто́ит (та́кже) сказа́ть/отме́тить, что…
- Факт в том, что…
- Де́ло в том, что…
- Кро́ме того́,…
- Я хочу́ аргументи́ровать *mit Akk.* …
- Я хочу́ привести́ аргуме́нт(ы)/приме́р(ы): …
- Ме́жду про́чим,…
- Точне́е говоря́,…
- Как уже́ бы́ло (ра́нее, вы́ше) ска́зано, …
- Други́ми слова́ми, …
- Я име́ю в виду́…

Заключе́ние диску́ссии (веду́щий)

- В результа́те на́до сказа́ть, что…
- (Одни́м) сло́вом…
- В общем,…
- В конце́ концо́в,…
- Коро́че говоря́,…
- Зна́чит,…
- Ита́к,…
- В заключе́ние я хочу́ отме́тить, что…
- Всё э́то говори́т о том, что…
- Всем большо́е спаси́бо за интере́сную диску́ссию (бесе́ду, интере́сный разгово́р)!
- В на́шей диску́ссии прозвуча́ли мне́ния: …
- Сего́дня мы попыта́лись найти́ отве́ты на вопро́сы:
- В заключе́нии на́шей диску́ссии мо́жно сказа́ть, что …
- Ито́гом на́шей диску́ссии мо́жно назва́ть сле́дующее реше́ние (сле́дующий вы́вод): …

➤ **при описа́нии карти́н** (für Bildbeschreibungen)

- Карти́на (фотогра́фия, карти́нка), кото́рую я хочу́ описа́ть, называ́ется …
- Эту́ карти́ну написа́л(а) худо́жник (худо́жница) *кто? когда́?* …
- Эту́ фотогра́фию снял(а́) фото́граф (фотожурнали́ст, фотожурнали́стка) *кто? когда́? где?*…
- Карти́на (фотогра́фия) виси́т *где? (в како́м музе́е? в како́й галере́е?)*…
- Впервы́е я уви́дел(а) э́ту карти́ну (фотогра́фию) *где? когда́?* …

- На за́днем пла́не карти́ны (фотогра́фии) я ви́жу *кого́? что?*…
- На пере́днем пла́не карти́ны (фотогра́фии) нахо́дится (нахо́дятся) *кто? что?*…
- В це́нтре карти́ны (фотогра́фии) нахо́дится (нахо́дятся) *кто? что?* …
- На ле́вой стороне́ карти́ны (фотогра́фии) мы ви́дим *кого́? что?*…
- На пра́вой стороне́ карти́ны (фотогра́фии) мы ви́дим *кого́? что?*…
- Карти́на нарисо́вана я́ркими (пасте́льными,…) кра́сками.

- Мне нра́вится карти́на (фотогра́фия), потому́ что …
- Карти́на (фотогра́фия) создаёт пра́здничное (весе́ннее, ра́достное, гру́стное, …) настрое́ние.
- Карти́на (фотогра́фия) вызыва́ет чу́вство ра́дости (сча́стья, гру́сти, …).
- Чу́вствуется, что а́втор карти́ны (фотогра́фии) …

➤ **при переда́че содержа́ния те́кста** (für eine Inhaltswiedergabe)

- Расска́з (текст, по́весть, ска́зка …) называ́ется …

• А́втор расска́за (те́кста, по́вести …)	– … пи́шет (расска́зывает) о *mit Präp.* … опи́сывает (пока́зывает) *mit Akk.* …

- Те́ма расска́за (те́кста, по́вести …) – …

• В расска́зе (те́ксте …) • Снача́ла • Зате́м • По́сле э́того • В конце́ концо́в, …	речь идёт говори́тся информи́руется	о(б) … о том, что…

➤ **при выска́зывании мне́ния к те́ксту** (zur Kommentierung eines Textes)

- Э́тот рома́н (расска́з) интере́сен (ску́чен) …
- Э́та кни́га (по́весть, ска́зка) интере́сна (скучна́) …
- Э́то произведе́ние (стихотворе́ние) интере́сно (ску́чно) …
- Мне нра́вится уника́льный (о́бразный, бога́тый) язы́к, а та́кже романти́ческий (сатири́ческий) стиль писа́теля (писа́тельницы).

• Э́тот рома́н (расска́з, детекти́в) • Э́та кни́га (по́весть) … • Э́то произведе́ние (стихотворе́ние) …	мне (не) нра́вится, потому́ что …

- Мне интере́сен (нра́вится) персона́ж (геро́й), потому́ что …
- … интере́сна (нра́вится) герои́ня, потому́ что …
- … интере́сны (нра́вится) персона́жи, потому́ что …
- В кни́ге речь идёт о …
- Расска́зчик опи́сывает, как …
- А́втор подчёркивает …
- Э́то произведе́ние помога́ет лу́чше поня́ть, как …
- Гла́вный геро́й (Гла́вная герои́ня) – э́то …
- А́втор хорошо́ передаёт эмо́ции геро́ев …
- Снача́ла …, зате́м …, в конце́ …

➤ при интерпрета́ции пе́сни (стихотворе́ния) (für eine Lied- oder Gedichtinterpretation)

- Стихотворе́ние/Пе́сня называ́ется …
- А́втор стихотворе́ния/пе́сни …

- В э́той пе́сне (в э́том стихотворе́нии) речь идёт о …
- Смысл мо́жет быть в том, что …
- А́втор испо́льзует просты́е (тру́дные, …) слова.
- В стихотворе́нии (пе́сне) … явля́ется си́мволом *чего́?* …
- Му́зыка жива́я (ме́дленная, моното́нная, разнообра́зная, …).
- Мело́дия (Ритм) пе́сни подхо́дит к слова́м/подчёркивает текст (смысл пе́сни).

- А́втор я́рко (вырази́тельно) пока́зывает …
- На мой взгляд, (не)хорошо́, что …

➤ при веде́нии презента́ции (für eine Präsentation)

Нача́ло презента́ции
- Дороги́е друзья́! Добро́ пожа́ловать на мою́ презента́цию.

Основна́я часть презента́ции
- В це́нтре мое́й презента́ции (моего́ внима́ния) стои́т вопро́с о…
  конфли́кт ме́жду …
- Кро́ме того́, я хочу́ поговори́ть (рассказа́ть) о *mit Präp.* …
- А ещё ну́жно поговори́ть (рассказа́ть) о *mit Präp.* …
- С одно́й стороны́,… , с друго́й стороны́,…
- Сейча́с пе́рвый (второ́й, сле́дующий, после́дний) пункт (факт)…
- Во-пе́рвых,…; Во-вторы́х,…; В-тре́тьих,…
- Я хочу́ отме́тить ещё друго́й факт - …
- По-мо́ему, …
- Кро́ме того́, на́до сказа́ть …
- Зна́чит, э́то …
- А сейча́с посмотри́те на э́тот гра́фик (э́ту табли́цу, э́ту диагра́мму).
- На э́той фотогра́фии вы ви́дите *mit Akk.* …

Заключе́ние презента́ции
- На э́том я зака́нчиваю (свою́) презента́цию.
- Я испо́льзовал(а) сле́дующие исто́чники информа́ции: …
- А сейча́с, пожа́луйста, задава́йте свои́ вопро́сы.
- А сейча́с я с удово́льствием отве́чу на все ва́ши вопро́сы.
- Большо́е спаси́бо за внима́ние.

➤ **для выражéния оцéнки урóка** (zur Bewertung des Unterrichts)

- Сегóдня на урóке бы́ло óчень интерéсно (не óчень интерéсно, скýчно).
- На урóке былá приятная (хорóшая, ую́тная) атмосфéра.
- (Вчерá) Сегóдня у нас был прекрáсный (интерéсный, скýчный) урóк.
- (Вчерá) Сегóдня урóк прошёл интерéсно (бы́стро, нормáльно, скýчно, плóхо).
- (Вчерá) Сегóдня у нас былá интерéсная тéма урóка.
- (Вчерá) Сегóдня мы проходи́ли интерéсную тéму.
- Я (почти́) всё пóнял(á).
- Я ничегó не пóнял(á).
- Мы повторя́ли *mit Akk.* … (писáли *mit Akk.* …, читáли *mit Akk.* …, практиковáлись в *mit Präp.* …, игрáли сцéнку, игрáли в *снéжный ком*, пéли *mit Akk.* …).
- Мы (сли́шком) мнóго занимáлись *mit Instr.*…
- Я вы́учил(а) нéсколько нóвых слов (пéсню).
- Я узнáл(а) мнóго нóвого (интерéсного). Я не узнáл(а) ничегó нóвого.
- Мне осóбенно понрáвилось то, что…
- Мне (не) нрáвится, что мы мнóго говори́м по-рýсски, слýшаем диалóги, смóтрим фи́льмы (мультфи́льмы) на рýсском языкé, пи́шем диктáнты, разы́грываем сцéнки,…
- Господи́н… /Госпожá … отвéтил(а) на все мои́ (нáши) вопрóсы.
- Мне (не) понрáвилось, что сегóдня господи́н… /госпожá… никогó (меня́) не вызывáл(а) к доскé.
- Мне (не) понрáвилось, что сегóдня господи́н… /госпожá… зáдал(á) нам мнóго урóков.
- Мне (не) нрáвится, что господи́н… /госпожá… всегдá задаёт нам мнóго урóков.

➤ **для выражéния оцéнки результáтов рабóты** (zur Leistungsbeurteilung)

- Мне (не) óчень понрáвилась презентáция (*и́мя ученикá/учени́цы mit Gen.*).
- Презентáция (*и́мя ученикá/учени́цы mit Gen.*) былá (óчень) интерéсной.
- Диалóг был, к сожалéнию, скýчным (неинтерéсным, сли́шком дли́нным, корóтким).
- Всё бы́ло интерéсно (поня́тно, логи́чно, прáвильно, я́сно).
- Бы́ло интерéсно послýшать ваш диалóг (вáшу презентáцию).
- Я с удовóльствием посмотрéл(а) вáшу сцéнку.
- По-мóему, (*и́мя ученикá/учени́цы*) не допусти́л(а)/не сдéлал(а) оши́бок (ни однóй оши́бки).
- Мне кáжется, (*и́мя ученикá/учени́цы*) допусти́л(а)/сдéлал(а) нéсколько граммати́ческих (орфографи́ческих, стилисти́ческих) оши́бок.
- По-мóему, (*и́мя ученикá/учени́цы*) говори́л(а) сли́шком бы́стро (мéдленно).
- Я дýмаю, (*и́мя ученикá/учени́цы*) представил(а) интерéсный материáл.
- Я считáю, (*и́мя ученикá/учени́цы*) подготóвил(а) интерéсную (клáссную) презентáцию.
- По-мóему, (*и́мя ученикá/учени́цы*) вы́брал(а) интерéсные фáкты (грáфики, примéры).
- Мне понрáвилось, что (*и́мя ученикá/учени́цы*) показáл(а) краси́вые фотогрáфии (иллюстрáции, диагрáммы).
- Я считáю, (*и́мя ученикá/учени́цы*) хорошó описáл(а) грáфик (диагрáмму, схéму, табли́цу).
- (*И́мя ученикá/учени́цы*), спаси́бо тебé за интерéсную презентáцию.

Слéдующие стандáртные выражéния ты мóжешь употребля́ть, éсли ты хóчешь …
(Folgende Standardausdrücke kannst du verwenden, wenn du …)

➤ **узнáть мнéние собесéдника** (die Meinung eines Gesprächspartners erfahren willst).

- Что ты дýмаешь о…?
- Как ты дýмаешь,…?
- Как ты считáешь,…?
- Ты считáешь, что э́то (не)прáвильно?
- Ты считáешь э́то (не)прáвильным?
- Ты соглáсен (соглáсна) с *mit Instr.*…?
- Я хочý тебя́ спроси́ть,…
- Как, по-твóему,… ?
- Я хочý узнáть, почемý…
- У меня́ к тебé вопрóс(ы):…
- Тебé нрáвится (нрáвятся) *mit Nom.*… ?
- Ты интересýешься *mit Instr.*…?
- Тебé (не)интерéсно?
- Тебé (не)скýчно?
- Тебé интерéсно *mit Inf* …?
- Ты лю́бишь *mit Akk. oder Inf.*…?

➤ **вы́разить своё мне́ние** (die eigene Meinung ausdrücken willst).

- По-мо́ему,…
- Я (не) ду́маю, что…
- Я (не) счи́таю, что…
- Я (не) счита́ю э́то пра́вильным.
- Я ду́маю, э́то (не)пра́вильно.
- Мне э́то (не)интере́сно.
- Мне (не)ску́чно.
- Мне (не)интере́сно *mit Inf*….
- Во-пе́рвых,… Во-вторы́х,… В-тре́тьих,…
- Не ме́нее ва́жно, что…
- Кро́ме того́,…
- Нельзя́ забыва́ть, что…
- Мне (не) ка́жется, что…
- Э́то для меня́ (не)ва́жно.
- Э́то для меня́ играет ва́жную роль.
- Э́то для меня́ не игра́ет никако́й ро́ли.
- Я хорошо́ понимаю (не понима́ю), что…
- Мне (не)поня́тно, почему́…
- Я разделя́ю э́то (твоё) мне́ние.
- Я не разделя́ю э́того (твоего́) мне́ния.
- Я (не) сомнева́юсь, что…
- Я полага́ю…
- По пра́вде говоря́, …
- На мой взгляд, (не)хорошо́, что…
- Я ничего́ не могу́ сказа́ть о…
- О́чень хорошо́! Отли́чно!
- Здо́рово! *ugs.*
- Су́пер! *ugs.*
- Класс! *ugs.*

➤ **вы́разить своё согла́сие**
(Zustimmung ausdrücken willst).

- Я согла́сен (согла́сна) с тобо́й (с э́тим мне́нием, с мне́нием… *mit Gen.*).
- Я вполне́ (части́чно) согла́сен (согла́сна) с э́тим выска́зыванием (мне́нием).
- Я согла́сен (согла́сна) с тем, что…
- Я разделя́ю э́то (твоё, ва́ше) мне́ние.
- Мо́жно согласи́ться с э́тим мнением.
- Э́то (совершённо) пра́вильно.
- Э́то так.
- Я то́же так ду́маю.
- Мне нра́вится, что…
- Я за *mit Akk.* …
- Коне́чно, да.

➤ **вы́разить своё несогла́сие**
(Ablehnung ausdrücken willst).

- Я не согла́сен (согла́сна) с тобо́й (с э́тим мне́нием, с мне́нием… *mit Gen.*).
- Я абсолю́тно (сове́ршенно) не согла́сен (согла́сна) с э́тим выска́зыванием (мне́нием).
- Я не согла́сен (согла́сна) с тем, что…
- Я не разделя́ю э́того (твоего́, ва́шего) мне́ния.
- Нельзя́ согла́ситься с э́тим мнением.
- Э́то (совершённо) непра́вильно.
- Э́то не так. (А я ду́маю, что э́то не так.)
- Я ду́маю ина́че.
- Мне не нра́вится, что…
- Я про́тив *mit Gen.* …
- Коне́чно, нет.

➤ **вы́разить своё удивле́ние**
(Verwunderung ausdrücken willst).

- Неуже́ли…
- Ра́зве…
- Не мо́жет быть!
- Серьёзно? *ugs.*
- (Э́то) пра́вда? *ugs.*
- Вот э́то да! *ugs.*

➤ **вы́разить свои́ эмо́ции**
(Emotionen ausdrücken willst).

- Я ра́д(а), что…
- Э́то здо́рово (отли́чно, кла́ссно, су́пер)! *ugs.*
- Я (немно́го) бою́сь, что…
- Я (не) бу́ду паникова́ть.
- Как жаль!
- (Мне) о́чень жаль, что…

Поурочный словарь

Урок 1: Я хочу стать диза́йнером.

1 A

поря́док *hier Sg.* ! *Gen.* поря́дка; *Präp.* в поря́дке	1. Ordnung; 2. Reihenfolge, Ablauf	1. У меня всё в порядке. 2. Опишите факты в хронологическом порядке.
разви́тие	Entwicklung	
профе́ссия *кого́? чья? mit Gen.*	Beruf	**E/F** profession ~ врача, выбрать профессию
вуз *m., Abk. für* вы́сшее учéбное заведéние	Hochschule	Мой брат учится в техническом вузе.
пройти́/проходи́ть пра́ктику *Prät.:* прошёл, прошла́; прошли́ практику	ein Praktikum absolvieren	Я прохожу практику в турагентстве.
увле́чься/увлека́ться *кем? чем? mit Instr.* ! *ohne Präpos. Prät.:* увлёкся, увлекла́сь; увлекли́сь	sich *für jmdn. oder etw.* begeistern	⟷ увлечение *Syn.* интересоваться Он увлекается рок-музыкой.
полице́йский	Polizist	
медсестра́ (медици́нская сестра́), *Pl.* медсёстры, *Dekl. wie* сестра́	Krankenschwester	⟷ сестра Её мама по профессии медсестра.
банки́р	Bankier	⟷ банк **E** banker, **F** banquier
до́брый по-до́брому *Adv.*	gut; gutmütig	⟷ Добрый день! Будьте добры, помогите мне!
пунктуа́льный	pünktlich	**E** punctual, **F** ponctuel Она пунктуально приходит на работу.
аккура́тный	1. pünktlich; 2. korrekt, ordentlich, sauber	1. *Syn.* пунктуальный 2. ~ дом, аккуратная работа
шаг *Präp.* в ша́ге *oder* в шагу́	Schritt	Он идёт быстрым шагом. Школа – это первый шаг в будущее.
разли́чный	verschieden, unterschiedlich	⟷ различие *Syn.* разный В России есть различные типы школ.
общеобразова́тельный	allgemeinbildend	⟷ общая школа, образование Мы учимся в общеобразовательной школе.
углублённый	vertieft, gründlich, intensiv	Мы углублённо занимаемся математикой.
изуче́ние *чего́? кого́? mit Gen.*	1. Erlernen, Studium; 2. Erforschung	⟷ учить(ся) 1. углублённое ~ немецкого языка 2. ~ экологической ситуации
не́который	1. *Sg.* ein gewisser; 2. *Pl.* einige, manche	1. У фильма был ~ успех. 2. У нас много школ с углублённым изучением некоторых предметов.
про́фильный	Profil-	Школьники могут учиться в профильном классе.
изучи́ть/изуча́ть *кого́? что?* ! *unbedingt mit Akk. obj.*	1. erlernen, (durch)studieren; 2. erforschen	⟷ изучение, учить(ся)
яви́ться/явля́ться 1. *куда́?* в /на *mit Akk.*; *к кому́?* к *mit Dat.*; 2. *кем? чем? mit Instr.*	1. erscheinen, sich einfinden; 2. sich *als jmd./etw.* erweisen	1. *Syn.* прийти/приходить Ученик не явился в школу. 2. *Syn.* быть, стать Выступление молодой певицы явилось приятным сюрпризом.
обяза́тельный	obligatorisch, Pflicht-	⟷ обязательно *Adv.* Изучение двух иностранных языков является обязательным.
среди́ *кого́? чего́? mit Gen.*	1. inmitten, mitten auf/in; 2. unter, zwischen	⟷ среда, средний 1. Мы жили в доме среди леса. 2. Немецкий язык является очень популярным среди российских школьников.
преподава́ть *что? mit Akk. кому́? mit Dat.*	unterrichten, lehren	⟷ дать/давать Моя мама преподаёт студентам русский язык и литературу.

учéбный	Lehr-, Unterrichts-, Schul-	↔ учебник, учёба, учить(ся) В России учебный год начинается в сентябре.
дели́ться	*hier:* (sich) teilen	Учебный год делится на четыре четверти.
конéц *Gen.* концá; *Präp.* в концé	Ende, Schluss	↔ кончить(ся)/кончать(ся) *Ant.* начало В конце каждой четверти мы пишем контрольные работы.
чéтверть	Viertel	
по *mit Dat.*	*hier:* 1. in *(Lehrfach)*; 2. nach; 3. von *(Beruf)*	1. Сегодня у нас тест по физике. 2. Поезд прибыл по расписанию. 3. Кто он по профессии?
выпускни́к *m.* **выпускни́ца** *w.*	Absolvent(in)	~ школы, ~ университета
сдать/сдавáть *что? mit Akk.*	1. *v. und uv.:* abgeben, abliefern, zurückgeben; 2. *v.: eine Prüfung* bestehen; *uv.: eine Prüfung* ablegen	↔ дать/давать 1. ~ книги в библиотеку 2. Он хорошо сдал экзамен по русскому языку.
экзáмен по *какóму предмéту? mit Dat.*	Prüfung, Examen	**E** examination, exam, **F** examen ~ по физике
зави́сеть *uv. от когó? чегó?* от *mit Gen.*	*von jmdm. oder etw.* abhängen, abhängig sein	↔ висеть Это зависит от вуза, в котором выпускник планирует учиться.
объединённый	vereinigt, vereint, Gesamt-	↔ единица Он учится в объединённой школе.
речь *w.*	Rede, Ansprache	прямая ~; ~ президента
прямóй	gerade; direkt	↔ прямо
кóсвенный	indirekt	косвенная речь
ли *Konj. und Fragepartikel*	1. *in indirekten Fragesätzen* ob; 2. *in direkten Fragesätzen nicht übersetzt*	1. Он спрашивает, всё ли тебе понятно. 2. Можно ли так сказать?
чтóбы 1. *und* 2. *Konj.;* **A** [штó]бы	1. damit, um … zu; 2. dass, *Inf. mit* zu	1. Чтобы быть здоровым, надо есть овощи и фрукты. 2. Дедушка попросил внука, чтобы он помог ему.
чéрез *mit Akk.*	*hier:* nach, in *(zeitlich)*	Через год Лена окончит школу.
побесéдовать/бесéдовать *с кем?* с *mit Instr., о ком? о чём?* о *mit Präp.*	sich unterhalten, ein Gespräch führen	*Syn.* разговаривать Девочки пьют чай и беседуют о своих планах на будущее.
позабóтиться/забóтиться *о ком? о чём?* о *mit Präp.*	sich *um jmdn. oder etw.* sorgen, kümmern	Лена заботится о больных детях.
больни́ца, *Instr.* больни́цей	Krankenhaus	↔ больно, больной
собы́тие	Ereignis, Begebenheit	исторические события
парикмáхер	Friseur(in)	Она учится на парикмахера.
финанси́ст	Finanzfachmann, Finanzfachfrau	
начáльник	Vorgesetzte(r), Chef(in)	↔ начало, начальный *Syn.* руководитель(ница)
физи́чески *Adv.*, физи́ческий *Adj.*	physisch, körperlich	**E** physically Они работают физически.
твóрчески *Adv.*, твóрческий *Adj.*	schöpferisch, kreativ	Писатель рассказал о своих творческих планах.
руководи́ть *чем? кем? mit Instr.*	leiten, führen	↔ руководитель
зарабóтать/зарабáтывать *что? mit Akk.*	verdienen *auch ugs.*	↔ работа, работать Все хотят хорошо зарабатывать.
ну *ugs. Partikel und Interj.*	na, nun	Ну, как твои дела? Ну, рассказывай!
ПТУ (профессионáльно-техни́ческое учи́лище)	Berufsschule	
зоотéхник	Zootechniker(in)	↔ зоопарк, техника
специ́фика	Besonderheit, Eigenart	~ профессии
нóрмы, *Sg.* нóрма	Normen, Werte	**E** norms, **F** normes
зоосáд, *где? Präp.* в зоосадý *und* в зоосáде	Zoologischer Garten	↔ зоопарк, сад

ветерина́рный	Veterinär-, tierärztlich	**E** veterinary, **F** vétérinaire ветеринарная клиника
ли́чный	persönlich, Privat-	⟷ лицо личная жизнь
ка́чество	Qualität, Eigenschaft	личные качества
уме́ние *mit Inf.*	Fähigkeit, Fertigkeit	⟷ уметь
реше́ние *чего́? чьё? mit Gen.*	1. Lösung; 2. Entscheidung, Entschluss, Urteil	⟷ решить/решать 1. ~ проблемы, 2. принять/принимать ~
нестанда́ртный	*hier:* außergewöhnlich	
сме́лость *w.*	Mut, Kühnheit, Tapferkeit	
выно́сливость *w.*	Ausdauer, Standhaftigkeit	~ спортсмена

агроно́м, адвока́т, ветерина́р, диза́йнер, инструме́нт, IT-специали́ст, кли́ника, кло́ун, коллекти́в, конкре́тный, консульта́ция, контро́льный, лаборато́рия, медици́нский, отелье́р, пацие́нт, презента́ция, прести́жный, психо́лог, рабо́тник, ре́йтинг, систе́мный администра́тор, ситуа́ция, ску́льптор, солда́т, стю́ард(е́сса), университе́тский, факультати́вно, физи́ческий, хронологи́ческий, энерги́чный

1 Б

ночно́й	Nacht-, nächtlich	⟷ ночью ~ разговор, ночные клубы
модельéр *m. und w.*, **A** мо[дэ]льéр	Modeschöpfer(in), Modedesigner(in)	⟷ мода, модный
собесе́дник *m.*, **собесе́дница** *w.*	Gesprächspartner(in)	⟷ беседовать
отнести́сь/относи́ться *к кому́? к чему́?* к *mit Dat.* **!** 2. *nur uv.*	1. sich verhalten, *zu etw. oder jmdn.* eine Beziehung haben; 2. sich auf *etw.* beziehen, betreffen	1. Как вы относитесь к искусству? 2. Этот вопрос (не) относится к этой теме.
постара́ться/стара́ться *что с/делать? mit Inf.* *для кого́? чего́?* для *mit Gen.*	sich Mühe geben, sich anstrengen	Я постараюсь ответить на все вопросы.
носи́ть *что? mit Akk.*	tragen (*Kleidung, Schmuck; Namen*)	Она носит фамилию мужа.
сам, сама́, само́; са́ми	selbst	Что вы любите носить сами?
оде́ться/одева́ться *как? во что?* в *mit Akk.*	sich anziehen, sich (be)kleiden	⟷ одежда ~ модно, ~ тепло
класси́ческий	klassisch	⟷ классик, классика, классическая музыка
бана́льно	banal	
тво́рчество *кого́? чьё? mit Gen.*	*(geistiges, kulturelles)* Schaffen, Werk	⟷ творчески, творческий презентация о жизни и творчестве Пушкина
объявле́ние *чего́? чьё? mit Gen. oder о чём?* о *mit Präp.*	*hier:* Anzeige, Annonce	Объявления о работе можно найти в Интернете.
получе́ние *чего́? mit Gen.*	Erhalt, Erlangung	⟷ получить/получать Они беседуют о возможностях получения профессионального образования.
аспиранту́ра	Aspirantur *(in Russ. Aufbaustudium zur Erlangung eines Doktortitels)*	учиться в аспирантуре
вы́сший *Sup.* ↗ высокий	*hier:* höher, Hochschul-	⟷ высокий высшее образование
юриспруде́нция	Rechtswissenschaft, Jurisprudenz	⟷ юрист **E/F** jurisprudence

ба́йкер, байк-клуб, диза́йн, ко́лледж, колле́кция, леге́нда́рный, ме́неджмент, моме́нт, пери́од, портфо́лио, сало́н, тексти́льный, техноло́гия, тури́зм, фина́нсовый

1 В

наконе́ц-то *Adv.*	na endlich	⟷ конец Наконец-то начался отпуск!
ры́нок труда́ *где? Präp.* на ры́нке труда́	Arbeitsmarkt	
специа́льность *w. кого́? чья? mit Gen.*	Fachrichtung, Fachgebiet	⟷ специалист, специально Он врач, по специальности – ортопéд.
спрос на *кого́? что? mit Akk.*	Nachfrage, Bedarf	⟷ спросить, вопрос На какие профессии есть большой спрос?
отрази́ть/отража́ть *что? mit Akk.*	*hier:* darstellen, widerspiegeln	Дети отражают свои впечатления в рисунках.
о́бщество	Gesellschaft	⟷ общаться, общительный

отреаги́ровать/ реаги́ровать *на кого́? что?* на *mit Akk.*	reagieren	
измене́ние *чего́? mit Gen.*	Änderung, Veränderung	
нестаби́льность *w. чего́? mit Gen.*	Instabilität, Unsicherheit	
жи́тель *m.*, жи́тельница *w.*	Einwohner(in), Bewohner(in)	⟷ жить, жизнь
обслу́живание	Dienstleistung, Service	⟷ услуги Качество медицинского обслуживания в Германии – одно из лучших в мире.
обще́ственный	gesellschaftlich, Gesellschafts-, öffentlich	⟷ общество общественная жизнь, ~ транспорт
развлече́ние	Unterhaltung	⟷ развлечь, увлечение
коли́чество *кого́? чего́? mit Gen.*	Menge, Quantität	В этом районе есть большое количество магазинов и ресторанов.
парикма́херская *w.*	Friseursalon	⟷ парикмахер Она открыла свою парикмахерскую.
удо́бный	bequem, angenehm; günstig, passend	удобное кресло В какое время вам удобно прийти?
комфо́ртный	bequem, komfortabel	
проду́кция	Produktion, Erzeugnisse	специалист по качеству продукции
име́ть *кого́? что? mit Akk.*	haben, besitzen	~ детей, ~ друзей, ~ машину, ~ возможность, ~ много денег
логи́стик	Logistiker(in)	Он логистик. **!** Logistik - логи́стика
посло́вица	Sprichwort	⟷ слово
резюме́ *s. unveränd.* **A** резю[мэ́]	1. Resümee, Zusammenfassung, 2. Lebenslauf, CV	**E/F** resume/résumé, CV (curriculum vitae)
по́иск *кого́? чего́? mit Gen.*	Suche, Recherche	⟷ искать
собесе́дование	Vorstellungsgespräch, Besprechung	⟷ беседовать, собеседник Моя сестра получила приглашение на собеседование.
визи́тный	Visiten-	визитная карточка
спосо́бность *w.*	Fähigkeit; *nur Pl.* Talent	
на́вык	Fertigkeit	*Syn.* способность Какие специальные навыки есть у Ивана?
владе́ние *чем? mit Instr.*	Beherrschung	~ иностранными языками
графи́ческий	Grafik-, grafisch	⟷ графика
отве́тственный	verantwortungsbewusst, verantwortungsvoll	⟷ ответ, ответить ~ человек, ответственная работа
де́тский	Kinder-	⟷ дети ~ сад
и́менно *Partikel*	ausgerechnet, gerade, eben	Почему ты хочешь проходить практику именно в этой фирме?
воспита́тель *m.*, **воспита́тельница** *w.*	Erzieher(in)	Я мечтаю работать воспитательницей в детском саду.
мла́дший	jüngerer	⟷ молодой младшая сестра
приступи́ть/приступа́ть *к чему́?* к *mit Dat.*	*etw.* beginnen	*Syn.* начать/начинать Когда я могу приступить к практике?
работода́тель *m.*, работода́тельница *w.*	Arbeitgeber(in)	⟷ работа, дать Университет – главный работодатель в нашем городе.

ана́лиз, индустри́я, инжене́рно-техни́ческий, казино́, кандида́т, комбина́ция, комбини́рованный, конта́ктный, ма́ркетинг, педагоги́ческий, персона́л, программи́рование, реда́ктор, се́рвисный, сфе́ра, характери́стика, топ-ме́неджер, фотолаборато́рия, функциона́льный, ша́нс(ы)

Урок 2: В ми́ре кра́сок и форм

2 A	**кра́ска**, *Gen. Pl.* кра́сок	Farbe, Farbton	акварельные краски
	иску́сство	Kunst	современное ~
	изобрази́тельный	bildend, darstellend	⟷ образ изобразительные искусства

гра́фика	Grafik	**E** graphic arts, **F** graphique
скульпту́ра 1. *nur Sg.*	1. Bildhauerkunst, Bildhauerei; 2. Skulptur, Plastik	**E/F** sculpture 1. заниматься скульптурой; 2. интересные скульптуры из дерева
жи́вопись *w.*	Malerei	↔ жить, писать
галере́я, *Gen. Pl.* галере́й	Galerie	**E** gallery, **F** galerie
портре́т *кого́? чей? чего́? mit Gen.*	Porträt, Bild, Bildnis	**E/F** portrait семейный ~
потре́бовать/тре́бовать *кого́? чего́? mit Gen.*	erfordern, verlangen	Искусство требует знаний.
зда́ние	Gebäude	*Syn.* дом историческое ~
па́мятник *кому́? mit Dat. чего́? mit Gen.*	Denkmal	~ Петру Первому, ~ архитектуры
экспона́т	Ausstellungsgegenstand, Exponat	
основа́ть/осно́вывать *что? mit Akk.*	gründen, begründen	↔ основной
впервы́е *Adv.*	zum ersten Mal	*Syn.* в первый раз Он приехал сюда впервые.
посети́тель	Besucher	↔ посетить
тогда́ *Adv.*	damals	↔ когда *Syn.* в то время
произведе́ние *кого́? чьё? mit Gen.*	*hier:* Kunstwerk	литературное ~
собра́ние *чего́? mit Gen.*	Sammlung, Kollektion	↔ собрать/собирать
колле́кция *кого́? чья? чего́? mit Gen.*	Sammlung; Kollektion	**E/F** collection *Syn.* собрание
шеде́вр *чего́? mit Gen.* **A** ше[дэ]вр	Meisterwerk	**F** chef d'oeuvre шедевры русской литературы
реставрацио́нный	Restaurations-	реставрационные работы
направле́ние	Richtung. Stilrichtung	↔ правильный
по *какое число? по какой день/месяц/год/век? mit Nom. (Ordnungszahl im Nom.)*	*hier:* bis *(einschließlich) zeitlich*	*Syn.* до *mit Gen.* Конференция состоится с первого по одиннадцат<u>ое</u> марта.
дворе́ц, *Gen.* дворца́, *Präp.* во дворце́; *Pl.* дворцы́, *Gen.* дворцо́в	Palast, Schloss	Зимний ~
за рубежо́м *где?*	im Ausland	*Syn.* за грани́цей Русский музей часто организует выставки за рубежом.
мирово́й	1. Welt-; 2. Friedens-	↔ мир
антиква́рный	antiquarisch, Antiquitäten-	~ магазин
экскурсово́д *m. und w.*,	Reiseleiter(in), Museumsführer(in)	↔ экскурсия
экспозиция *чего́? кого́? чья? mit Gen.*	Ausstellung, Exposition	**E/F** exposition ~ картин русских художников
анти́чный	antik, altertümlich	**E/F** antique
вы́ставить/выставля́ть *что? mit Akk. куда́?* в/на *mit Akk. где? mit Präp.*	ausstellen, zur Schau stellen	↔ выставка
карти́нный	Bilder-, Gemälde-	↔ картина картинная галерея
знамени́тый *чем? mit* **!** *Instr. ohne Präpos.*	berühmt	↔ знать
худо́жник *m.*, **худо́жница** *w.*	Künstler(in)	↔ художественный
мо́лодость *w.* *кого́? чья? mit Gen.*	Jugend(zeit) *Altersstufe etwa zwischen dem 19. und 30. Lebensjahr*	↔ молодой Молодость художника прошла в России.
ю́ность *w.* *кого́? чья? mit Gen.*	frühe Jugend(zeit) *Altersstufe zwischen 13. und 19. Lebensjahr*	↔ юноша

де́тство *кого́? чьё?* *mit Gen.*	Kindheit	↔ дети
ма́стер, *Pl.* мастера́ *чего́? mit Gen.*	Meister(in)	~ живописи, ~ спорта по теннису
мастерство́ *кого́? чьё? чего́? mit Gen.*	*hier:* Meisterschaft, Geschicklichkeit, Virtuosität	↔ мастер ~ игры на гитаре
посеще́ние *чего́? mit Gen.*	Besuch	↔ посещать
основа́тель	Gründer, Begründer	↔ основать/основывать
тру́дность *w.* *чего́? чья? mit Gen., в чём?* в *mit Präp.; с кем? с чем?* с *mit Instr.*	Schwierigkeit, *Pl.:* Strapazen, Hindernisse	↔ трудный трудности с работой
простота́ *чего́? mit Gen.*	Einfachheit, Schlichtheit	↔ просто, простой
чистота́ *чего́? mit Gen.*	Reinheit, Sauberkeit	↔ чисто, чистый
знако́мство *с кем? с чем?* с *mit Instr.*	Bekanntschaft	↔ знакомить(ся)
рисова́ние	Zeichnen	↔ рисовать Мне нравятся уроки рисования.
собира́тель	Sammler	↔ собрать/собирать *Syn.* коллекционер
ве́рный	*hier:* treu, ergeben;	~ друг В своём творчестве Шагал остался верным темам из своего детства и юности.
благода́рный	dankbar	↔ дарить, подарок ~ человек
ро́дина *кого́? чья? чего́? mit Gen.*	Heimat	↔ родиться, родители
меня́ться *uv.* *v.* измени́ться *auch* поменя́ться	*hier:* sich (ver)ändern, wechseln	За восемьдесят лет работы в его искусстве менялось многое: методы, жанры, …
осо́бый	besonderer, eigentümlich, eigen	*Syn.* особенно, особенный
почу́вствоваться/ чу́вствоваться *unpers.* **А** поч[ус]твоват[ца]	zu spüren sein, fühlbar sein	↔ чувствовать себя В лесу чувствуется осень.
чу́вство *кого́? чьё? чего́? mit Gen.* **А** ч[ус]тво	Gefühl, Empfindung	↔ чувствовать(ся)
и́скренность *w.*	Aufrichtigkeit , Offenherzigkeit	↔ искренний
называ́ться *uv.*	*hier:* heißen *Gegenstände, Pflanzen, Straßen u. ä.*	↔ называть Картина называется «…».
написа́ть/писа́ть *что? mit Akk.*	*hier:* malen	
пере́дний план *где?* на пере́днем пла́не	Vordergrund, im ~	На переднем плане мы видим девочку.
за́дний план *где?* на за́днем пла́не	Hintergrund, im ~	На заднем плане картины мы видим маленький дом.
изобрази́ть/изобража́ть *кого́? что? mit Akk.*	darstellen, ausdrücken	↔ изобразительный
ле́вый	linker	↔ налево
сле́ва *Adv. где?* *от кого́? от чего́?* от *mit Gen.*	links, von links	↔ левый, налево Слева мы видим дерево.
пра́вый	rechter	↔ направо, правильно
спра́ва *Adv. где?* *от кого́? от чего́?* от *mit Gen.*	rechts, von rechts	↔ правый, направо Картина висит справа от окна.
я́ркий *Komp.:* я́рче	hell, leuchtend	
ра́достный **А** радо[сн]ый	froh, freudig	↔ радость
гру́стный **А** гру[сн]ый	traurig	*Ant.* ра́достный

грусть *w. по кому́? по чему́?* по *mit Dat.*	Traurigkeit, Schwermut	Картина вызывает чувство грусти.
настрое́ние	Stimmung, Laune	Картина создаёт радостное настроение.
а́кция *чего́? mit Gen.*	Aktion	**E/F** action ~ протеста, ~ «Ночь музеев»
в по́льзу *кого́? чего́? mit Gen.*	zugunsten *von*	*Ant.* для *кого́? чего́? mit Gen.* решение в пользу клиента, аргументы в пользу посещения музея

авторите́тный, аукцио́н, граффи́ти, драмати́зм, ико́на, иконогра́фия, интерье́р **A** ин[тэ]рьер, коллекционе́р, ме́тод, нумизма́тика, пасте́льный, стрит-арт, фо́рма, цита́та

2Б

зри́тель *m.*, **зри́тельница** *w.*	Zuschauer(in)	
ко́пия *чего́? mit Gen.*	Kopie	**E** copy, **F** copie На фасадах зданий висят копии картин.
искусствове́д *m. und w.*	Kunsthistoriker(in), Kunstwissenschaftler(in)	⟷ искусство, вести Она выбрала профессию искусствоведа.
живопи́сный	Malerei-, Gemälde-, malerisch	⟷ живопись
созда́ние *чего́? чьё? кого́? mit Gen.*	Schaffen, (Er)Schaffung, Bildung, Erstellung	⟷ создать/создавать
защити́ть/защища́ть *кого́? что? mit Akk. от кого́? чего́?* от *mit Gen.*	*jmdn./etw. vor jmdm./etw.* schützen, *jmdn./etw. gegen jmdn./etw.* verteidigen	~ копии картин от вандализма; ~ девушку от хулигана
жени́ться *v. und uv. на ком?* на *mit Präp.*	heiraten *aus Sicht des Mannes*	Он женился на Лене.
натюрмо́рт	Stillleben	**F** nature morte
пейза́ж, *Instr.* пейза́жем, *Pl.* пейза́жи, *Gen. Pl.* пейза́жей	Landschaft, Landschaftsbild	**F** paysage *Syn.* вид, картина, ландшафт Мне очень нравятся морские пейзажи Айвазовского.
оригина́льный	Original-; originell	**E/F** original

абстра́ктный, абстракциони́ст, акваре́ль, вандали́зм, де́мон, мексика́нский, фаса́д

2В

истори́ческий	historisch, geschichtlich, Geschichts-	⟷ история
живопи́сец *m. und w.* *Gen.* живопи́сца, *Instr.* живопи́сцем, *Pl.* живопи́сцы *Gen.* живопи́сцев	(Kunst)maler(in)	⟷ жи́вопись
ску́льптор *m. und w.*	Bildhauer(in)	⟷ скульптура
гра́фик *m. und w.*	*hier:* Grafiker(in)	
спре́йер *m. und w.*	(Graffiti-)Sprayer(in)	
созда́ть/создава́ть *что? кого́? mit Akk.*	schaffen, erschaffen; gründen, aufbauen	~ роман, ~ картину, ~ фильм; ~ фирму
пе́ред *кем? чем? mit Instr.*	vor *örtlich/zeitlich*	⟷ передний план ~ зданием, ~ обедом
образо́ванный	gebildet, intelligent	⟷ образование
на *чём? mit Präp.*	*hier:* mit, von	На картинах денег не заработаешь.
подтверди́ть/подтвержда́ть *что? mit Akk.*	bestätigen, bekräftigen	~ факты

апартаме́нты, би́знес-центр

Урок 3: Наш о́бщий дом

3 A

о́бщий	1. gemeinsam; 2. allgemein, Allgemein-; 3. gesamt, Gesamt-	⟷ общество 1. ~ дом, общая работа, общие проблемы; 2. общее образование; 3. ~ результат, общая цена
афори́зм *о ком/чём? mit Präp.*	Aphorismus, Sinnspruch	**E** aphorism, **F** aphorisme
наро́д	Volk	⟷ родина, родиться, родной В России проживает более 180 народов.
расте́ние	Pflanze, Gewächs	⟷ расти мир растений
земля́ *auch* **Земля́** *Akk.* зе́млю/Зе́млю	*hier:* Erde, Erdball	Земля – наш общий дом.
спасти́/спаса́ть *кого? что? mit Akk. от кого/чего?* от *mit Gen.* *Prät.:* спас, спасла́, спасло́; спасли́	retten	~ животных; ~ больного ребёнка; ~ Землю
защи́та *кого? чего? mit Akk. от кого/чего?* от *mit Gen.*	*hier:* Schutz	⟷ защитить/защищать ~ природы
окружа́ющий	umgebend	~ мир
среда́ *nur Sg. Akk.* среду́	Milieu, Umwelt, Umgebung	окружающая ~, защита окружающей среды
экологи́ческий экологи́чески *Adv.*	ökologisch	⟷ экология ~ кризис
обеспоко́ить/беспоко́ить *кого? mit Akk. что? mit Nom. auch чем? mit Instr.*	beunruhigen, Sorgen machen	⟷ спокойно, спокойный Меня беспокоит экологическая ситуация в стране.
гря́зный	schmutzig	*Ant.* чистый, чисто
предприя́тие	Betrieb, Unternehmen	В нашем городе несколько средних предприятий.
выхлопны́е га́зы *nur Pl.*	Abgase	
загрязни́ть/загрязня́ть *что? mit Akk.*	verschmutzen, verunreinigen	⟷ грязный Выхлопные газы загрязняют воздух.
легко́ *Adv. кому? mit Dat.* *Komp.* ле́гче лёгкий *Adj.* **A** ле[хк]о́, лё[хк]ий	leicht	Мне легко это сделать. лёгкий экзамен, лёгкая работа
дыша́ться *uv.*, ды́шится *unpers.*	atmen können *auch fig.*	В лесу легко дышится.
вы́рубить/выруба́ть *что? mit Akk.*	abholzen	Люди вырубают леса и загрязняют реки и озёра.
исче́знуть/исчеза́ть *Prät.:* исче́з, исче́зла, исче́зло; исче́зли **A** ис[ще]знуть	verschwinden, aussterben	Каждый день исчезает несколько видов животных и растений.
ну́жный *Kurzform:* ну́жен, нужна́, ну́жно; нужны́ *кому? mit Dat.* **!** *кто? что? mit Nom.*	nötig, notwendig; *Kurzform:* brauchen	⟷ *Kurzform:* надо Я считаю нужным защищать окружающую среду.
приро́дный	Natur-, natürlich	⟷ природа
ресу́рсы *чего? чьи? mit Gen.*	Ressourcen, Quellen	**E** resources, **F** ressources природные ~, финансовые ~
взволнова́ть/волнова́ть *кого? mit Akk.*	aufregen, bewegen	*Syn.* беспокоить Меня волнует экологическая ситуация в мире.
кри́зис	Krise, Rezession	**E** crisis, **F** crise политический ~, экономический ~
вымира́ние *кого? mit Gen.*	Aussterben	Нас волнует вымирание редких видов животных.
уху́дшиться/ухудша́ться	sich verschlechtern, sich verschlimmern	⟷ хуже Экологическая ситуация в мире ухудшается.

> **!** – Что тебе ну́жно?
> – Мне ну́жен велосипед.
> нужна́ футболка.
> ну́жно время.
> нужны́ кроссовки.

разру́шить/разруша́ть *что?* *mit Akk.*	vernichten, zunichtemachen, ruinieren	
раздражи́ть/раздража́ть *кого́? mit Akk.*	reizen, erregen, ärgern	
рассортирова́ть/ сортирова́ть *что? mit Akk.*	sortieren, trennen	Меня раздражает, что многие люди не сортируют мусор.
бро́сить /броса́ть *кого́? что? mit Akk.*	werfen, hinwerfen	
систе́ма	System, Ordnung	**E** system, **F** système
благодаря́ *кому́? чему́? mit Dat.*	dank, durch, infolge	↔ благодарный, дарить, подарок
всё бо́льше	immer mehr	↔ всё, больше Благодаря нашей работе всё больше молодых людей интересуются защитой окружающей среды.
зада́ча	Aufgabe, Auftrag	
сохрани́ть/сохраня́ть *что? mit Akk.*	erhalten, bewahren; schützen	Наша общая задача – сохранить природу.
эне́ргосресу́рсы *Pl.* **A** э[нэ]ргоресурсы	Energieressourcen, Energiereserven	↔ энергия, ресурсы
разу́мный	vernünftig	принять разумное решение
испо́льзовать *v. und uv. кого́? что? mit Akk.*	verwenden, ausnutzen, sich zunutze machen	↔ в пользу Нам нужно разумно использовать природные ресурсы.
боро́ться *с кем/чем?* с *mit Instr., за кого́/что?* за *mit Akk., про́тив кого́/чего́?* про́тив *mit Gen.*	kämpfen	~ против агрессоров; ~ за природу
паргико́вый эффе́кт	Treibhauseffekt	Нам нужно бороться с парниковым эффектом.
со́лнечный	Sonnen-, sonnig, solar	↔ солнце солнечная энергия, солнечное утро
батаре́я	Batterie	**E** battery, **F** batterie ↔ батарейка
со́лнечная батаре́я	Solarkollektor	
ветря́к *ugs.* *Pl.* ветряки́	Windrad, Windkraftwerk, Windmühle	↔ ветер На севере Германии много ветряков.
раскритикова́ть/ критикова́ть *кого́? что? mit Akk. за что?* за *mit Akk.*	kritisieren, Kritik üben	Что критикует автор этой карикатуры?
госуда́рство	Staat	↔ государственный
удиви́ть/удивля́ть *кого́? mit Akk. чем? mit Instr.*	in Erstaunen versetzen, überraschen, wundern	Меня удивляет, что …
шоки́ровать *кого́? mit Akk. чем? mit Instr.*	schockieren	**E** shock, **F** choquer Меня шокирует, что …
понаде́яться /наде́яться *что с/де́лать? на кого́/что?* на *mit Akk.*	hoffen	Я надеюсь, что мы ещё увидимся.
стра́шно *prädikativ кому́? mit Dat.* **!**	*hier:* Angst haben	Мне (стало) страшно от этих новостей.
стра́шный	schrecklich, furchtbar	
поддержа́ть/ подде́рживать *кого́? что? mit Akk.*	unterstützen, zustimmen, sich anschließen	~ предложение руководителя, ~ кандидата
вы́рубка, *Gen. Pl.* вы́рубок	Abholzung	↔ вырубить/вырубать
повлия́ть/влия́ть *на кого́/что?* на *mit Akk.*	beeinflussen	Вырубка лесов влияет на климат.
потепле́ние *чего́? mit Gen.*	Erwärmung	↔ тепло, тёплый Речь идёт о глобальном потеплении климата.
загрязне́ние *чего́? mit Gen.*	Verschmutzung, Verunreinigung	↔ загрязнять, грязный
тогда́ *Konj. in Verbindung mit* когда	*hier: (erst, nur)* dann	Мы можем решить проблемы только тогда, когда знаем о них.
охрани́ть/охраня́ть *кого́? что? mit Akk.*	beschützen, verteidigen	*Syn.* защитить/защищать ~ природу, ~ президента

угрожа́ть *auch* **грози́ть** *кому́? mit Dat. чем? mit Instr.*	*hier:* bevorstehen, drohen	Миру угрожает экологическая катастрофа. Земле грозит глобальное потепление.
опа́сность *w.*	Gefahr	⟷ опасный
опубликова́ть/ публикова́ть *что? mit Akk.*	veröffentlichen, publizieren	~ книгу, ~ результаты опроса
спасе́ние *кого́? чего́? mit Gen. от кого́/чего́?* от *mit Gen.*	Rettung	⟷ спасти/спасать
улу́чшиться/улучша́ться	sich verbessen, sich bessern	⟷ лучше *Ant.* ухудшиться/ухудшаться Экологическая ситуация немного улучшается.
заслу́га *кого́? чего́? mit Gen. в чём?* в *mit Präp.*	Verdienst, verdienstvolle Leistung	В этом заслуга всех людей, которые помогают охранять нашу планету.
актуа́льный	aktuell, relevant	**E** actual, **F** d'actualité ~ вопрос, актуальная тема

автомоби́ль, альтернати́вный **А** аль[тэ]рнати́вный, а́стма, глоба́льный, ке́мпинг **А** [кэ́]мпинг, контéйнер **А** кон[тэ́]йнер, креати́вный, органи́зм, плане́та, сигна́л, стати́стика, фа́уна, фило́соф, фло́ра, эне́ргия **А** э[нэ́]рия

3 Б

расска́з *о ком/чём?* о *mit Präp.*	Erzählung, Geschichte	⟷ рассказать/рассказывать
одува́нчик	Löwenzahn, Pusteblume	⟷ дуть
инопланетя́нин инопланетя́не *Pl.* инопланетя́нка *w., Gen. und Akk. Pl.* инопланетя́нок	Außerirdischer	⟷ иностранный, планета Речь идёт об инопланетянах, которые прилетели на Землю.
поги́бнуть/погиба́ть *Prät.:* поги́б, поги́бла, поги́бло; поги́бли	umkommen, sterben	В результате пожара в лесу погибли многие животные.
сигнализа́ция	*hier:* Alarmanlage	**F** signalisation
мазу́т	Masut, Erdölrückstände	**F** mazout Река загрязнена мазутом.
Вселе́нная *w. auch* **вселе́нная** *w. ugs.*	Weltall, Kosmos, Universum	⟷ все, всё *Syn.* ко́смос Вселенной около 14 миллиардов лет.
озоносфе́ра	Ozonschicht	Изменения, происходящие в озоносфере, влияют на здоровье человека.
укра́сть/красть *кого́? что? mit Akk.* *Prät.:* укра́л, укра́ла, укра́ло; укра́ли	stehlen	
отрави́ть/отравля́ть *кого́? что? mit Akk. чем? mit Instr.*	vergiften, verseuchen, schädigen	
штраф *за что?* за *mit Akk.*	Bußgeld, Geldstrafe	за/платить ~
пошути́ть/шути́ть *с кем? с чем?* с *mit Instr.*	Scherze machen	– Ты шутишь?! – Нет, не шучу.
наде́жда *на кого́/что?* на *mit Akk.*	Hoffnung	⟷ надеяться
просну́ться/просыпа́ться	aufwachen	
зате́м	danach, darauf, dann, später, nachher	*Syn.* потом В рассказе сначала речь идёт об инопланетянах, затем о людях.
в конце́ концо́в *Adv.*	letzten Endes, schließlich	⟷ конец *Syn.* наконе́ц
земля́нин *m.*, земля́не *Pl.*	Erdbewohner	⟷ Земля *Ant.* инопланетя́нин
фана́т *ugs.* фана́тка *w., Gen. Pl.* фана́ток *кого́? чего́? mit Gen.*	Fan	⟷ фанатизм
нау́чно-техни́ческий	wissenschaftlich-technisch	⟷ техника ~ прогресс
охра́на *кого́? чего́? mit Gen.*	Schutz, Wahrung	⟷ охранять ~ окружающей среды

бриллиа́нт(ы), каби́на, моти́в, сейф, стратосфе́ра, шанс, шок, экоактиви́ст(ы)

3 B	**потеря́ть/теря́ть** *кого́? что?* *mit Akk.*	verlieren	
	рай *nur Sg.* **!** *Präp.* о ра́е, в раю́	Paradies	
	сравни́ть/сра́внивать *кого́? что? mit Akk. с кем? с чем?* с *mit Instr.*	vergleichen, gegenüberstellen	
	расцвести́/цвести́ *Prät.:* расцвёл, расцвела́, расцвело́; расцвели́ *Part. Präs. Aktiv:* цвету́щий	*fig.* aufblühen, gedeihen	⟷ цветы
	возни́кнуть/возника́ть *Prät.:* возни́к, возни́кла, возни́кло; возни́кли	entstehen, aufkommen, auftauchen	
	се́льский	Land-, ländlich, Dorf-	~ образ жизни, сельская молодёжь
	се́льское хозя́йство	Landwirtschaft	
	сва́лка *чего́? mit Gen.*, *Gen. Pl.* сва́лок	Schuttplatz, (Müll)Deponie	Человек превратил Землю в большую свалку мусора.
	уничтоже́ние *кого́? чего́? mit Gen.*	Vernichtung *auch fig.*, Ausrottung, Zerstörung	
	кисло́тный дождь	saurer Regen	
	озо́новая дыра́	Ozonloch	⟷ озон, озоносфера

дино́за́вр(ы), индустриа́льный, пацие́нт(ка) **A** пац[иэ́]нт(ка), прогре́сс, револю́ция, репти́лии, секу́нда

Урок 4: Музыка и литература в нашей жизни

4 A	**стихотворе́ние** *кого́? чьё? mit Gen.*	Gedicht	⟷ творческий, творчество
	рома́н *кого́? чей? mit Gen.*	Roman	**F** roman, **! E** novel
	отнести́сь/отно́ситься	1. sich verhalten, zu *jmdm.* oder *etw.* eine Beziehung haben; 2. sich *auf etw.* beziehen, betreffen	
	кла́ссик	Klassiker(in)	**E** classic, **F** classique А́нна Ахма́това – классик русской поэзии.
	популя́рный	populär, bekannt, beliebt	**E** popular, **F** populaire ⟷ поп-музыка, поп-звезда
	обсуди́ть/обсужда́ть *что? кого́? mit Akk.*	besprechen, erörtern	
	поспо́рить/спо́рить *с кем? mit Instr. о ком? о чём?* о *mit Präp.*	streiten, sich *über etw.* streiten	О вкусах не спорят.
	бале́т	Ballett	**E/F** ballet
	компози́тор *m. und w.*	Komponist(in)	**E** composer, **F** compositeur
	пиани́но *s. unveränd.*	Klavier	**E/F** piano
	фле́йта	Flöte	**E** flute, **F** flûte Мальчик играет на флейте.
	по доро́ге *куда́?* в/на *mit Akk.* *к кому́?* к *mit Dat.*	unterwegs, auf dem Weg (*in, nach, zu*)	⟷ по, дорога По дороге в школу я слушаю музыку.
	вкус *чего́? mit Gen.* На вкус и цвет това́рищей нет.	Geschmack Über Geschmack lässt sich nicht streiten.	⟷ вкусно, вкусный
	това́рищ	Freund, Kamerad	
	столо́вая *Subst. w.*	*hier:* Kantine, Speisesaal, Mensa	⟷ стол
	поуча́ствовать/ уча́ствовать *в чём?* в *mit Präp.*	teilnehmen, sich beteiligen, mitwirken, mitarbeiten	*Syn.* принять/принимать участие в *чём?* в *mit Präp.*
	уж *hier: Partikel zum Ausdruck von Skepsis oder Ungeduld*	wirklich, schon, doch	Уж не хочешь ли ты сказать, что он сдал экзамен на пятёрку?
	бы *Partikel mit Prät. zur Bildung des Konjunktivs*	*zum Ausdruck einer möglichen Handlung*	Я хотел(а) бы пойти в театр.

отры́вок, *Gen.* отры́вка, *Pl.* отры́вки *из чего? mit Gen.*	Ausschnitt, Auszug *aus literarischem oder musikalischen Werk*	*Syn.* часть
усомни́ться *ugs.*/ **сомнева́ться** *в ком? в чём?* в *mit Präp.*	zweifeln, bezweifeln	⟷ мнение
вырази́тельный	ausdrucksvoll, bedeutsam, vielsagend	~ жест, выразительная речь
подходя́щий	passend, geeignet, entsprechend	⟷ подходить
ли́рика	Lyrik, lyrische Dichtung	**E** lyric poetry/verse, **F** lyrique
пье́са *кого? чья? mit Gen.*	Theaterstück, Schauspiel, Musikstück	**E** piece, **F** pièce
сце́на	1. Bühne; 2. Szene, Auftritt, Episode	1. выйти на сцену; 2. ~ из пьесы Чехова
чересчу́р *Adv. ugs.*	zu, viel zu, übermäßig	*Syn.* слишком ~ много
романти́чный	romantisch, schwärmerisch	⟷ романтика **E** romantic, **F** romanesque
офо́рмить/оформля́ть *что? mit Akk.*	*hier:* ausstatten, ausschmücken	
поста́вить/ста́вить *что? кого? mit Akk.*	(hin)stellen, aufstellen, hinsetzen	
ряд *Präp.* в ряду́	Reihe, Linie	– Какое у тебя место? – Десятый ряд, пятое кресло.
пове́сить/ве́шать *что? mit Akk.*	hängen, aufhängen	⟷ висеть ~ картину на стену
за́навес	Vorhang	⟷ повесить
замеча́тельный	wunderbar, bemerkenswert, hervorragend	замечательная актриса
соста́вить/составля́ть *что? mit Akk.*	zusammenstellen, erstellen	
снять/снима́ть *что? кого? mit Akk.*	*hier:* aufnehmen, fotografieren, einen Film drehen	
упомя́нуть/упомина́ть	erwähnen	
поэ́т *m.*, **поэте́сса** *w.* **A** поэ[тэ]сса	Dichter(in), Poet(in), Lyriker(in)	**E** poet, **F** poéte, poétesse Мы читаем стихи известной поэтессы А́нны Ахма́товой.
эпо́ха в эпо́ху *кого? чего? mit Gen.*	Epoche, Zeit	**E** epoch, **F** époque *Syn.* век, времена Актуальна ли классическая литература в эпоху Интернета?
заче́м *Adv.*	wozu, zu welchem Zweck, warum	Зачем вы это сделали?
нау́чная фанта́стика	Science-Fiction	**E** science fiction
стать *v. mit Inf.*	*hier:* anfangen, beginnen *etw. zu tun*	Я не стал бы читать роман Достоевского *Идиот*, если бы мне не сказали, что каждому нужно знать классическую литературу.
уве́ренный *в ком/чём?* в *mit Präp.*	sicher, fest, überzeugt	⟷ верный ~ в себе человек
убеди́ться/убежда́ться *в ком? в чём?* в *mit Präp.*	sich überzeugen, sich vergewissern	Она убедилась в том, что всё в порядке.
гениа́льный	genial	~ композитор
показа́ться /каза́ться *кому́? mit Dat. кем/чем? mit Instr.*	scheinen, den Anschein erwecken, vorkommen	⟷ кажется Я думаю, тебе это покажется интересным.
стра́нный	seltsam, merkwürdig, ungewöhnlich, sonderbar	*Ant.* нормальный, обычный, Странно, что он не пришёл.
стих, *Pl.* **стихи́**	1. Vers, Verszeile; 2. *nur Pl.* Gedicht	⟷ стихотворение 1. роман в стихах; 2. стихи о любви
аудиокни́га	Hörbuch	⟷ аудирование, книга
доба́вить/добавля́ть *что? mit Akk.*	hinzufügen, ergänzen	Надо добавить, что ...
ме́жду про́чим *Einleitungswort* **!** *wird durch Kommas getrennt*	übrigens, unter anderem	*Syn.* кстати Он, между прочим, замечательно говорит по-русски.
на са́мом де́ле	in Wirklichkeit	⟷ сам, дело

кровь *w. Präp.* о кро́ви, в крови́; *Gen. Pl.* крове́й	Blut	
дру́жба	Freundschaft	↔ дружить, друг
помеша́ть/меша́ть ! *кому́? чему́? mit Dat.*	stören, belästigen, hindern	Это мне (не) очень мешает.
наизу́сть *Adv.*	auswendig	
записа́ть/запи́сывать *что? mit Akk.*	aufzeichnen, *auf Tonträger* aufnehmen, mitschneiden	↔ писать, письмо ~ концерт, ~ новый альбом, ~ телепередачу
виртуа́льный, декора́ция, джаз-гру́ппа, капита́н, литерату́рно-музыка́льный, мю́зикл		
4Б		
вокали́ст(ка)	Frontsänger(in)	**E** vocalist/lead singer, **F** vocaliste ↔ вокал
се́рдце *Pl.* сердца́, *Gen. Pl.* серде́ц **A** с[ер]це	Herz	
дирижёр *m. und w.*	Dirigent(in)	
отрази́ться/отража́ться *в чём?* в *mit Präp.*	sich reflektieren, sich widerspiegeln	↔ отразить/отражать В его творчестве отражается интерес к истории России.
смерть *w. кого? чья? чего? mit Gen., Gen. Pl.* смерте́й	Tod	
вели́кий	groß, hervorragend, bedeutend	Пётр Великий Александр Сергеевич Пушкин – великий русский поэт.
проза́ик *m. und w.*	Prosaiker(in), Prosaschriftsteller(in)	известный ~; Людми́ла Петруше́вская – российский прозаик.
содержа́ние *чего? mit Gen.*	Inhalt	
по содержа́нию	inhaltlich	Это произведение интересно по содержанию.
о́бразный	bildlich, bildhaft	↔ образ *Syn.* яркий Он образно описал жизнь своего героя.
персона́ж *чего? mit Gen. Akk.* персона́жа *und* персона́ж, *Instr.* персона́жем; *Gen. Pl.* персона́жей	*literarische* Figur	**F** personnage
расска́зчик *m.*, расска́зчица *w.* **A** расска́[щи]к, расска́[щи]ца	Erzähler(in)	↔ рассказ, рассказать
эмо́ция, *Pl.* эмо́ции, *Gen. Pl.* эмо́ций *meistens im Pl. gebr.*	Emotion, Gefühlsbewegung	**E** emotion, **F** émotion сила эмоций
да́ма, дуэ́ль, парла́мент		
4В		
сто́лько *Adv.*	so viel, ebenso viel, ebenso sehr	↔ сколько Сколько людей, столько мнений.
смысл *чего? mit Gen.*	Sinn, Bedeutung	
взгляд	Ansicht, Meinung, Gesichtspunkt	На мой взгляд, она права́.
влюби́ться/влюбля́ться *в кого? во что?* в *mit Akk.*	sich verlieben	↔ любить Он влюбился в неё с первого взгляда.
счастли́вый **A** [щасл]ивый	glücklich	↔ счастье
непоня́тный	unverständlich, unbegreiflich, unerklärlich, merkwürdig	↔ понимать/понять *Syn.* неясный, странный В тексте много непонятных слов.
си́мвол *чего? mit Gen.*	Symbol, Sinnbild, Wahrzeichen	**E** symbol, **F** symbole
мело́дия	Melodie	**E** melody, **F** mélodie
изве́стность *кого? чья? чего? mit Gen.* **A** изве[сн]ость	Bekanntheitsgrad, Ruhm	↔ известный
авто́граф, интерпрета́ция **A** ин[тэ]рпрета́ция, моното́нный, нереалисти́чный		

Урок 5: Добро пожаловать в историю России!

5 A

Ки́евская Русь *hist.*	Kiewer Rus *(mittelalt. slaw. Staat, Vorläufer des Russischen Reiches)*	↔ Киев, русский
револю́ция	Revolution	**E/F** revolution
зако́нчиться/ зака́нчиваться *чем? mit Instr.* *как? mit Adv.* *1. und 2. P. ungebr.*	zu Ende sein, zu Ende gehen	↔ кончиться/кончаться Вторая мировая война закончилась в 1945 году.
распа́д *чего́? mit Gen.*	Zerfall, Verfall	
СССР *m, unveränd. hist.* *Abk. für* Сою́з Сове́тских Социалисти́ческих Респу́блик **A** [эс-эс-эс-эр]	UdSSR *Abk. für* Union der Sozialistischen Sowjetrepubliken	В результате распада СССР образовалось 15 суверенных государств.
Сове́тский Сою́з	Sowjetunion	
приказа́ть/прика́зывать *кому́? mit Dat.* *что с/делать? mit Inf.*	befehlen, anordnen	Он приказал построить собор.
де́ло *Pl.* дела́	*hier:* Arbeit, Angelegenheit	↔ делать
да́та	Datum	**E/F** date
сходи́ть /ходи́ть *куда? в /на mit Akk.; за кем? чем?* за *mit Instr.; к кому?* к *mit Dat.*	hingehen (und wiederzurückkehren), vorbeischauen, *jmdn. oder etw.* holen	↔ ходить ~ в магазин за хлебом, ~ к бабушке, ~ за врачом
совхо́з *Abk. für* сове́тское хозя́йство	Sowchos (*landwirtschaftlicher Großbetrieb in der Sowjetunion)*	↔ Советы, хозяйство
комбина́т	Kombinat (*Zusammenschluss von mehreren Betrieben aus einem Wirtschaftssektor in sozialistischen Ländern)*	мясо-молочный ~
перестро́йка *чего́? mit Gen. hist.*	1. Umbau, Umgestaltung, 2. Perestroika *(politische Reformphase am Ende der Sowjetunion)*	↔ строить 1. ~ здания; 2. В 1985 году в СССР началась перестройка.
измени́ть/изменя́ть *что? кого́?*	(ver)ändern, umgestalten	↔ изменение, измениться ~ цвет В этом году произошло событие, изменившее мою жизнь.
кня́жество	Fürstentum	
импе́рия	Reich, Kaiserreich, Imperium	**E/F** empire
федера́ция *und* **Федера́ция**	1. Föderation, Bund; 2. Verband	**E** federation, **F** fédération 1. Москва – столица Российской Федерации. 2. футбольная федерация
победи́ть/побежда́ть *кого́? что? mit Akk.* *в чём?* в *mit Präp.* *чем? mit Instr. ohne Präpos.* **!**	siegen, besiegen	Иван III победил татаро-монголов.
царь *m.*, **цари́ца** *w.*	Zar(in), Kaiser(in)	
ца́рствование *кого́? mit Gen. hist.*	Herrschaft, Regierungszeit eines Zaren	↔ царь Реформы были проведены в период царствования Екатерины Великой.
при *ком? чём? mit Präp.*	*hier:* unter, zur Zeit von, in	Санкт-Петербург построен при Петре Великом.
строи́тельство *чего́? mit Gen.*	Bau, Errichtung	↔ строить, перестройка
па́ртия *кого́? чья? mit Gen.*	Partei	**E** party, **F** parti
сформирова́ть/ формирова́ть *кого́? что? mit Akk.*	bilden, formieren, organisieren	**E** form, **F** former ~ новую партию
прави́тельство *кого́? чьё? mit Gen.*	Regierung	↔ правый Ленин сформировал коммунистическое правительство.

Вели́кая Оте́чественная война́	Großer Vaterländischer Krieg *(2. Weltkrieg, 1941–1945)*	⟷ великий, отец, война
капиту́ляция	Kapitulation	**E/F** capitulation Великая Отечественная война началась 22 июня 1941 года и закончилась 9 мая 1945 года капитуляцией Германии.
власть *w.* *nur Sg. чего́? mit Gen.*	Macht, Gewalt	⟷ владение прийти к власти, находится у власти
ГУЛА́Г *auch* **ГУЛа́г** *m.* *Abk. für* Гла́вное управле́ние лагере́й *oder* Госуда́рственное управле́ние исправи́тельно-трудовы́х лагере́й, поселе́ний и мест заключе́ния	Gulag (*Arbeits- und Straflager in der Sowjetunion*)	Миллионы людей погибли на фронте и в ГУЛАГе.
князь *m., Pl.* князья́, *Gen. und Akk. Pl.* князе́й	Fürst	⟷ княжество
княги́ня *w.,* *Gen. und Akk. Pl.* княги́нь	Fürstin	
навести́/наводи́ть поря́док *Prät.:* навёл, навела́, навело́; навели́	Ordnung schaffen	⟷ вести, привести/приводить Рассказывают, что первый русский князь Рюрик пришёл в Но́вгород и навёл порядок на Руси.
привести́/приводи́ть *к кому́? чему́? mit Dat.*	*zu etw.* führen	⟷ вести Перестройка привела к распаду Советского Союза.
эконо́мика	Wirtschaft, Ökonomie	⟷ экономить
незави́симый	unabhängig, selbstständig	⟷ зависеть В 1991 году Россия и другие республики Советского Союза стали независимыми.
продо́лжить/продолжа́ть *что? mit Akk.*	fortsetzen, fortfahren	⟷ долгий, долго
захвати́ть/захва́тывать *что? кого́? mit Akk.*	erobern, ergreifen, sich aneignen	В конце 1240 года татаро-монголы захватили Киев.
модернизи́ровать *v. und uv.* *что? mit Akk.*	modernisieren	**E** modernize, **F** moderniser *Syn.* реформировать, изменить Пётр Великий модернизировал Россию.
а́рмия	Armee	**E** army, **F** armée
крестья́нин *m.* *Pl.* крестья́не, *Gen. und Akk. Pl.* крестья́н	Bauer	
крестья́нка *w.,* *Gen. und Akk. Pl.* крестья́нок	Bäuerin	
несвобо́дный	unfrei, abhängig	⟷ свобода, свободный В XIX веке российские крестьяне продолжали жить несвободно.
отмени́ть/отменя́ть *что?* *mit Akk.*	abschaffen, aufheben	⟷ изменение
крепостно́й *hist.* **A** крепо[сно́й]	leibeigen, Leibeigene(r)	
крепостно́е пра́во	Leibeigenschaft	⟷ правда, правильно В 1861 году русский царь Александр II отменил крепостное право.
приду́мать/приду́мывать *что? mit Akk.*	ausdenken, erfinden	⟷ думать
продо́лжиться/продолжа́ться *1. und 2. P. ungebr.*	dauern, andauern, weitergehen	⟷ продолжить/продолжать Дискуссия продолжается.
богаты́рь *m.,* *Gen. und Akk.* богатыря́; *Pl.* богатыри́, *Gen. und Akk.* богатыре́й	Recke, Held	⟷ богатый

большеви́к, бундеста́г, дикта́тор, ка́нцлер, конта́кты, модерниза́ция, пункт (экску́рсии), респу́блика, социали́зм, тата́ро-монго́лы, фронт, экспортёр, эмигра́ция

5Б	**свиде́тель** *m., чего́? mit Gen. oder чему́? mit Dat.*	Zeuge, Augenzeuge,	⟷ видеть
	свиде́тель исто́рии	Zeitzeuge	
	на *кого́? mit Akk. in Verbindung mit dem Verb* работать	*hier:* für *jmdn.*	Он жил в Санкт-Петербурге и работал на царя.
	прослужи́ть/служи́ть	dienen, angestellt sein, arbeiten *für jmdn.*	⟷ услуги Дуня, дочь крепостного крестьянина, служила в ресторане.
	дворяни́н *m. hist. Pl.* дворя́не, *Gen. und Akk. Pl.* дворя́н	Adliger	⟷ дворец В этом ресторане часто обедали дворяне.
	дворя́нка *w., Gen. und Akk. Pl.* дворя́нок	Adlige	
	по служе́бным дела́м	dienstlich	⟷ служить, услуги, дело Дворяне ездили по служебным делам в столицу.
	поспеши́ть/спеши́ть *куда́?* в/на *mit Präp.* *кому́/чему́?* к *mit Dat.; с чем?* с *mit Instr.; что с/де́лать? mit Inf.*	eilen, hasten, sich beeilen, es eilig haben	⟷ пешком ~ в школу, ~ домой
	тро́йка *Gen. Pl.* тро́ек	*hier:* Dreigespann, Troika	⟷ три
	бе́дный	arm, mittellos	*Ant.* богатый
	всё *mit Komp.*	*hier:* immer *(weniger, mehr …)*	В 1851 году построили железную дорогу между городами, и всё меньше гостей останавливалось у Дуни.
	случи́ться/случа́ться *1. und 2. P. ungebr.*	geschehen, passieren, sich ereignen	*Syn.* произойти/происходить Что с тобой случилось?
	то́ есть *Abk.:* т.е.	das heißt (d.h.), das ist, und zwar	⟷ тот, та, то; те, есть Это случилось в конце XIX века, то есть много лет назад.
	со́бственно говоря́ *Schaltwort*	eigentlich, im Grunde genommen	⟷ собственный, говорить Я, собственно говоря, не совсем понимаю, чего они хотят. **!** Schaltwörter werden im Russischen stets durch Kommas abgetrennt.
	ина́че говоря́ *Schaltwort*	mit anderen Worten	*Syn.* то есть, или, другими словами Эта картина - прекрасное произведение, иначе говоря, шедевр.
	коро́че говоря́ *Schaltwort*	kurz gesagt, in (aller) Kürze	Фильм замечательный, и, короче говоря, его стоит посмотреть.
	как изве́стно *Schaltwort*	bekanntlich, wie bekannt	⟷ известный Как известно, сегодня Россия - важный экспортёр энергоресурсов.
	име́ть в виду́ *кого́? что? mit Akk.*	meinen, im Sinn haben	⟷ вид Что вы имеете в виду?
	име́ться в виду́ *кого́? что? mit Akk.*	gemeint sein (werden)	
	ли́чность *w.*	Persönlichkeit, Person	⟷ личный, лицо знаменитые личности
	тот же са́мый, та же са́мая, то же са́мое; те же са́мые	derselbe, dieselbe, dasselbe; dieselben	⟷ тот, же, самый
	отме́на *чего́? mit Gen.*	Abschaffung, Aufhebung	⟷ отменить/отменять ~ крепостного права
	анто́ним, ло́зунг, матро́с, революцио́нный, сино́ним		
5В	**отре́зать/отреза́ть** *что? mit Akk.*	abschneiden, abtrennen	
	реформи́ровать *v. und uv. что? mit Akk.*	reformieren, umgestalten	**E** reform, **F** réformer

це́рковь *w.* *Gen.* це́ркви, *Instr.* це́рковью; *Pl.* це́ркви, *Gen.* церкве́й, *Dat.* церква́м *und* церквя́м	Kirche	русская православная ~
положи́тельный	positiv, gut	*Syn.* позитивный ~ результат
оце́нка *Gen. Pl.* оце́нок	1. Einschätzung, Beurteilung; 2. Zensur, Note	1. Ломоносов давал проектам Петра I положительные оценки. 2. *Syn.* отметка
держа́ва	Macht, Staat	великая ~
проти́вник *m. кого́? чей? чего́? mit Gen.*	Gegner, Feind	⟷ против

грандио́зный, репресси́вный

Урок 6: Окно в Европу и в мир

6 A

ООН *s. unveränd.* *Abk. für* Организа́ция Объединённых На́ций **A** [оóн]	UNO, Organisation der Vereinten Nationen	Русский язык – один из официальных языков ООН.
эмигри́ровать *v. und uv.* *куда́?* в/на *mit Akk.*	emigrieren, auswandern	**E** emigrate, **F** émigrer Они эмигрировали в Германию.
эмигра́ция	Emigration, Auswanderung	**E** emigration, **F** émigration ⟷ эмигрировать
русскоязы́чный	russischsprachig	⟷ русский, язык русскоязычные СМИ
объясни́ть/объясня́ть *что? mit Akk. кому́? mit Dat.*	erklären, erläutern	⟷ ясный Объясните, о чём эти плакаты.
прожи́ть/прожива́ть	wohnen, seinen Wohnsitz haben, leben	⟷ жить, жизнь В Германии проживает 82 млн человек.
переселе́нец *m., Gen. und Akk.* переселе́нца, *Pl.* переселе́нцы, *Gen. und Akk.* переселе́нцев; переселе́нка *w., Gen. und Akk. Pl.* переселе́нок	Auswanderer, Auswanderin, Übersiedler(in), Spätaussiedler (*Pers. dt. Herkunft, aus den Ländern der ehem. Sowjetunion)*	В Германии проживает много переселенцев.
бы́вший	ehemalig, Ex-	⟷ бывать, быть бывшая подруга
кро́ме *кого́? чего́? mit Gen.* *Präpos.*	außer	⟷ кроме того Все, кроме брата, отдыхали.
зна́ние *кого́? чего́? mit Gen.*	Wissen, Kenntnis	⟷ знать Иностранцы сдают экзамен на знание немецкого языка.
происхожде́ние *кого́? чего́? mit Gen.*	Abstammung, Herkunft	⟷ произойти/происходить Владимир Набоков – американский писатель русского происхождения.
упа́сть/па́дать	fallen, sinken, sich verringern	Температура падает.
сно́ва	erneut, wieder, von Neuem	⟷ новый *Syn.* ещё раз, опять
вы́расти/расти́ *hier nur in der 3. P. gebr.* *Prät.:* вы́рос, -ла, -ло; -ли	*hier:* steigen, zunehmen	После 2000 года интерес к России в мире снова вырос.
укрепи́ть/укрепля́ть *что? mit Akk.*	stärken, festigen	⟷ крепкий, крепко
связь *w.*	Verbindung, *meistens Pl.* Beziehungen, Verbindungen;	семейные связи Надо укреплять экономические связи с Россией.
дости́чь *auch* **дости́гнуть/ достига́ть** *чего́? mit Gen.* *Prät.:* дости́г, -ла́, -ло́; -ли́	erreichen, erzielen	~ хорошего результата, ~ успехов в учёбе
зарубе́жный	ausländisch, Auslands-	⟷ за рубежом *Syn.* иностранный

сотру́дничать *с кем?* с *mit Instr.*	zusammenarbeiten	⟷ с, труд (рынок труда)
национа́льность *w.*	Nationalität, nationale Zugehörigkeit	**E** nationality, **F** nationalité В нашей группе сотрудничают люди разных национальностей.
древнеру́сский	altrussisch	~ язык
немо́й *Adj. und Subst.*	stumm, Stumme(r)	⟷ немец ~ фильм
западноевропе́ец *m., Gen. und Akk.* западноевропе́йца, *Pl.* западноевропе́йцы, *Gen. und Akk.* западноевропе́йцев	Westeuropäer	⟷ запад, Европа
чужо́й *Adj. und Subst.*	fremd, Fremder	
иностра́нец *m., Gen. und Akk.* иностра́нца, *Pl.* иностра́нцы, *Gen. und Akk. Pl.* иностра́нцев	Ausländer	⟷ страна Екатерина II пригласила иностранцев жить и работать в России.
иностра́нка *w. Gen. und Akk. Pl.* иностра́нок	Ausländerin	
ро́дом *отку́да?* из *mit Gen.*	stammen *aus*	⟷ родина, родной, родиться
Пру́ссия *hist.*	Preußen	**E** Prussia Он был родом из Пруссии.
пересели́ться/переселя́ться *куда́?* в/на *mit Akk.*	umsiedeln, auswandern	⟷ переселенцы *Syn.* эмигрировать ~ в другую страну
друг дру́га *Gen. und Akk. Dat.* друг дру́гу, *Instr.* друг (с) дру́гом, *Präp.* друг о дру́ге	einander	⟷ друг
отличи́ться/отлича́ться *1. от кого? чего?* от *mit Gen.* *2. чем? mit Instr. oder в чём?* в *mit Präp.*	1. sich unterscheiden *von;* 2. sich auszeichnen *durch*	⟷ отлично, отличный 1. Переселившись в Россию, немцы жили различными группами, которые сильно отличались друг от друга. 2. ~ хорошими результатами; ~ в соревнованиях по лёгкой атлетике
прожива́ние	Aufenthalt, Leben, Wohnen	⟷ проживать, жить ~ в русской семье, место проживания
принадлежа́ть *к кому/чему?* к *mit Dat.*	angehören	Мне неважно, к какой конфессии вы принадлежите.
лютера́нин *m., Pl.* лютера́не, *Gen. und Akk. Pl.* лютера́н	Lutheraner	
като́лик *m.*	Katholik	Лютеране и католики празднуют Рождество 25 декабря.
правосла́вный *Adj. und Subst.*	(griechisch-)orthodox, Anhänger(in) des (griechisch-)orthodoxen Glaubens	⟷ правый православная церковь Православные празднуют Рождество 7 января.
сове́тский *hist.* по-сове́тски *Adv.*	sowjetisch	⟷ Советский Союз советская власть
заду́маться/заду́мываться *о чём?* о *mit Präp.; над чем?* над *mit Instr.*	nachdenken, nachdenklich werden	⟷ думать ~ о будущем
абсу́рдность *w. чего? mit Gen.*	Absurdität, Unsinnigkeit	**E** absurdity, **F** absurdité ~ ситуации
словосочета́ние	Wortverbindung, Wortgruppe	⟷ слово Составьте словосочетания с этими словами.
вы́ступить/выступа́ть *за кого? за что?* за *mit Akk.*	auftreten	⟷ выступление ~ по радио, ~ за команду
сбо́рная *w. Subst. кого? чья? mit Gen.*	Nationalmannschaft, Auswahl(mannschaft)	⟷ собрать(ся), собрание ~ России по футболу

призна́ть/признава́ть *что? mit Akk.*	1. anerkennen; 2. zugeben	⟷ знать 1. ~ диплом, ~ новое государство; 2. Я признаю, что был(а) неправ(а).
гражда́нство	Staatsbürgerschaft, Staatsangehörigkeit	
честь *w. кого? чего? чья? mit Gen.*	Ehre, Ehrgefühl	⟷ честный
междунаро́дный	international, Völker-	⟷ между, народ международные соревнования по футболу
без *кого? чего? mit Gen.*	ohne, vor *bei Zeitangabe*	пить чай ~ сахара – Который час? – Без пяти десять.
адапти́роваться *v. und v. к чему? к mit Dat.*	sich adaptieren, sich anpassen	**E** adapt, **F** s'adapter ~ к обществу Им было трудно адаптироваться к новой жизни.
придётся/прихо́дится *unpers.* **!** *кому? mit Dat. что с/делать? mit Inf.* *Prät.:* пришло́сь	*hier:* müssen	⟷ прийти/приходить Мне приходится вставать в 5 часов.
общежи́тие *для кого?* для *mit Gen., Gen. Pl.* общежи́тий	Wohnheim	⟷ общий, жить
рабо́тник *m.*, рабо́тница *w.*	*hier:* Arbeiter(in)	⟷ работать
связа́ть/свя́зывать *кого? что? с кем? с чем?*	verbinden	⟷ связь ~ по телефону
связа́ться/свя́зываться *с кем? с чем?* с *mit Instr.*	sich in Verbindung setzen, Kontakt aufnehmen	Он помог им связаться с Немецким союзом легкоатлетов.
десятикра́тный	zehnfach	⟷ десять ~ чемпион мира
облада́ть *чем? mit Instr.*	besitzen, verfügen *über etw.*	~ природными ресурсами
сме́лый	mutig, kühn, tapfer	
самостоя́тельный	selbstständig, unabhängig, souverän	⟷ сам, стоять самостоятельное государство; жить самостоятельно
открове́нный	offen, offenherzig, aufrichtig	⟷ открытый
любопы́тный	neugierig, wissbegierig	
терпи́мый	tolerant	
му́жественный	mutig, tapfer	*Syn.* смелый
зако́н *о чём?* о *mit Präp.*	Gesetz	
воспо́льзоваться/ по́льзоваться *чем? mit Instr.*	verwenden, gebrauchen, (be)nutzen	⟷ польза, полезно ~ Интернетом, ~ иностранными словами
привле́чь/привлека́ть *кого? mit Akk. к кому/чему?* к *mit Dat.* *Prät.:* привлёк, привлекла́, привлекло́; привлекли́	*hier:* anlocken, (an)ziehen, fesseln	Выставка привлекла много посетителей.
интегри́роваться *v. und uv. во что?* в *mit Akk.* **A** ин[тэ]грироват[ца]	sich integrieren	**E** integrate, **F** s'intégrer ~ в европейскую культуру
скуча́ть *от чего?* от *mit Gen.; по кому/чему?* по *mit Dat.*	1. sich langweilen; 2. sich sehnen *nach*	⟷ скучный 1. ~ на уроке 2. ~ по дому, ~ по семье
про́шлый	vergangen, vorherig, vorig	⟷ пройти, прошёл на прошлой неделе
из-за *кого? чего? mit Gen.*	wegen, infolge	~ дождя, ~ денег, ~ тебя
ассимили́роваться *v. und uv. с кем/чем?* с *mit Instr.*	sich assimilieren, sich angleichen *an*	**E** assimilate, **F** s'assimiler ~ с культурой страны
ста́рший *Adj. und Subst.*	älter; Ältere, Älteste; *Pl.:* Erwachsene	⟷ старше, старый ~ брат, старшая сестра, старшие дети
поколе́ние	Generation	молодое ~, старшее ~

душа́ *Akk.* ду́шу, *Instr.* душо́й; *Pl.* ду́ши	Seele, innere Gefühlswelt, Herz	От всей души желаю тебе счастья!
тосковать *по кому́/чему́?* по *mit Dat.; о ком/чём?* о *mit Präp.*	traurig sein, Heimweh haben, sich sehnen	*Syn.* скучать ~ по родине, ~ о прошлом
привы́чный	gewohnt, gewohnheitsmäßig	⟷ обычно
интегра́ция *во что?* в *mit Akk.* **A** ин[тэ]грация	Integration, Eingliederung	**E** integration, **F** intégration ⟷ интегрироваться

А́встрия, бапти́ст, депорти́ровать, диа́спора *(Minderheitengruppen, die außerhalb ihrer Heimat in der ganzen Welt verstreut leben)*, Казахста́н, конфе́ссия, кры́мский, курьёзное, легкоатле́т, меннони́т, нуль, пово́лжский, постсове́тский, резерв, рекордсме́н(ка), шваб, Швейца́рия

6Б

граждани́н *m.*, *Pl.* гра́ждане, *Gen. und Akk. Pl.* гра́ждан	Bürger, Staatsbürger, Staatsangehöriger	⟷ гражданство ~ мира, ~ России
гражда́нка *w., Gen. und Akk. Pl.* гражда́нок	Bürgerin, Staatsbürgerin, Staatsangehörige	
судьба́ *Pl.* су́дьбы, *Gen. Pl.* су́деб	Schicksal, Los	У него была непростая судьба.
США *Pl. unveränd.* *Abk. für:* Соединённые Шта́ты Аме́рики **A** [сэ-шэ-а́ *und* эс-ша́ *ugs.*]	USA	Он жил в США.
значе́ние *кого́? чего́? mit Gen.*	Bedeutung, Bedeutsamkeit, Wichtigkeit	⟷ значит Деньги не имеют никакого значения для меня.
вне *кого́? чего́? mit Gen.*	außer, außerhalb	~ города, ~ дома, ~ игры
простра́нство	Raum, Zwischenraum	космическое ~
возвы́сить/возвыша́ть *кого́? что? mit Akk.* *над кем/чем?* над *mit Instr.*	erhöhen, erheben *fig.* befördern	⟷ высокий
че́стность *w. кого́? чья? чего́? mit Gen.*	Ehrlichkeit, Redlichkeit, Rechtschaffenheit	⟷ честный
ще́дрость *w. кого́? чья? чего́? mit Gen.*	Großzügigkeit, Freigebigkeit	
прописка *Gen. Pl.* пропи́сок	Registrierung, polizeiliche Anmeldung, Passeintragung	⟷ писать
вну́тренний	innerlich, innerer	~ мир человека
лиши́ть/лиша́ть *кого́? чего́? mit Gen.*	(weg)nehmen, entziehen, rauben	~ свободы
возгорди́ться/горди́ться *кем? чем? mit Instr.*	*v.* stolz (hochmütig) werden, anfangen zu prahlen; *uv.* stolz sein	~ своим городом; Она возгордилась своим успехом.

америка́нский, лауреа́т, сезо́н

6В

передви́жной	Wander-, mobil	передвижная выставка
заинтересова́ть/ **интересова́ть** *кого? mit Akk.* *кто? что? mit Nom.*	interessieren *für, an,* Interesse (er)wecken	⟷ интересный, интересоваться Друга интересует техника. Меня интересует искусство.
обуче́ние *кого́? mit Gen.* *чему́? mit Dat.*	Ausbildung, Unterricht	⟷ учить(ся), изучение *Syn.* учёба
осо́бенность *w.* *Gen. Pl.* осо́бенностей	Besonderheit, Eigenart, Eigentümlichkeit	⟷ особенно
есте́ственный	natürlich, Natur-	
усло́вие *чьё? mit Gen.,* *Gen. Pl.* усло́вий	Bedingung, Voraussetzung; Pl. Bedingungen, Verhältnisse, Umstände	⟷ слово природные условия, условия жизни, трудные условия
демокра́тия	Demokratie	**E** democracy, **F** démocratie
владе́лец *кого́? чего́? mit Gen.* *Gen. und Akk.* владе́льца, *Instr.* владе́льцем, *Pl.* владе́льцы, *Gen. und Akk. Pl.* владе́льцев	Besitzer, Eigentümer, Inhaber	⟷ владеть

вме́сто *кого́? чего́? mit Gen.*	statt, anstatt, anstelle	⟷ место Вместо молодёжного центра построили супермаркет.
аре́нда *чего́? mit Gen.*	Miete, Pacht, Leasing	~ автомобиля, ~ земли, взять/брать в аренду
помеще́ние	Raum, Räumlichkeit	⟷ место ~ для занятий кружка
вы́годный	vorteilhaft, günstig, gewinnbringend, rentabel, profitabel	выгодные условия контракта
представи́тель *m. кого́? чей? mit Gen.*	Vertreter, Beauftragter, Repräsentant	⟷ представить/представлять ~ власти, ~ страны, ~ российской фирмы
предложе́ние *кого́? чьё? чего́? mit Gen.*	Angebot, Vorschlag	интересное ~
в це́лях *чего́? mit Gen.*	zum Zweck, zwecks, mit dem Ziel	⟷ цель
безопа́сность *w.*	Sicherheit	⟷ без, опасно Совет Безопасности ООН
закры́тие *чего́? mit Gen.*	Schließung, Schluss, Abschluss	⟷ открыть/открывать
отве́тственный *m. Subst. ugs.*	*hier:* Verantwortlicher	⟷ ответ, ответить/отвечать
веде́ние *чего́? mit Gen.*	Führung, Leitung	⟷ вести
вступи́тельный	*hier:* Antritts-, Einleitungs-, Vor-	вступительная часть
заключи́тельный	Schluss-, abschließend	
подведе́ние ито́гов	Auswertung	
прозвуча́ть/звуча́ть *1. und 2. P. ungebr.*	(er)klingen, (er)tönen, (er)schallen	
попыта́ться/пыта́ться *что с/делать? mit Inf.*	versuchen	~ найти ответ на вопрос
ито́г *чего́? mit Gen.*	Endergebnis, Bilanz, Fazit	~ дискуссии
одина́ковый	gleich, derselbe, identisch	⟷ один ~ цвет
зарпла́та *ugs. für* за́работная пла́та	Arbeitslohn, Gehalt	⟷ заплатить/платить
вообще́ *Adv.*	überhaupt, immer	⟷ общий Я вообще ничего не понимаю.
хо́лод	Kälte	⟷ холодный, холодильник
остально́й	übrig, restlich, verbleibend	остальное время
одина́ковый	derselbe; der gleiche	
увели́читься/ увели́чиваться *1. und 2. P. ungebr.*	sich vergrößern, steigen, zunehmen	Количество российских фирм в Германии увеличивается.
овладе́ть/владе́ть *чем? mit Instr.*	*hier:* erlernen, beherrschen	⟷ владение
кру́пный *Sup.:* крупне́йший	groß, Groß-	Россия - крупнейшая по площади страна мира.
славя́нский	slawisch	славянские языки

 администрати́вный, образова́тельный, стереоти́п

Ли́чности (Persönlichkeiten)

Истори́ческие ли́чности и полити́ческие де́ятели

Рю́рик	? – 879	князь
Оле́г	? – 912	князь
Ива́н III	1440–1505	князь
Ива́н IV	1530–1584	князь, царь
Пётр I	1672–1725	импера́тор
Екатери́на II	1729–1796	императри́ца
Алекса́ндр I	1777–1825	импера́тор
Алекса́ндр II	1818–1881	импера́тор
Никола́й II	1868–1918	импера́тор
Ле́нин, Влади́мир Ильи́ч	1870–1924	полити́ческий де́ятель
Ста́лин, Ио́сиф Виссарио́нович	1879–1953	полити́ческий де́ятель
Горбачёв, Михаи́л Серге́евич	1931	президе́нт СССР
Е́льцин, Бори́с Никола́евич	1931–2007	президе́нт Росси́и
Пу́тин, Влади́мир Влади́мирович	1952	президе́нт Росси́и
Медве́дев, Дми́трий Анато́льевич	1965	президе́нт Росси́и

Де́ятели иску́сств и нау́к

Ахма́това, А́нна Андре́евна	1889–1966	поэ́т
Бро́дский, Ио́сиф Алекса́ндрович	1940–1996	поэ́т
Го́рький, Макси́м	1868–1936	писа́тель
Достое́вский, Фёдор Миха́йлович	1821–1881	писа́тель
Есе́нин, Серге́й Алекса́ндрович	1895–1925	поэ́т
За́йцев, Вячесла́в	1938	моделье́р
За́йцев, Его́р	1960	моделье́р
Ле́рмонтов, Михаи́л Ю́рьевич	1814–1841	писа́тель, поэ́т
Ломоно́сов , Михаи́л Васи́льевич	1711–1765	учёный
Мале́вич, Казими́р Севери́нович	1878–1935	худо́жник
Мари́нина, Алекса́ндра	1957	писа́тельница
Набо́ков, Влади́мир Влади́мирович	1899–1977	писа́тель, поэ́т
Пеле́вин, Ви́ктор Оле́гович	1962	писа́тель
Шага́л, Марк Заха́рович	1887–1985	худо́жник
Пу́шкин, Алекса́ндр Серге́евич	1799–1837	писа́тель, поэ́т
Толста́я, Татья́на Ники́тична	1951	писа́тельница
Толсто́й, Лев Никола́евич	1828–1910	писа́тель
Чайко́вский, Пётр Ильи́ч	1840–1893	компози́тор
Че́хов, Анто́н Па́влович	1860–1904	писа́тель

Певцы́, певи́цы и музыка́льные гру́ппы

МакSи́м	поп	гр. Би-2	рок
Тату́	поп	гр. Ка́ста	рэп
Ди́ма Била́н	поп	гр. А́рия	рок
Глюко́за	поп	гр. Ленингра́д	поп-рок
Земфи́ра	поп-рок	гр. Али́са	рок
гр. Му́мий Тролль	поп-рок	гр. Сплин	поп-рок
гр. Маши́на Вре́мени	рок	гр. Че́лси	поп
гр. Зве́ри	поп-рок	гр. Аква́риум	рок

Русско-немецкий алфавитный словарь

А

а und, aber 1
а та́кже auch, ebenfalls 3
абза́ц Absatz 3
абоне́мент Abonnement, Dauerkarte 3
абсолю́тно absolut, durchaus 3
абстра́ктный abstrakt 2 Б Wt
абстракциони́ст Abstraktionist 2 Б Wt
абсу́рдность Absurdität, Unsinnigkeit 6 A
а́вгуст August 1
авиакомпа́ния Luftverkehrsgesellschaft 3
авиапассажи́р Fluggast 2
А́встрия Österreich 6 A Wt
автобиогра́фия Lebenslauf 2
авто́бус (Auto-)Bus 1
авто́бусный Bus- 2
авто́бусный тур Busreise 2
авто́граф Autogramm 4 B Wt
автомеха́ник Automechaniker 2
автомоби́ль Auto(mobil) 3 A Wt
а́втор Autor(in) 3
авторите́тный autoritär 2 A Wt
агроно́м Agronom, Landwirt 1 A Wt
адапти́роваться sich adaptieren, sich anpassen 6 A
адвока́т Anwalt, Advokat 1 A Wt
администрати́вный administrativ- 6 B Wt
администра́тор Administrator, Manager 3
а́дрес Adresse 3
А́зия Asien 2
акаде́мия Akademie 3
аквагимна́стика Aquagymnastik 2
акваре́ль Aquarell 2 Б Wt
аква́риум Aquarium 1
аккордео́н Akkordeon 1
аккура́тный 1. pünktlich; 2. korrekt, ordentlich, sauber 1 A
аксессуа́ры Zubehör 3
актёр Schauspieler 2
акти́вный aktiv 2
а́ктовый зал Aula 2
актри́са Schauspielerin 2
актуа́льный aktuell, relevant 3 A
а́кция Aktion 2 A
а́лгебра Algebra 2
алкоголи́зм Alkoholismus 3
алкого́ль Alkohol 3
Алло́! Hallo! (*beim Telefonieren*) 1
алфави́т Alphabet 1
альбо́м Bildband, Album 2
альпини́зм Alpinismus, Bergsteigen 2
альтернати́вный alternativ 3 A Wt
америка́нский amerikanisch 6 Б Wt
ана́лиз Analyse 1 B Wt
анана́с Ananas 1
анги́на Angina 3
англи́йский englisch 2
англици́зм Anglizismus 3
анекдо́т Anekdote, Witz 3
анке́та Fragebogen 2
анса́мбль Ensemble 2
антибио́тик Antibiotikum 3
антиква́рный antiquarisch, Antiquitäten- 2 A
анти́чный antik, altertümlich 2 A
анто́ним Antonym, Gegenwort 5 Б Wt
апарта́менты Appartments 2 B Wt
(музыка́льная) аппарату́ра (Musik-) Apparatur, Stereoanlage 3
апре́ль April 2
апте́ка Apotheke 1
аргуме́нт Argument 3
аргумента́ция Argumentation 3
аре́на Arena, Schauplatz 3
аре́нда Miete, Pacht, Leasing 6 B
а́рмия Armee 5 A
арти́ст(ка) Künstler(in), Schauspieler(in) 3
архео́лог Archäologe 2
архите́ктор Architekt 2
архитекту́ра Architektur 2
аспиранту́ра Aspirantur *in Russ. Aufbaustudium zur Erlangung eines Doktortitels* 1 Б
ассимили́роваться sich assimilieren, sich angleichen an 6 A
а́стма Asthma 3 A Wt
атле́т Athlet 1
атмосфе́ра Atmosphäre 3
атрибу́т Attribut, Merkmal 3
аттракцио́ны Attraktionen (*auf dem Rummelplatz*) 2
аудиокни́га Hörbuch 4 A
аукцио́н Auktion, Versteigerung 2 A Wt
афори́зм Aphorismus, Sinnspruch 3 A
аэро́бика Aerobic 2
аэропо́рт Flughafen 2

Б

ба́бушка Oma, Großmutter 1
бага́ж Gepäck, Reisegepäck 3
баге́т Baguette 1
бадминто́н Federball, Badminton 1
Байка́л Baikal(see) 2
ба́йкер Biker 1 Б Wt
байк-клуб Bike-Club 1 Б Wt
бале́т Ballett 4 A
балко́н Balkon 1
бана́льно banal 1 Б
бана́н Banane 1
банк Bank, Geldinstitution 1
банки́р Bankier 1 A
банкома́т Bankautomat 1
бапти́ст Baptist 6 A Wt
бар Bar 1
баскетбо́л Basketball 1
бассе́йн Schwimmbad, Schwimmhalle 1
батаре́йка Zelle, Batterie 3
батаре́я Batterie 3 A
бег Lauf(en) 3
бе́гать laufen 3
бе́дный arm, mittellos 5 Б
бе́жевый beige 2
без 1. ohne; 2. vor (*bei Zeitangaben*) 3, 6 A
безопа́сность Sicherheit 6 B
бейсбо́л Baseball 1
бе́лый weiß 2
бе́рег Ufer, Küste 2
Бери́ ещё! Nimm noch! 1
беспоко́ить ↗ обеспоко́ить
библиоте́ка Bibliothek 1
библиоте́карь Bibliothekar(in) 3
би́знес Business, Geschäft 3
бизнес-центр Business-Center 2 B Wt
биле́т (Eintritts)Karte 2
~ на по́езд Zugfahrkarte 2
~ на авто́бус Busfahrschein 2
билья́рд Billard 3
биогра́фия Biografie 2
био́лог Biologe 2
биоло́гия Biologie 2
биофи́зик Biophysiker 2
бистро́ Bistro 1
би́та Schläger, Stock 3
благода́рный dankbar 2 A
благодаря́ dank, durch, infolge 3 A
бли́же näher, *hier:* mehr gefallen 2
блины́ Plinsen (Crêpes), Eierkuchen 1
блог Blog 3
блу́зка Bluse 2
блюз Blues 1
бога́тый reich 3
богаты́рь Recke, Held 5 A
бокс Boxen, Boxsport 1
бо́лее *zur Bildung des Komparativs,* mehr als 3
боле́ть wehtun, schmerzen 2
больни́ца Krankenhaus 1 A
бо́льно schmerzhaft, tut weh 3
больно́й krank, Kranker *ugs.* 3
бо́льше mehr 3
бо́льше всего́ am meisten 3
большеви́к Bolschewik 5 A Wt
большо́й приве́т viele Grüße 2
Большо́й теа́тр Bolschoi-Theater 1
большо́й groß; *hier:* beste(r), viel 2
бо́мба Bombe 3
боро́ться kämpfen 3 A
борщ Borschtsch 1
Ботани́ческий сад Botanischer Garten 1
боя́ться ↗ побоя́ться
брат Bruder 1
бра́тик Brüderchen, Brüderlein 2
бра́узер Browser 3
бриллиа́нт(ы) Brilliant(en) 3 Б Wt
бро́сить/броса́ть werfen, hinwerfen 3 A
брю́ки Hose 2
Бу́дешь ещё ...? Möchtest du noch …? 1
бу́дни 1. Werktage, Wochentage; 2. Alltag 3
бу́дущее Zukunft 3
булими́я Bulimie 3
бу́лочки Brötchen 1
бундеста́г Bundestag 5 A Wt
бутербро́д belegtes Brot (Brötchen), belegte Schnitte 1
буфе́т Bistro, Imbiss, Selbstbedienungsrestaurant 1
бухга́лтер Buchhalter, Buchführer 2

бы *zum Ausdruck einer möglichen Handlung* 4 A
бы́вший ehemalig, Ex- 6 A
бы́стрый schnell 3
быть sein, werden 1, 2
бюро́ Büro 1

В

в 1. in; 2. an; 3. um; 4. pro (an, am) 1, 2
в ви́де als, in Form eines (einer) … 3
в го́сти, в гостя́х zu Besuch 2
в конце́ концо́в letzten Endes, schließlich 3 Б
в по́льзу zugunsten *von* 2 A
в сре́днем im Durchschnitt, durchschnittlich 3
в це́лях zum Zweck, zwecks, mit dem Ziel 6 B
В чём? *ugs.* Was trägt *jmd.*? Was hat *jmd.* an? 2
ваго́н Eisenbahnwagen, Waggon 2
ва́жный wichtig, bedeutend 3
валенти́нка Valentinskarte 2
вальдо́рфская шко́ла Waldorfschule 2
вандали́зм Vandalismus 2 Б Wt
ва́нна (Bade)Wanne 3
ва́нная Badezimmer 1
варе́нье *dick eingekochte Beeren und Früchte, eine Art Konfitüre* 1
ваш, ва́ша, ва́ше; ва́ши euer, Ihr 1
вдоль entlang 3
вдруг plötzlich 3
веб-диза́йнер Web-Designer 2
веб-ка́мера Web-Kamera 3
веде́ние Führung, Leitung 6 B
ведь ja, doch 3
везде́ überall 3
век Jahrhundert 3
Вели́кая Оте́чественная война́ Großer Vaterländischer Krieg *2. Weltkrieg, 1941-1945* 5 A
вели́кий groß, hervorragend, bedeutend 4 Б
велосипе́д Fahrrad 1
велоспо́рт Radsport 2
верну́ться zurückkehren, zurückkommen 3
ве́рный *hier:* treu, ergeben 2 A
ве́рсия Version 3
ве́село lustig 2
весёлый fröhlich, lustig 2
весе́нний -яя, -ее; -ие Frühjahrs-, Frühlings- 2
весна́ Frühling, Frühjahr 2
вести́ führen, leiten 3
весь, вся, всё; все *hier:* ganz 2
ве́тер Wind 2
ветерина́р Veterinär, Tierarzt 1 A Wt
ветерина́рный Veterinär-, tierärztlich 1 A
ветря́к Windrad, Windkraftwerk, Windmühle 3 A
вечери́нка Party 2
ве́чером am Abend, abends 1
взволнова́ть/волнова́ть aufregen, bewegen 3 A
взгляд Ansicht, Meinung, Gesichtspunkt 4 B
взять/брать (auf)nehmen 3
взять с собо́й mitnehmen 2
вид 1. Aussehen, Äußere; 2. Aussicht, Ansicht; 3. Gestalt, Form 3
вид (спо́рта) (Sport)Art 2
ви́део Video(film) 3
видеоди́ск Video-CD 2
видеока́мера Videokamera 3
видеокли́п Videoclip 2
ви́деть ↗ уви́деть
ви́за Visum 3
визажи́ст Visagist 2
визи́тный Visiten- 1 B
виктори́на Quiz 3
ви́лка Gabel 2
виндсёрфинг Windsurfing 2
вино́ Wein 1
виртуа́льный virtuell 4 A Wt
висе́ть hängen 3
витами́н Vitamin 3
ви́шня Kirsche 3
включи́ть/включа́ть 1. einschalten; 2. einschließen, aufnehmen, einbeziehen 3
вкус Geschmack 4 A
вку́сно schmackhaft, lecker 1
владе́лец Besitzer, Eigentümer, Inhaber 6 B
владе́ние Beherrschung 1 B
власть Macht, Gewalt 5 A
влия́ть ↗ повлия́ть
влюби́ться/влюбля́ться sich verlieben 4 B
вме́сте gemeinsam, zusammen 1
вме́сто statt, anstatt, anstelle 6 B
вне außer, außerhalb 6 Б
внима́ние Aufmerksamkeit 3
внук Enkel 3
вну́тренний -яя, -ее; -ие innerlich, innerer 6 Б
вну́чка Enkelin 3
вода́ Wasser 1
возвы́сить/возвыша́ть erhöhen, erheben, *fig.* befördern 6 Б
возгорди́ться/горди́ться *v.* stolz (hochmütig) werden, anfangen zu prahlen; *uv.* stolz sein 6 Б
во́здух Luft 3
возмо́жность Möglichkeit, Gelegenheit 3
возни́кнуть/возника́ть entstehen, aufkommen, auftauchen 3 B
во́зраст Alter 2
война́ Krieg 3
вока́л Gesang 3
вокали́ст(ка) Frontsänger(in) 4 Б
вокза́л Bahnhof 1
вокру́г um … herum, ringsherum 3
волейбо́л Volleyball 1
волнова́ть ↗ взволнова́ть
во́лосы Haare 3
вообще́ überhaupt, immer 6 B
вопро́с Frage 1
воскресе́нье Sonntag 2
воспита́тель(ница) Erzieher(in) 1 B
воспо́льзоваться/по́льзоваться verwenden, gebrauchen, (be)nutzen 6 A
восто́к Osten 1
восхити́ться/восхища́ться entzückt sein, seine Bewunderung äußern 3
вот da (ist, sind), das ist … 1, 2
Вот э́то да! Alle Achtung! 1
впервы́е zum ersten Mal 2 A
впечатле́ние Eindruck 3
вполне́ völlig, vollkommen 3
врач Arzt, Ärztin 3
вре́дный 1. (gesundheits)schädlich, gefährlich; 2. boshaft *ugs.* 3
вре́мя го́да Jahreszeit 2
вре́мя Zeit 2
Ско́лько вре́мени…? Wie lange? 2
во вре́мя während 2
все alle 2
всё alles 1, *hier:* immer (weniger, mehr …) 5 Б
всё бо́льше immer mehr 3 A
Всё бы́ло о́чень вку́сно! Es hat alles sehr gut geschmeckt. 1
всё ещё immer noch 2
всё равно́ einerlei, ganz egal 2
Мне всё равно́. Es ist mir ganz egal (gleich). 2
всегда́ immer 1
Вселе́нная Weltall, Kosmos, Universum 3 Б
встать/встава́ть aufstehen 3
встре́тить/встреча́ть 1. treffen, empfangen, *jmdn.* abholen; 2. begehen, feiern, 3. *jmdm.* begegnen, *jmdn.* (zufällig) treffen 2
встре́титься/встреча́ться sich treffen 2
встре́ча 1. Treffen, Begegnung, Empfang; 2. Feier, Begehen 2
вступи́тельный *hier:* Antritts-, Einleitungs-, Vor- 6 B
вто́рник Dienstag 2
вуз (вы́сшее уче́бное заведе́ние) Hochschule 1 A
вчера́ gestern 1
вы ihr, Sie 1
вы́бор Wahl, Auswahl 3
вы́брать/выбира́ть wählen, aussuchen 3
вы́глядеть aussehen 3
вы́годный vorteilhaft, günstig, gewinnbringend, rentabel, profitabel 6 B
вы́дача 1. Ausgabe, Übergabe, Aushändigung; 2. Auslieferung 3
вы́звать/вызыва́ть 1. aufrufen; 2. hervorrufen, verursachen 3
вы́йти/выходи́ть 1. hinausgehen; 2. aussteigen; 3. erscheinen 3
вы́купаться (искупа́ться)/купа́ться baden 3
вы́лететь/вылета́ть abfliegen, starten 3
вымира́ние Aussterben 3 A
вы́мыть (помы́ть)/мыть (ab)waschen, spülen 3
вы́нести/выноси́ть 1. hinaustragen; 2. aushalten, ertragen 3
выно́сливость Ausdauer, Standhaftigkeit 1 A
выпускни́к, выпускни́ца Absolvent(in) 1 A

вырази́тельный ausdrucksvoll, bedeutsam, vielsagend 4 А
вы́расти/расти́ 1. (aus)wachsen, treiben, gedeihen 3; 2. *hier:* steigen, zunehmen 6 А
вы́рубить/выруба́ть abholzen 3 А
вы́рубка Abholzung 3 А
высо́кий hoch 3
высококвалифици́рованный hochqualifiziert 3
высококла́ссный hochwertig, erstklassig 3
вы́ставить/выставля́ть ausstellen, zur Schau stellen 2 А
вы́ставка Ausstellung 2
вы́ступить/выступа́ть auftreten 6 А
выступле́ние Auftritt, Darbietung 3
вы́сший *hier:* höher, Hochschul- 1 Б
вы́учить lernen, auswendig lernen 2
выхлопны́е га́зы Abgase 3 А
вы́ход Ausgang, Ausweg 3
выходно́й (arbeits)frei, Wochenende 3

Г

газе́та Zeitung 3
га́зовая плита́ Gasherd 1
галере́я Galerie 2 А
га́мбургер Hamburger 1
гандбо́л Handball 1
гара́ж Garage 1
гармони́чно harmonisch, wohlklingend 3
гармо́ния Harmonie, Wohlklang 3
гвозди́ка Nelke 3
где? wo? 1
где́-нибудь irgendwo 3
гениа́льный genial 4 А
географи́ческий geografisch 3
геогра́фия Geografie 2
гео́лог Geologe 2
геоме́трия Geometrie 2
гера́нь Geranie 3
Герма́ния Deutschland 1
герои́ня Heldin 3
геро́й Held 3
гигаба́йт Gigabyte 3
гимн Hymne 3
гимна́зия Gymnasium 2
гирля́нда Girlande 2
гита́ра Gitarre 1
гла́вный 1. Haupt-; 2. Chef- 3
гла́вным о́бразом hauptsächlich 3
глаз Auge 2
глоба́льный global 3 А Wt
гло́бус Globus 1
глотну́ть/глота́ть schlucken 3
глу́пый dumm 3
говори́ть sprechen 1
говори́ть по телефо́ну mit *jmdm.* telefonieren 1
год Jahr 2
голова́ Kopf 2
голубо́й (himmel-) hellblau 2
гольф Golf 1
горизо́нт Horizont 3
го́рка Anbauwand 1
го́рло Kehle 2
горнолы́жный alpin 2
го́рный Berg- 2
го́род Stadt 1
го́род-куро́рт Kurort 2
городско́й Stadt-, städtisch 2
го́ры Berge, Gebirge 2
господи́н Herr *auch in der Anrede* 3
Господа́! (Meine) Damen und Herren! 3
госпожа́ Frau *auch in der Anrede* 3
гостеприи́мный gastfreundlich 3
го́сти Gäste, Besuch 2
гости́ная Wohnzimmer 1
гости́ница Hotel 1
госуда́рственный Staats-, staatlich 2
госуда́рство Staat 3 А
гото́вить ↗ пригото́вить
гото́виться *hier:* sich vorbereiten 2
гра́дус Grad 2
граждани́н, гражда́нка Bürger(in), Staatsbürger(in), Staatsangehörige(r) 6 Б
гражда́нство Staatsbürgerschaft, Staatsangehörigkeit 6 А
грандио́зный grandios, großartig 5 В Wt
гранж Grunge (*Musikrichtung*) 3
грани́ца (Landes)Grenze 2
гра́фик Grafik, Diagramm 3, *hier:* Grafiker(in) 2 В
гра́фика Grafik 2 А
графи́ческий Grafik-, grafisch 1 В
граффи́ти Graffiti 2 А Wt
грипп Grippe 3
гроза́ Gewitter 2
гру́ппа Band 2
групповы́е програ́ммы Gruppenprogramme 3
гру́стный traurig 2 А
грусть Traurigkeit, Schwermut 2 А
гру́ша Birne 3
гря́зный schmutzig 3 А
ГУЛА́Г Gulag *Arbeits- und Straflager in der Sowjetunion* 5 А
гуля́ть spazieren gehen, bummeln 2
ГУМ GUM *Kaufhaus in Moskau* 1

Д

да ja 1
дава́й(те) *Aufforderung, Vorschlag:* Los, …! Lass uns … ! Lasst uns (Lassen Sie) uns … ! 1
давно́ 1. längst, vor langer Zeit; 2. (schon) lange, seit langem 3
да́же *hier:* sogar 2
далёкий weit, fern 3
далеко́ от weit von 1
да́ма Dame 4 Б Wt
дари́ть ↗ подари́ть
да́та Datum 5 А
дать/дава́ть 1. geben; 2. (*erlauben*) lassen 1
да́ча Wochenendhaus (-häuschen), Datsche 2
дверь Tür 1
дво́йка *hier:* Zwei (*Zensur* ungenügend) 2
дворе́ц Palast, Schloss 2 А
дворяни́н, дворя́нка Adlige(r) 5 Б
двухме́стный Doppel-, 2-Bett- 3
де́вочка (kleines) Mädchen (*bis ca. 14–15 J.*) 2
де́вушка junge Frau, Fräulein, Mädchen (*ab ca. 14 J.*) 2
Дед Моро́з Väterchen Frost 2
де́душка Opa, Großvater 1
дека́брь Dezember 2
декора́ция Dekoration 4 А Wt
де́лать machen, tun 1
де́лать уро́ки Hausaufgaben machen 1
дели́ться *hier:* (sich) teilen 1 А
де́ло *hier:* Arbeit, Angelegenheit 5 А
демокра́тия Demokratie 6 В
де́мон Dämon 2 Б Wt
день Tag 2
день рожде́ния Geburtstag 2
де́ньги Geld 1
депо́ Depot (*für Schienenfahrzeuge*) 2
депорти́ровать deportieren 6 А Wt
дере́вня Dorf, Land 1
де́рево Baum 3
деревя́нный Holz- 3
держа́ва Macht, Staat 5 В
десятикра́тный zehnfach 6 А
дета́ль Detail 3
детекти́в Kriminalroman, Detektivgeschichte, Kriminalfilm, Krimi 2
де́ти Kinder 3
де́тская Kinderzimmer 1
де́тский Kinder- 1 В
де́тство Kindheit 3, 2 А
деше́вле billiger 3
дешёвый billig, preiswert 3
джаз Jazz 1
джаз-гру́ппа Jazzband 4 А Wt
джи́нсы Jeans 2
джо́ггинг Jogging 1
джо́йстик Joystick 3
дзюдо́ Judo 1
диагона́ль Diagonale 3
диагра́мма Diagramm 3
диа́спора Diaspora, *Minderheitengruppen, die außerhalb ihrer Heimat in der ganzen Welt verstreut leben* 6 А Wt
дива́н Sofa, Couch, Diwan 1
дива́н-крова́ть Schlafcouch 1
диза́йн Design 1 Б Wt
диза́йнер Designer 1 А Wt
дикта́тор Diktator 5 А Wt
диктофо́н Diktiergerät 3
диноза́вр Dinosaurier 3 В Wt
дипло́м Diplom 2
дире́ктор Direktor 3
дирижёр Dirigent(in) 4 Б
ди́ско-му́зыка Discomusik 2
дискоте́ка Diskothek 1
диспе́тчер по трансфе́ру Transferservice, Flughafentransfer 3
диспле́й Display 3
длина́ Länge 3
дли́нный lang 3
для für 2
дневни́к 1. Hausaufgabenheft; 2. Tagebuch 2
днём am Tag, tagsüber 1
до bis (hin) 1
До свида́ния! Auf Wiedersehen! 1

добáвить/добавля́ть hinzufügen, ergänzen 4 A
Добрó пожáловать! Herzlich willkommen! 2
дóбрый gut, gutmütig 1 A
догадáться/догáдываться erraten, auf *etw.* kommen 3
Договори́лись! Abgemacht! 2
доéхать до fahren (bis) zum (zur) … 1
дождь Regen 2
Präs.: идёт дождь Es regnet.
Prät.: шёл дождь Es hat geregnet.
Fut.: бýдет идти́ дождь Es wird regnen.
дози́ровано dosiert 3
дойти́ до gehen (bis) zum (zur) …, zu Fuß erreichen, gelangen 1
документáльный Dokumentar-, dokumentarisch, belegbar, durch Dokumente belegt 3
дóлго lange *Zeit* 2
дóлжен, должнá, должнó; должны́ sollen, müssen 3
дом Haus 1
дóма zu Haus(e) 1
домáшний кинотеáтр Heimkino, Home-Cinema 1
домáшний -яя, -ее; -ие Haus-, Heim- 3
домóй nach Hause 2
дорóга Bahn, Weg, Straße 3
дóрого teuer, kostspielig 3
дорогóй *hier:* lieb, teuer 2, liebe(r) 3
доскá Tafel 1
дости́чь/достигáть erreichen, erzielen 6 A
достопримечáтельность Sehenswürdigkeit 3
дóступ 1. Zutritt, Zugang; 2. Anschluss 3
дочь Tochter 3
драмати́зм Dramatik 2 A Wt
древнерýсский altrussisch 6 A
друг Freund 1
друг дрýга einander 6 A
другóй anderer 2
дрýжба Freundschaft 4 A
дружи́ть befreundet sein 3
друзья́ Freunde 1
дýмать denken, glauben 2
дуть wehen 2
духовóй Blas- 2
душ Dusche 3
душá Seele, innere Gefühlswelt, Herz 6 A
дуэ́ль Duell 4 Б Wt
дышáться atmen können *auch fig.* 3 A
дя́дя Onkel 1

Е

éвро Euro 1
Еврóпа Europa 2
европéйский europäisch 2
егó sein(e) 3
Егó зовýт … Er heißt … 1
едини́ца *hier:* Eins (*Zensur, in Russland:* sehr schlecht) 2
её ihr(e) 3
Её зовýт… Sie heißt … 1
éздить fahren 2
éсли wenn, falls 3
естéственный natürlich, Natur- 6 B
есть es gibt, es ist vorhanden; essen 1
éхать (hin)fahren 2
ешь iss 3
ещё noch 1

Ё

ёж Igel 1
ёлка Fichte, Tanne, Neujahrstanne, Weihnachtsbaum 1

Ж

жаль schade 1
жалюзи́ Jalousie 1
жанр Genre 3
жáрко (es ist) heiß 2
жвáчка Kaugummi 2
ждать warten, erwarten 2
же *hier:* ja, doch 2
жевáть kauen 2
желáние Wunsch 2
желáть wünschen 2
желéзный Eisen-, eisern 3
жёлтый gelb 2
женá Ehefrau 3
жени́ться heiraten *aus Sicht des Mannes* 2 Б
жéнский Frauen-, Damen- 2, 3
жéнщина Frau (*als Person*) 3
живопи́сец (Kunst)maler(in) 2 B
живопи́сный Malerei-, Gemälde-, malerisch 2 Б
жи́вопись Malerei 2 A
живóт Bauch 2
живóтное Tier 3
жизнь Leben 3
жир Fett, Speck 3
жи́тель Einwohner, Bewohner 1 B
жить wohnen, leben 1
журнáл Zeitschrift 1
журнали́ст Journalist 2
журнáльный стóлик Couchtisch 1
жюри́ Jury 3

З

за 1. für; 2. innerhalb von, in, 3. *etw.* holen 2, 3
зá городом auf dem Lande 3
за грани́цу ins Ausland 3
за рубежóм im Ausland 2 A
заболéть/заболевáть 1. erkranken, krank werden; 2. anfangen (zu) schmerzen 3
заброни́ровать/брони́ровать reservieren, buchen 3
забы́ть/забывáть vergessen 2, 3
зави́сеть von *jmdm. oder etw.* abhängen, abhängig sein 1 A
зáвтра morgen 2
зáвтрак Frühstück 1
зáвтракать frühstücken 1
загрязнéние Verschmutzung, Verunreinigung 3 A
загрязни́ть/загрязня́ть verschmutzen, verunreinigen 3 A
задáча Aufgabe, Auftrag 3 A
зáдний план Hintergrund 2 A
задýматься/задýмываться nachdenken, nachdenklich werden 6 A
заинтересовáть/интересовáть interessieren für, an, Interesse (er)wecken 6 B
заключéние Schluss, Beendigung 3
заключи́тельный Schluss-, abschließend 6 B
закóн Gesetz 6 A
закóнчить/закáнчивать beenden, abschließen 3
закóнчиться/закáнчиваться zu Ende sein, zu Ende gehen 5 A
закры́тие Schließung, Schluss, Abschluss 6 B
замечáтельный wunderbar, bemerkenswert, hervorragend 4 A
зáнавес Vorhang 4 A
заня́тие Beschäftigung 3
заня́тия Unterricht 3
заня́ть/занимáть *hier:* belegen (*einen Platz in der Rangordnung*) 2
заня́ться/занимáться 1. sich beschäftigen; 2. (Sport) treiben; 3. lernen 2
зáпад Westen 1
западноевропéец Westeuropäer 6 A
запаниковáть/паниковáть in Panik verfallen 3
запáсный *hier:* Not- 3
записáть/запи́сывать aufzeichnen, aufnehmen auf Tonträger, mitschneiden 4 A
заплати́ть/плати́ть (be)zahlen 3
запóлнить/заполня́ть ausfüllen 3
зарабóтать/зарабáтывать verdienen *auch ugs.* 1 A
за/резерви́ровать reservieren, buchen 3
зарплáта Arbeitslohn, Gehalt 6 B
зарубéжный ausländisch, Auslands- 6 A
заслýга Verdienst, verdienstvolle Leistung 3 A
затéм danach, darauf, dann, später, nachher 3 Б
захвати́ть/захвáтывать erobern, ergreifen, sich aneignen 5 A
зачéм wozu, zu welchem Zweck, warum 4 A
защи́та Schutz 3 A
защити́ть/защищáть *jmdn./etw.* vor *jmdm./etw.* schützen, *jmdn./etw.* gegen *jmdn./etw.* verteidigen 2 Б
звони́ть anrufen 2
здáние Gebäude 2 A
здесь hier 1
Здóрово! Prima! Toll! Großartig! 2
здорóвый gesund 3
здорóвье Gesundheit 2
Здрáвствуй! Guten Tag! 1
Здрáвствуйте! Guten Tag! 1
зелёный grün 2
земля́ *hier:* Erde, Erdball 3 A
земля́нин Erdbewohner 3 Б
зéркало Spiegel 1
зерновóй Korn-, Getreide- 3

зима́ Winter 2
зи́мний -яя, -ее; -ие Winter-, winterlich 2
знако́мить(ся) ↗ познако́мить(ся)
знако́мство Bekanntschaft 2 A
знамени́тый berühmt 2 A
зна́ние Wissen, Kenntnis 6 A
знать wissen, kennen 2
значе́ние Bedeutung, Bedeutsamkeit, Wichtigkeit 6 Б
зна́чит das heißt (bedeutet), folglich, also 3
зо́на релакса́ции Ruhezone 3
зоо́лог Zoologe 2
зоопа́рк Zoo, Tierpark 1
зооса́д Zoologischer Garten 1 A
зоосте́хник Zootechniker(in) 1 A
зри́тель Zuschauer 2 Б
зуб Zahn 2

И

и und 1
игнори́ровать ignorieren 3
игра́ Spiel 3
игра́ть spielen 1
иде́я Idee 2
идти́ (hin)gehen 2
из aus 2
изве́стность Bekanntheitsgrad, Ruhm 4 B
изве́стный bekannt 2
Извини́(те)! Entschuldigung! Entschuldige(n Sie)! Entschuldigt! 1
изде́лие Erzeugnis, Ware 3
из-за wegen, infolge 6 A
измене́ние Änderung, Veränderung 1 B
измени́ть/изменя́ть (ver)ändern, umgestalten 5 A
изобрази́тельный bildend, darstellend 2 A
изобрази́ть/изобража́ть darstellen, ausdrücken 2 A
изосту́дия Atelier für bildende Kunst 2
изуче́ние 1. Erlernen, Studium; 2. Erforschung 1 A
изучи́ть/изуча́ть 1. erlernen, studieren; 2. erforschen 1 A
ико́на Ikone 2 A Wt
иконогра́фия Ikonografie, Ikonenmalerei 2 A Wt
и́ли oder 1
и́менно ausgerechnet, gerade, eben 1 B
име́ть haben, besitzen 1 B
име́ть в виду́ meinen, im Sinn haben 5 Б
име́ться в виду́ gemeint sein (werden) 5 Б
импе́рия Reich, Kaiserreich, Imperium 5 A
и́мя Vorname 1
ина́че anders 3
ина́че говоря́ mit anderen Worten, anders gesagt 5 Б
индустриа́льный industriell 3 B Wt
индустри́я Industrie 1 B Wt
инжене́р Ingenieur 2
инжене́рно-техни́ческий персона́л *hier:* Ingenieure und Techniker 1 B Wt
иногда́ manchmal 2
инопланетя́нин Außerirdischer 3 Б
иностра́нец, иностра́нка Ausländer(in) 6 A
иностра́нный fremd, Fremd- 2
институ́т Institut 1
инструме́нт Instrument 1 A Wt
интегра́ция Integration, Eingliederung 6 A
интегри́роваться sich integrieren 6 A
интервью́ Interview 2
интере́с Interesse 3
интере́сный interessant 1
интересова́ться sich interessieren 2
Интерне́т Internet 1
интерне́т-кафе́ Internetcafé 2
интерпрета́ция Interpretation 4 B Wt
интерпрети́ровать ↗ проинтерпрети́ровать
интерье́р Interieur, Inneneinrichtung 2 A Wt
информа́тика Informatik 2
информацио́нный Informations-, Nachrichten- 3
информа́ция Information 3
информи́ровать ↗ проинформи́ровать
иска́ть suchen 3
и́скренность Aufrichtigkeit, Offenherzigkeit 2 A
иску́сство Kunst 2 A
искусствове́д Kunsthistoriker(in), Kunstwissenschaftler(in) 2 Б
испо́льзовать verwenden, ausnutzen, sich zunutze machen 3 A
исто́рик Historiker 2
истори́ческий historisch, geschichtlich, Geschichts- 2 B
исто́рия Geschichte 2
исто́чник Quelle, Ursprung 3
исче́знуть/исчеза́ть verschwinden, aussterben 3 A
ита́к also 3
ито́г Endergebnis, Bilanz, Fazit 6 B
их ihr(e) 3
ию́ль Juli 2
ию́нь Juni 2

Й

йо́га Joga 3

К

к zu (*wem*) 2
к сожале́нию leider 1
каби́на Kabine 3 Б Wt
кабине́т Arbeitszimmer 3
кабине́т врача́ Sprechzimmer, Behandlungszimmer 3
кабине́т информа́тики Informatikkabinett 1
Кавка́з Kaukasus 2
ка́ждый jeder 2
ка́жется es scheint, scheinbar 3
Казахста́н Kasachstan 6 A Wt
казино́ Casino 1 B Wt
Как дела́? Wie geht es? 1
как изве́стно bekanntlich, wie bekannt 5 Б
как? wie? 1
кака́о Kakao 1
ка́к-нибудь irgendwie 3
Како́й там … ! Was heißt hier (da) …! 3
како́й? welcher? was für ein? 2
ка́ктус Kaktus 1
калейдоско́п Kaleidoskop 1
календа́рь Kalender 1
канаре́йка Kanarienvogel 1
кандида́т Kandidat 1 B Wt
кани́кулы Ferien 2
ка́нцлер Kanzler(in) 5 A Wt
капита́н Kapitän 4 A Wt
капитуля́ция Kapitulation 5 A
капу́ста Kohl 3
каранда́ш Bleistift 1
карао́ке Karaoke 2
карате́ Karate 2
Каре́лия Karelien 2
карикату́ра Karikatur 2
карнава́л Karneval 2
ка́рта (Land-)Karte 1
карти́на Bild 1
карти́нный Bilder-, Gemälde- 2 A
карто́фель Kartoffel 3
карто́фель фри Pommes frites 1
ка́рточка Karte 3
карье́ра Karriere 3
ка́сса Kasse 1
касси́р Kassierer 2
ка́стинг Casting 3
ката́ться fahren, laufen, sich auf *etwas* bewegen 1
категори́чески kategorisch 3
ка́тер Motor(schnell)boot, Kutter 2
като́лик Katholik 6 A
кафе́ Café, Kaffeehaus, Konditorei 1
ка́чество Qualität, Eigenschaft 1 A
ка́ша Kascha 1
ка́шель Husten 3
кварти́ра Wohnung 1
квас Kwas 1
ке́мпинг Camping 3 A Wt
кенгуру́ Känguru 2
ки́борд Keyboard; Tastatur 1
Ки́евская Русь Kiewer Rus *mittelalt. slaw. Staat, Vorläufer des Russischen Reiches* 5 A
киломе́тр Kilometer 2
кино́ 1. Kino; 2. Film 1
кинокомпа́ния Filmgesellschaft, TV-Gesellschaft 3
кинома́н Kinoliebhaber(in) 3
кинотеа́тр Filmtheater, Kino 1
кио́ск Kiosk 1
кипято́к kochendes Wasser 2
кисло́тный дождь saurer Regen 3 B
кларне́т Klarinette 1
класс Klasse, Klassenraum 1
класс «люкс» Luxusklasse 3
Класс! Klasse! 2
кла́ссик Klassiker(in) 4 A
кла́ссика Klassik 2
класси́ческая му́зыка klassische Musik 2

классúческий klassisch 1 Б
клáссный Klasse, toll, großartig 2
клиéнт(ка) Klient(in), Kunde, Kundin 3
клúмат Klima 3
климатúческий klimatisch, Klima- 3
клúника Klinik 1 A Wt
клип Clip 2
клúпсы Klips 1
клóун Clown 1 A Wt
клуб Klub 3
клубнúка Erdbeere 3
клю́шка Hockeyschläger 3
кнúга Buch 1
княгúня Fürstin 4, 5 A
кня́жество Fürstentum 5 A
князь Fürst 5 A
ковёр Teppich 1
когдá als, wenn 2
когдá? wann? 1
когдá-нибудь irgendwann 3
когó? wen? 2
код Code, Kode, Vorwahlnummer 2
кóла, кóка-кóла (Coca-)Cola 1
колúчество Menge, Quantität 1 B
кóлледж College 1 Б Wt
коллектúв Team, Kollektiv, Gemeinschaft 1 A Wt
коллекционéр Sammler 2 A Wt
коллéкция Sammlung, Kollektion 1 Б Wt, 2 A
кóлли Collie 1
кольцó Ring 1
комáнда Mannschaft, Team 2
командирóвка Dienstreise 2
комбинáт Kombinat *Zusammenschluss von mehreren Betrieben aus einem Wirtschaftssektor in sozialistischen Ländern* 5 A
комбинáция Kombination 1 B Wt
комбинúрованный kombiniert 1 B Wt
кóмикс Comics 2
комментáтор Kommentator 2
кóмната Zimmer 1
компáкт-дúск CD 2
компáния *hier:* Gemeinschaft, Clique 2
комплимéнт Kompliment 3
композúтор Komponist(in) 2, 4 A
композúция Komposition, Aufbau 3
компóт Kompott 1
компромúсс Kompromiss 3
компью́тер Computer 1
компью́терная игрá Computerspiel 3
компью́терный стол Computertisch, PC-Tisch 1
компьютеромáния Computerabhängigkeit, Computersucht 3
комý? wem? 2
комфóртный bequem, komfortabel 1 B
кондúтер Konditor 2
конéц Ende, Schluss 1 A
конéчно natürlich, sicher 1
конкрéтный konkret 1 A Wt
кóнкурс Wettbewerb 2
констрýктор Konstrukteur 2
консультáция Beratung, Konsultation 1 A Wt
контáктный Kontakt- 1 B Wt
контáкты Kontakte 5 A Wt
контéйнер Container 3 A Wt
контрáкт Kontrakt, Vertrag 3
контрóль Kontrolle 3
контрóльный Kontroll- 1 A Wt
конферéнц-зал Konferenzsaal 3
конферéнция Konferenz 2
конфéссия Konfession 6 A Wt
конфéты Konfekt, Pralinen 1
конфлúкт Konflikt 3
концéрт Konzert 1
кóнчить/кончáть enden, beenden 2
кóнчиться/кончáться beenden, enden, zu Ende gehen 2, 3
конькú Schlittschuhe 2
координáты Koordinaten, Kontaktadresse 3
копéйка Kopeke 1
кóпия Kopie 2 Б
коридóр Korridor, Flur 1
корúчневый braun 2
корóче говоря́ kurz gesagt, in (aller) Kürze 5 Б
корт Tennisplatz 3
кóсвенный indirekt 1 A
космéтика Kosmetik 2
космонáвтика Astronautik, Kosmonautik 2
кóсмос Kosmos, Weltall 2
кот Kater 1
котлéты Buletten, Klopse 1
Котóрый час? Wie spät ist es? 1
котóрый der, welcher 3
кóфе Kaffee 1
кóшка Katze 1
край Gegend, Rand, Kante, Grenze 3
красúвый schön 1
крáска Farbe, Farbton 2 A
крáсный rot 2
красотá Schönheit 2
креатúвный kreativ 3 A Wt
кредúт Kredit 3
кредúтный Kredit- 3
Кремлёвский Kreml- 1
Кремль Kreml *in Moskau* 1
кремль Stadtfestung 1
крéпко fest 2
крепостнóе прáво Leibeigenschaft 5 A
крепостнóй leibeigen, Leibeigener 5 A
крéсло Sessel 1
крестья́нин Bauer 5 A
крестья́нка Bäuerin 5 A
крúзис Krise, Rezession 3 A
кровь Blut 4 A
крóлик Kaninchen 1
крóме außer 6 A
крóме тогó außerdem 2
кроссóвки Sportschuhe 3
кружóк Zirkel, Arbeitsgemeinschaft 2
крупá Graupen 3
крýпный groß, Groß- 6 B
кры́мский Krim- 6 A Wt
кстáти *hier:* übrigens, apropos 2
кто? wer? 1
ктó-нибудь irgendwer, -einer 3
кудá? wohin? 2
кудá-нибудь irgendwohin 3
кузéн, кузúна Cousin(e) 3
культýра Kultur 3
кумúр Idol 2
купé Zugabteil 2
купúть/покупáть (ein)kaufen 2, 3
курьёзное Kurioses 6 A Wt
кýрица Huhn, Hühnchen 1
курóрт Kurort 2
курóртный Kur-, Kurort-, Bade- 3
кýхня Küche 1
кушéтка Liege 1

Л

лаборáнтка Laborantin 2
лабораторúя Labor(atorium) 1 A Wt
лáгерь (Ferien)Lager, Camp 3
Лáдно. (Nun) gut! Einverstanden! o.k. (okay) 1
лáмпа Lampe 1
ландшáфт Landschaft 2
лáстик Radiergummi 1
латúнский язы́к Latein 2
лауреáт Preisträger 6 Б Wt
лéвый linker 2 A
легендáрный legendär 1 Б Wt
лёгкая атлéтика Leichtathletik 2
легкó leicht 3 A
легкоатлéт Leichtathlet 6 A Wt
лежáть ↗ полежáть
лекáрство Arznei, Medizin 3
лес Wald 2
лéстница Treppe 1
летéть/летáть fliegen 2
лéтний -яя, -ее; -ие Sommer-, sommerlich 2
лéто Sommer 2
ли 1. *in indirekten Fragesätzen* ob; 2. *in direkten Fragesätzen nicht übersetzt* 1 A
лимонáд Limo(nade) 1
линéйка Lineal 1
лúрика Lyrik, lyrische Dichtung 4 A
литератýра Literatur 1, 2
литератýрно-музыкáльный literarisch-musikalisch 4 A Wt
лúтий-иóнный/лúтий-полимéрный аккумуля́тор Lithium-Ion-/Lithium-Polymer-Akkumulator 3
лифт Lift, Fahrstuhl 1
лицéй Lyzeum 2
лицó Gesicht 2
лúчность Persönlichkeit, Person 5 Б
лúчный persönlich, Privat- 1 A
лишúть/лишáть (weg)nehmen, entziehen, rauben 6 Б
ловúть ↗ поймáть
логúстик Logistiker(in) 1 B
лóдка Boot 3
лóжка Löffel 2
лóзунг Losung, Motto, Leitspruch 5 Б Wt
луг Wiese 3
лук Zwiebel, Lauch 3
лýчше *hier:* lieber 2
лýчший der beste 3
лы́жи Ski 2

люби́мый Lieblings-, beliebt 1
люби́ть lieben, gern haben, mögen 1
любо́вь Liebe 2
любо́й jeder, beliebig 3
любопы́тный neugierig, wissbegierig 6 A
лютера́нин Lutheraner 6 A

М

магази́н Geschäft, Laden 1
магистра́ль Magistrale, Hauptverkehrsader 3
мазу́т Masut, Erdölrückstände 3 Б
май Mai 2
макаро́нный Makkaroni- 3
макаро́ны Makkaroni 1
ма́клер Makler(in) 2
мал, мала́, мало́; малы́ klein, winzig 3
ма́ленький klein 1
ма́льчик (kleiner) Junge *(bis ca. 14–15 J.)* 2
ма́ма Mama, Mutti 1
маргари́тка Gänseblümchen, Margerite 3
ма́рка Briefmarke 2
(текст)ма́ркер (Text)Marker 1
ма́ркетинг Marketing 1 B Wt
март März 1
маршру́т Reiseroute 2
маршру́тка Kleinbus-Sammeltaxi 1
ма́сло Butter 3
масса́жный кабине́т Massageraum 3
ма́ссовый Massen- 3
ма́стер Meister 2 A
мастерство́ *hier:* Meisterschaft, Geschicklichkeit, Virtuosität 2 A
матема́тик Mathematiker 2
матема́тика Mathematik 2
материа́л Material, Stoff 3
матрёшка Matrjoschka 1
ма́трица Matrix 3
матро́с Matrose 5 Б Wt
матч Spiel, Match 3
мать Mutter 3
маши́на Auto 1
мегаба́йт Megabyte 3
медве́дь Bär 3
медици́нский medizinisch 1 A Wt
ме́дленный langsam 3
медсестра́ Krankenschwester 1 A
ме́жду *hier:* zwischen 2
ме́жду про́чим übrigens, unter anderem 4 A
междунаро́дный international, Völker- 6 A
мексика́нский mexikanisch 2 Б Wt
мел Kreide 1
мело́дия Melodie 4 B
мелодра́ма Melodram 3
ме́неджер Manager(in) 2
ме́неджмент Management 1 Б Wt
ме́нее weniger als 3
меннони́т Mennonit 6 A Wt
ме́ньше weniger 3
ме́ньше всего́ am allerwenigsten 3
меню́ Menü *auch EDV*, Speisekarte 3
меня́ться *hier:* sich (ver)ändern, wechseln 2 A
ме́сто Ort, Platz, Sitzplatz 1, 2
ме́сяц Monat 2
2–4 ме́сяца, 5 … ме́сяцев
ме́тал Heavy Metal 1
метеоро́лог Meteorologe 2
ме́тод Methode 2 A Wt
метро́ Metro, U-Bahn 1
меха́ник Mechaniker 3
мечта́ть ↗ помечта́ть
микроволно́вка Mikrowelle 1
микрофо́н Mikrofon 3
миллиа́рд Milliarde 3
миллио́н Million 3
ми́лый lieber, geliebter 2
ми́ни-футбо́льный Minifußball- 3
ми́нус minus, Minus 1
мину́та Minute 1
мир 1. Welt, Erde; 2. Frieden 1, 3
миров́ой 1. Welt-; 2. Friedens- 2 A
мла́дший jüngerer 1 B
мне́ние Meinung 3
мно́гие viele 3
мно́го viel 2
многоэта́жный mehr-/vielstöckig 3
мо́ббинг Mobbing 3
моби́льник Handy 1
мо́да Mode 2
моде́ль Modell, Muster 3
моделье́р Modeschöpfer(in), Modedesigner(in) 1 Б
моде́м Modem 3
модерниза́ция Modernisierung 5 A Wt
модернизи́ровать modernisieren 5 A
мо́дный Mode-, modisch, aktuell, in 3
мо́жно man kann, es ist möglich, man darf, es ist erlaubt 1, 2
мой, моя́, моё; мои́ mein(e) 1
молодёжь Jugend, junge Leute, Nachwuchs 3
молодо́й jung 3
мо́лодость Jugend(zeit) *Alter zwischen 19 und 30 J.* 2 A
моло́же jünger 3
молоко́ Milch 1
моло́чный Milch- 3
моме́нт Moment 1 Б Wt
моне́та Münze 2
моноло́г Monolog 3
моното́нный monoton 4 B Wt
мо́ре Meer, die See 2
морко́вь Möhre 3
моро́женое Speiseeis 1
москви́ч Moskauer 1
москви́чка Moskauerin 1
моско́вский Moskauer 3
мост Brücke 3
моти́в Motiv 3 Б Wt
мочь können *(die Möglichkeit zur Ausübung einer Tätigkeit haben)* 2
муж Ehemann 3
му́жественный mutig, tapfer 6 A
мужско́й Männer-, Herren-, männlich 3
мужчи́на Mann *(als Person)* 3
музе́й Museum 1
музе́й-запове́дник Naturschutzgebiet 2
му́зыка Musik 1
музыка́льный инструме́нт Musikinstrument 2
музыка́льный центр Hi-Fi-Anlage 1
музыка́нт Musiker, Musikant 2
му́льтик Zeichentrickfilm 3
му́сор Müll 3
мы wir 1
мыть ↗ вы́мыть
мышь Maus 1
мю́зикл Musical 4 A Wt
мю́сли Müsli 1
мя́со Fleisch 1

Н

на 1. auf, an *in Verbindung mit geografischen Namen;* 2. im *in Verbindung mit Himmelsrichtungen;* 3. in; 4. mit; 5. zum; 6. (Zeit, Geld …) für 1, 2, 3, 2 B, 5 Б
на второ́м этаже́ im 2. Stock, in der 2. Etage 1
на за́втрак zum Frühstück 1
на обе́д zum Mittagessen 1
на пе́рвом этаже́ im Erdgeschoss, Parterre 1
на са́мом де́ле in Wirklichkeit 4 A
на у́жин zum Abendbrot 1
на чём? womit? 2
На, возьми́! Da! Nimm. Da hast du. 1
наве́рно(е) wahrscheinlich, sicher 2
навести́/наводи́ть
поря́док Ordnung schaffen 5 A
на́вык Fertigkeit 1 B
над über 3
надо мно́й über mich 3
наде́жда Hoffnung 3 Б
надёжный verlässlich, zuverlässig, sicher 3
на́до müssen, sollen 2
на́дпись Aufschrift, Überschrift, Beschriftung 3
наза́д 1. zurück; 2. vor 3
назва́ть/называ́ть (be)nennen 3
называ́ться *hier:* heißen *Gegenstände, Pflanzen, Straßen u. ä.* 2 A
наизу́сть auswendig 4 A
найти́/находи́ть finden 3
наконе́ц-то na endlich 1 B
нале́во nach links 1
намно́го bedeutend, viel 3
написа́ть/писа́ть schreiben 2; *hier:* malen 2 A
направле́ние Richtung, Stilrichtung 2 A
напра́во nach rechts 1
наприме́р zum Beispiel 2
нарисова́ть (auf)zeichnen, malen 2
наркома́н, наркома́нка (Drogen) Süchtige(r) 3
наркома́ния Drogensucht 3
нарко́тики Drogen 3
наро́д Volk 3 A
на́сморк Schnupfen 3
насто́льный 1. Tisch-; 2. Hand- 3

настоя́щий 1. gegenwärtig, momentan, jetzig; 2. echt, wahr, richtig 3
настрое́ние Stimmung, Laune 2 А
натюрмо́рт Stillleben 2 Б
нау́чная фанта́стика Science-Fiction 4 А
нау́чно-техни́ческий wissenschaftlich-technisch 3 Б
находи́ться sich befinden 1
национа́льность Nationalität, nationale Zugehörigkeit 6 А
на́ция Nation 3
нача́ло Beginn, Anfang 2
нача́льник Vorgesetzte(r), Chef(in) 1 А
нача́льный *hier:* Grund- 2
нача́ть/начина́ть beginnen, anfangen 2, 3
нача́ться/начина́ться beginnen, anfangen 2
наш, на́ша, на́ше; на́ши unser(e) 1
не nicht 1
Не́ за что. Bitte schön. Keine Ursache. 1
небольшо́й nicht groß, klein 1
нева́жный unwichtig, unbedeutend 3
невысо́кий nicht hoch 3
негати́вный negativ 3
недалеко́ от nicht weit von 1
неде́ля Woche 2
незави́симость Unabhängigkeit, Selbstständigkeit 3
незави́симый unabhängig, selbstständig 5 А
Незна́йка Nesnaika 1
не́который 1. *Sg.* ein gewisser; 2. *Pl.* einige, manche 1 А
нельзя́ man darf nicht, es ist nicht erlaubt 2
неме́цкий deutsch 1
немно́го etwas, ein wenig 1
немо́й stumm, Stumme(r) 6 А
непоня́тный unverständlich, unbegreiflich, unerklärlich, merkwürdig 4 В
нерви́ровать nervös machen 3
нереалисти́чный unrealistisch 4 В Wt
несвобо́дный unfrei, abhängig 5 А
не́сколько einige 2
неску́чно nicht langweilig 2
несоверше́нный 1. unvollkommen, fehlerhaft; 2. unvollendeter (Aspekt) 3
несогла́сие Ablehnung 3
несправедли́вый ungerecht, unberechtigt 3
нестаби́льность Instabilität, Unsicherheit 1 В
нестанда́ртный *hier:* außergewöhnlich 1 А Wt
нет 1. es gibt nicht; kein(e) haben; etw. oder jmd. ist nicht (da) 1; 2. nein 1; 3. kein(e) … ! 2
неуже́ли ist es möglich, wirklich 2
неэффекти́вный ineffektiv, ineffizient, unwirksam 3
нигде́ nirgends 3
ни́жнее бельё Unterwäsche 2
никако́й kein(er), kein(e) 3
никогда́ nie, niemals 3
никто́ niemand, keiner 3
никуда́ nirgend(s)wohin 3
ничего́ *hier:* es geht, ganz gut 1
ничто́ nichts 3
но …, aber … 1
нового́дний, -яя, -ее; -ие Neujahrs- 2
но́вости Nachrichten, Neuigkeiten 3
но́вый neu 1
Но́вый год *пра́здник* Neujahr 2
нога́ Bein 2
нож Messer 2
но́жницы Schere 1
но́мер 1. Nummer; 2. Hotelzimmer 3
но́мер телефо́на Telefonnummer 1
норма́льно normal, nichts Besonderes, es geht 1
но́рмы Normen, Werte 1 А
нос Nase 2
носи́ть tragen *Kleidung, Namen* 1 Б
носки́ Socken 2
ноутбу́к Notebook, Laptop 3
ночно́й Nacht-, nächtlich 1 Б
но́чью nachts, in der Nacht 2
ноя́брь November 2
нра́виться ↗ понра́виться
ну na, nun 1 А
Ну что́ ты! Ach was! I wo! 1
ну́жный nötig, notwendig; *Kurzform:* brauchen 3 А
нуль null 6 А Wt
нумизма́тика Numismatik, Münzsammlung 2 А Wt

О

о über, von 2
о ком? über wen? von wem? 2
о чём? worüber? wovon? 2
о'ке́й o.k. (okay) 1
обе́д Mittagessen 1
обе́дать zu Mittag essen 1
обеспоко́ить/беспоко́ить beunruhigen, Sorgen machen 3 А
обеща́ть versprechen 2
облада́ть besitzen, verfügen über *etw.* 6 А
обману́ть/обма́нывать betrügen, täuschen 3
обме́н 1. Austausch; 2. Geldwechsel, Valutawechsel 3
обра́довать, пора́довать/ра́довать erfreuen 3
о́браз 1. Gestalt, Erscheinung, Bild; 2. Art, Weise 3
о́бразный bildlich, bildhaft 4 Б
образова́ние (Schul)Bildung 3
образо́ванный gebildet, intelligent 2 В
образова́тельный Bildungs- 6 В Wt
обра́тный zurück, Rück- 3
обслу́живание Dienstleistung, Service 1 В
обсуди́ть/обсужда́ть besprechen, erörtern, diskutieren 4 А
о́бувь Schuhe, Schuhwerk 3
обуче́ние Ausbildung, Unterricht 6 В
о́бщая шко́ла Gesamtschule 2
обща́ться с mit Instr. sich unterhalten 3
общежи́тие Wohnheim 6 А
общеобразова́тельный allgemeinbildend 1 А
обще́ственный gesellschaftlich, Gesellschafts-, öffentlich 1 В
о́бщество Gesellschaft 1 В
о́бщий 1. gemeinsam; 2. allgemein, Allgemein-; 3. gesamt, Gesamt- 3 А
общи́тельный mitteilsam, gesprächig, kontaktfreudig 2
объединённый vereinigt, vereint, Gesamt- 1 А
объе́кт Objekt 1
объём Volumen, Umfang 3
объявле́ние *hier:* Anzeige, Annonce 1 Б
объясни́ть/объясня́ть erklären, erläutern 6 А
обы́чно gewöhnlich, normalerweise, meistens 1
обяза́тельно unbedingt, bestimmt 2
обяза́тельный obligatorisch, Pflicht- 1 А
овладе́ть/владе́ть *hier:* erlernen, beherrschen 6 В
о́вощи Gemüse 3
огоро́д Gemüsegarten 3
огро́мный riesig, gewaltig 3
огуре́ц Gurke 3
оде́жда Kleidung 3
оде́ться/одева́ться sich anziehen, sich (be)kleiden 1 Б
одина́ковый gleich, derselbe, identisch 6 В
одни́м сло́вом kurzum, mit einem Wort 3
однокла́ссник, однокла́ссница Mitschüler(in) 2
одува́нчик Löwenzahn, Pusteblume 3 Б
ожида́ть erwarten 3
о́зеро der See 1
озо́новая дыра́ Ozonloch 3 В
озоносфе́ра Ozonschicht 3 Б
Ой, как бо́льно! Oh (Au), wie tut das weh! 2
окно́ Fenster 2
оконча́ние 1. Schluss, Ende; 2. (grammatische) Endung; 3. Abschluss, Beendigung 3
око́нчить/ока́нчивать beenden, absolvieren 3
окружа́ющий umgebend 3 А
октя́брь Oktober 2
олимпиа́да Olympiade 2
олимпи́йский olympisch 3
он er 1
она́ sie 1
они́ sie *Pl.* 1
онла́йн online 3
онла́йновая игра́ Onlinespiel 3
онла́йновый Online- 3
оно́ es 1
ООН UNO, Vereinte Nationen 6 А
опа́сность Gefahr 3 А
опа́сный gefährlich 3
о́пера Oper 1

описа́ть/опи́сывать beschreiben 3
опро́с Umfrage 3
оптима́льный optimal 3
оптимисти́ческий optimistisch 3
оптимисти́чный optimistisch 2
опубликова́ть/публикова́ть veröffentlichen, publizieren 3 A
ора́нжевый orange 2
организа́тор Organisator 3
организа́ция Organisation 3
органи́зм Organismus 3 A Wt
организова́ть/ организо́вывать organisieren 2
оригина́льность Originalität 3
оригина́льный Original-; originell 2 Б
осе́нний -яя, -ее; -ие Herbst-, herbstlich 2
о́сень Herbst 2
основа́тель Gründer, Begründer 2 A
основа́ть/осно́вывать gründen, begründen 2 A
основно́й Haupt-, hauptsächlich 3
осо́бенно besonders 1
осо́бенность Besonderheit, Eigenart, Eigentümlichkeit 6 B
осо́бенный besonderer 3
осо́бый besonderer, eigentümlich 2 A
остально́й übrig, restlich, verbleibend 6 B
останови́ться/остана́вливаться anhalten, stehen bleiben 3
остано́вка Haltestelle 1
оста́ться/ остава́ться bleiben 2
о́стров Insel 2
от von 2
отве́т Antwort 1
отве́тить/отвеча́ть antworten auf, beantworten 3
отве́тственный verantwortungsbewusst, verantwortungsvoll 1 B, *hier:* Verantwortliche(r) 6 B
отде́льный einzeln, abgeteilt 3
отдохну́ть/отдыха́ть sich erholen, sich ausruhen 3
о́тдых Erholung 3
отелье́р Hotelier, Hotelmanager(in) 1 A Wt
оте́ц Vater 3
открове́нный offen, offenherzig, aufrichtig 6 A
откры́тка Ansichtskarte, Postkarte 1
откры́тый offen(herzig) 2
откры́ть/открыва́ть 1. aufmachen, öffnen; 2. aufschlagen; 3. eröffnen 3
отку́да? woher? 1
отличи́ться/отлича́ться
1. sich unterscheiden von;
2. sich auszeichnen durch 6 A
отли́чно *hier:* ausgezeichnet 2
отме́на Abschaffung, Aufhebung 5 Б
отмени́ть/отменя́ть abschaffen, aufheben 5 A
отме́тить/отмеча́ть 1. kennzeichnen; 2. feststellen, hervorheben, anmerken 3; 3. feiern, begehen 3
отме́тка *hier:* Note, Zensur 2

отнести́сь/относи́ться
1. sich verhalten, *zu etw. oder jmdm.* eine Beziehung haben;
2. sich auf *etw.* beziehen, betreffen 4 A
отправля́ться abfahren 2
отпра́зднова́ть feiern 2
о́тпуск Urlaub 3
отрави́ть/отравля́ть vergiften, verseuchen, schädigen 3 Б
отрази́ть/отража́ть *hier:* darstellen, widerspiegeln 1 B
отрази́ться/отража́ться sich reflektieren, sich widerspiegeln 4 Б
отреаги́ровать/реаги́ровать reagieren 1 B
отре́зать/отреза́ть abschneiden, abtrennen 5 B
отры́вок Ausschnitt, Auszug *aus einem literarischen oder musikalischen Werk* 4 A
отсю́да von hier aus 1
отту́да von dort(her), von da 3
о́тчество Vatersname 2
о́фис Büro 1
офо́рмить/оформля́ть *hier:* ausstatten, ausschmücken 4 A
охра́на Schutz, Wahrung 3 Б
охрани́ть/охраня́ть beschützen, verteidigen 3 A
оце́нка 1. Einschätzung, Beurteilung; 2. Zensur, Note 5 B
о́чень sehr 1

П

пала́тка Zelt 3
па́лец Finger 2
па́льцы ноги́ Fußzehen 2
па́мятник Denkmal 2 A
па́мять 1. Gedächtnis;
2. Andenken, Gedenken, Erinnerung;
3. Speicher *EDV* 3
панк-ро́к Punk Rock 1
па́па Papa, Vati 1
па́пка Hefter, Ordner 1
пара́д Parade 3
па́рень junger Mann, Kerl 2
парикма́хер Friseur(in) 1 A
парикма́херская Friseursalon 1 B
парк Park 1
парла́мент Parlament 4 Б Wt
парнико́вый эффе́кт Treibhauseffekt 3 A
па́ртия Partei 5 A
партнёр Partner 3
па́спорт (Reise)Pass 3
па́спортный Pass- 3
пассажи́р Passagier, Fahrgast, Fluggast, Reisender 3
пасте́льный pastellfarben, Pastell- 2 A Wt
Па́сха Ostern 2
пасха́льный Oster- 2
пацие́нт(ка) Patient(in) 1 A Wt, 3 B Wt
певе́ц Sänger 2
певи́ца Sängerin 2
педагоги́ческий pädagogisch 1 B Wt
пейза́ж Landschaft, Landschaftsbild 2 Б
пельме́ни Pelmeni 1

пе́ние Singen, Gesang 2
первокла́ссник, первокла́ссница Schüler(in) der 1. Klasse 2
пе́ред vor *örtlich/zeitlich* 2 B
переда́ть/передава́ть
1. übergeben, übertragen;
2. wiedergeben;
3. mitteilen 3
переда́ча Sendung 3
пере́дний план Vordergrund 2 A
перее́хать/переезжа́ть
1. über *etw.* fahren, herüberfahren;
2. umziehen, übersiedeln 3
переключи́ть/переключа́ть umschalten 3
перелете́ть/перелета́ть über *etw.* fliegen, überfliegen 3
переме́на *hier:* Pause 2
во вре́мя переме́ны in der Pause
перепи́сываться in Briefwechsel stehen 3
переселе́нец,
переселе́нка Auswanderer (Auswanderin), Übersiedler(in), Spätaussiedler(in) *Pers. dt. Herkunft, aus den Ländern der ehem. Sowjetunion* 6 A
пересели́ться/переселя́ться umsiedeln, auswandern 6 A
перестро́йка 1. Umbau, Umgestaltung, 2. Perestroika *politische Reformphase am Ende der Sowjetunion* 5 A
пери́од Periode, Phase 1 Б Wt
персона́ж literarische Figur 4 Б
персона́л Personal 1 B Wt
персона́льный тре́нер Personal Trainer 3
персона́льный тре́нинг Personal Training 3
перспекти́ва Perspektive 3
пе́сенка Liedchen 2
пе́сни Lieder 1
пе́сня Lied 2
петь singen 2
пешко́м zu Fuß 1
пиани́но Piano, Klavier 1, 4 A
пирами́да Pyramide 3
пирожки́ Piroggen 1
писа́тель, писа́тельница Schriftsteller(in) 3
писа́ть schreiben 2
пи́сьменный стол Schreibtisch 1
письмо́ Brief 1
пита́ние Ernährung, Kost 3
пить trinken 1
пи́цца Pizza 1
пла́вание Schwimmen 2
пла́вать schwimmen 2
плака́т Plakat 3
плане́та Planet 3 A Wt
плани́ровать planen 3
пла́ны *hier:* Pläne, Vorhaben 2
плати́ть ↗ заплати́ть
плато́к Tuch 1
платфо́рма Bahnsteig 2
пла́тье Kleid 2
пле́ер (MP3-)Player 1
плохо́й schlecht, schlimm 2

плóщадь Platz 1
плыть schwimmen 2
плюс plus, Plus 1
по 1. in (im Fach) 1 A; 2. durch, entlang, 3. jeden Wochentag (montags, dienstags, ... sonntags) 2, 3; 4. von (*Beruf*) 1 A, 5. bis (einschließlich) *zeitlich* 2 A
по дóму bei der Hausarbeit, im Haushalt 3
по дорóге unterwegs, auf dem Weg (in, nach, zu) 4 A
по служéбным делáм dienstlich 5 Б
по содержáнию inhaltlich 4 Б
по телевúзору im Fernsehen 1
по-англúйски englisch, auf Englisch 1
победúть/побеждáть siegen, besiegen 5 A
побесéдовать/бесéдовать sich unterhalten, ein Gespräch führen 1 A
по/боя́ться sich fürchten, Angst haben 3
побывáть sein, verweilen 2
по-вáшему eurer (Ihrer) Meinung (Ansicht) nach 3
повезлó *jmd.* hatte Glück 2
повéсить/вéшать hängen, aufhängen 4 A
пóвесть Erzählung 3
по/влия́ть beeinflussen 3 A
поволжский Wolga- 6 A Wt
Повторú(те), пожáлуйста. Wiederhole (Wiederholt, Wiederholen Sie), bitte. 1
погúбнуть/погибáть umkommen, sterben 3 Б
погóда Wetter 2
по/гуля́ть (eine Weile) spazieren gehen, bummeln 2
под *hier:* zu, bei; mit (...)begleitung (*Musik*) 2
по/дарúть schenken 2
подáрок Geschenk 2
подвáл Keller 1
подведéние итóгов Auswertung 6 B
поддержáть/поддéрживать unterstützen, zustimmen, sich anschließen 3 A
поднóс Tablett 1
подойтú/подходúть 1. herantreten, herankommen, sich nähern; 2. passen, sich eignen 3
подрýга Freundin 1
подтвердúть/подтверждáть bestätigen, bekräftigen 2 B
по/дýмать nachdenken, sich überlegen 3
подходя́щий passend, geeignet, entsprechend 4 A
пóезд Zug 2
поéздка Reise 2
поéхать (los)fahren, (hin)fahren 2
пожáлуйста bitte 1
пожáр Brand 3
по/забóтиться sich um *jmdn. oder etw.* sorgen, kümmern 1 A
по/звонúть anrufen 2
пóздний, -яя, -ее; -ие spät 3
поздравúтельный Glückwunsch- 2
поздравлéние Gratulation, Glückwunsch 2
поздрáвить/поздравля́ть gratulieren 2
позитúвный positiv 3
по/знакóмить bekannt machen, vorstellen 2
по/знакóмиться sich bekannt machen, kennen lernen 2
по/игрáть spielen 2
поймáть/ловúть fangen, fischen, angeln 3
пóиск Suche, Recherche 1 B
пойтú (los)gehen, hingehen 2
Покá! Tschüss! Mach's gut! Bis später! 1
показáть/покáзывать zeigen 2
по/казáться scheinen, den Anschein erwecken, vorkommen 4 A
покúнуть/покидáть verlassen 3
поколéние Generation 6 A
пол- halb 3
пóле Feld 3
по/лежáть liegen 3
полéзный nützlich, gesund 3
полёт Flug 3
по/летéть (hin)fliegen, (los)fliegen 3
полúтик Politiker 2
полúтика Politik 3
политóлог Politologe, Politikwissenschaftler 2
полицéйский Polizist 1 A
пóлка Regal 1
положúтельный positiv, gut 5 B
получéние Erhalt, Erlangung 1 Б
получúть/получáть erhalten, bekommen 2
по/мечтáть träumen, seine Gedanken schweifen lassen 3
по/мешáть stören, belästigen, hindern 4 A
помещéние Raum, Räumlichkeit 6 B
помидóр Tomate 3
по-мóему meiner Meinung nach 3
помóчь/помогáть helfen 2
по/надéяться hoffen 3 A
по-настоя́щему tatsächlich 3
понедéльник Montag 2
по-немéцки deutsch, auf Deutsch 1
Поня́тно. (Alles) klar. 1
поня́ть/понимáть verstehen 3
пообщáться/общáться Kontakt zu *jmdm.* pflegen (haben), sich unterhalten, kommunizieren 3
поп- и софт-рок Pop- und Soft-Rock 3
поп-звёзды Popstars 2
попкóрн Popcorn 3
поп-мýзыка Popmusik 1
по-пóльски polnisch, auf Polnisch 1
по/практиковáться sich üben 3
по/прóбовать kosten, schmecken 1
по/просúть *jmdn. um etw.* bitten 3
попугáй Papagei 1
популя́рность Popularität 3
популя́рный populär, bekannt, beliebt 2, 4 A
по/пытáться versuchen 6 B
порá 1. Zeit; 2. es ist Zeit, *etw. zu machen* 3
по/рáдовать (er)freuen 3
по/рекомендовáть empfehlen 3
портрéт Porträt, Bild, Bildnis 2, 2 A
портфóлио Portfolio 1 Б Wt
по-рýсски russisch, auf Russisch 1
поря́док 1. Ordnung; 2. Reihenfolge, Ablauf 1 A
посетúтель Besucher 2 A
посетúть/посещáть besuchen 2
посещéние Besuch 2 A
послáть/посылáть schicken, senden 3
пóсле nach 1
пóсле э́того danach 2
послéдний, -яя, -ее; -ие der (die, das); die letzte(n) 2
послезáвтра übermorgen 2
послóвица Sprichwort 1 B
по/слýшать (sich) anhören, zuhören, hören 2
по/смея́ться lachen 3
по/смотрéть sich *etw.* ansehen, anschauen 2
по/совéтовать raten, einen Rat geben 3
по/совéтоваться sich beraten 3
по/спешúть eilen, hasten, sich beeilen, es eilig haben 5 Б
по/спóрить streiten, sich über *etw.* streiten 4 A
по/стáвить (hin)stellen, aufstellen, hinsetzen 4 A
по/старáться sich Mühe geben, sich anstrengen 1 Б
постéль Bett *(mit Bettzeug)*
пóстер Poster 1
постоя́нный ständig, immer dauernd, fest 3
по/стоя́ть stehen 2
по/стрóить bauen, errichten 3
постсовéтский postsowjetisch 6 A Wt
поступúть/поступáть 1. handeln, vorgehen; 2. immatrikuliert werden (einen Studienplatz bekommen, Studium/ Ausbildung beginnen) 3
посýда Geschirr 3
вы́/мыть посýду Geschirr spülen (abwaschen) 3
посудомóйка Geschirrspüler 1
по-твóему deiner Meinung (Ansicht) nach 3
потеплéние Erwärmung 3 A
по/теря́ть verlieren 3 B
потóм dann, danach, anschließend 1
потомý что weil, da 2
по/трéбовать (er)fordern, verlangen, erwarten 2 A
поýжинать Abendbrot essen, zu Abend essen 2
поучáствовать/учáствовать teilnehmen, sich beteiligen, mitwirken, mitarbeiten 2, 4 A
пофлиртовáть/флиртовáть flirten 3

по-францу́зски französisch, auf Französisch 1
похо́д Wanderung 2
по/ходи́ть bummeln, spazieren gehen 2
по/целова́ть küssen 2
почему́? warum? 2
по́чта Post, Postamt 1
почти́ fast, beinahe 3
по/чу́вствоваться zu spüren sein, fühlbar sein 2 A
по/шути́ть Scherze machen 3 Б
поэ́т(есса) Dichter(in), Poet(in), Lyriker(in) 4 A
поэ́тому deshalb, deswegen 2
прав, права́, пра́во; пра́вы recht haben 3
пра́вда 1. (nicht) wahr, stimmt's; 2. Wahrheit 2
пра́вило Regel 3
пра́вильно richtig 1
прави́тельство Regierung 5 A
правосла́вный (griechisch-)orthodox, Anhänger des (griechisch-)orthodoxen Glaubens 6 A
пра́вый rechter 2 A
пра́здник Fest, Feiertag 2
пра́здничный festlich, feierlich 2
пра́здновать feiern 2
практикова́ться ↗ попрактикова́ться
предложе́ние Angebot, Vorschlag 6 B
предложи́ть/предлага́ть anbieten, vorschlagen 2, 3
предме́т *hier:* Schulfach 2
предприя́тие Betrieb, Unternehmen 3 A
представи́тель Vertreter, Beauftragter, Repräsentant 6 B
предста́вить себе́/представля́ть себе́ sich *etw.* vorstellen 3
предста́вить/представля́ть vorstellen, bekannt machen 3
презента́ция Präsentation, Vortrag 1 A Wt
президе́нт Präsident(in) 1
прекра́сный wunderschön, herrlich, ausgezeichnet 2, 3
преподава́ть unterrichten, lehren 1 A
прерва́ть/прерыва́ть unterbrechen 3
прести́жный Prestige- 1 A Wt
при 1. bei; 2. unter, zur Zeit von, in 3, 5 A
приблизи́тельный ungefähr, etwa, zirka, annähernd 3
прибыть/прибыва́ть ankommen, eintreffen 2
прибы́тие Ankunft 3
привести́/приводи́ть zu *etw.* führen 5 A
Приве́т! Grüß dich! Hallo! 1
привле́чь/привлека́ть *hier:* anlocken, (an)ziehen, fesseln 6 A
привы́чный gewohnt, gewohnheitsmäßig 6 A
пригласи́ть/приглаша́ть einladen 2
приглаше́ние Einladung 2
пригото́вить/гото́вить 1. (vor)bereiten, zurechtmachen; 2. kochen, zubereiten 3
придётся/прихо́дится *hier:* muss, müssen 6 A
приду́мать/приду́мывать ausdenken, erfinden 5 A
приём 1. Empfang; 2. Sprechstunde; 3. Einnehmen (*Arzneimittel*) 3
приёмная (ко́мната) 1. Wartezimmer; 2. Sprechzimmer 3
прие́хать/приезжа́ть (an)kommen, anreisen 2, 3
приз *hier:* Preis *für einen Sieg in einem Wettwewerb* 2
призна́ть/признава́ть 1. anerkennen; 2. zugeben 6 A
призово́й Preis- (Medaillen-) 2
прийти́/приходи́ть (an)kommen, eintreffen 2
приказа́ть/прика́зывать befehlen, anordnen 5 A
приключе́ние Abenteuer 3
приле́жный fleißig 3
прилете́ть/прилета́ть ankommen, angeflogen kommen 3
приме́рный ungefähr, etwa, annähernd 3
принадлежа́ть angehören 6 A
принести́/приноси́ть (mit)bringen 2
при́нтер Drucker, Printer 3
приня́ть/принима́ть 1. empfangen; 2. Sprechstunden haben; 3. einnehmen 3
приро́да Natur 3
приро́дный Natur-, natürlich 3 A
приступи́ть/приступа́ть *etw.* beginnen 1 B
приходи́ть ↗ прийти́
прихо́жая Flur, Diele 1
прия́тно angenehm 2
Прия́тного аппети́та! Guten Appetit! 1
пробле́ма Problem 2
про́бовать ↗ попро́бовать
провести́/проводи́ть 1. verbringen; 2. durchführen 2, 3
проводни́к, проводни́ца Zugbegleiter(in) 2
програ́мма Programm 2
программи́рование Programmierung 1 B Wt
программи́ст Programmierer 2
прогре́сс Fortschritt, Progress 3 B Wt
продаве́ц, продавщи́ца Verkäufer(in) 1
продо́лжить/продолжа́ть fortsetzen, fortfahren 5 A
продо́лжиться/продолжа́ться dauern, andauern, weitergehen 5 A
проду́кты Lebensmittel 3
проду́кция Produktion, Erzeugnisse 1 B
продю́сер (Film-)Produzent(in), TV-Producer(in) 3
прое́кт Projekt 3
прое́хать/проезжа́ть 1. durchfahren, zurücklegen, überqueren; 2. vorbeifahren, verpassen 3
прожива́ние 1. Unterbringung, Wohnsituation; 2. Aufenthalt, Leben, Wohnen 3, 6 A
прожи́ть/прожива́ть wohnen, seinen Wohnsitz haben, leben 6 A
проза́ик Prosaiker(in), Prosaschriftsteller(in) 4 Б
про/звуча́ть (er)klingen, (er)-tönen, (er)schallen 6 B
произведе́ние *hier:* Kunstwerk 2 A
произойти́/происходи́ть 1. vor sich gehen, passieren, geschehen, stattfinden; 2. (ab)stammen, zurückgehen 3
про/интерпрети́ровать interpretieren 3
про/информи́ровать informieren, benachrichtigen 3
происхожде́ние Abstammung, Herkunft 6 A
пройти́/проходи́ть 1. hereinkommen, durchgehen, näher kommen; 2. durchqueren, passieren; 3. vergehen; 4. verlaufen, stattfinden; 5. (Lehrstoff) behandeln, durchnehmen 3
пройти́/проходи́ть пра́ктику ein Praktikum absolvieren 1 A
прописа́ть/пропи́сывать 1. verschreiben, verordnen; 2. *jmdn.* anmelden 3
пропи́ска Registrierung, polizeiliche Anmeldung, Passeintragung 6 Б
про/реклами́ровать werben, Reklame machen 3
проси́ть ↗ попроси́ть
про/служи́ть dienen, angestellt sein, arbeiten für *jmdn.* 5 Б
просну́ться/просыпа́ться aufwachen 3 Б
проспе́кт Prospekt, Avenue 1, 3
про́сто einfach 1
простота́ Einfachheit, Schlichtheit 2 A
простра́нство Raum, Zwischenraum 6 Б
про́сьба Bitte 2
про́тив *hier:* dagegen 2
проти́вник Gegner, Feind 5 B
профессиона́льно-техни́ческое учи́лище (technische) Berufsschule 1 A
профессиона́льный Berufs-, professionell 3
профе́ссия Beruf 2, 1 A
профе́ссор Professor(in) 1
про́фильный Profil- 1 A
проце́нт Prozent 3
про/чита́ть lesen 2
про́шлый vergangen, vorherig, vorig 6 A
пруд Teich 3
Пру́ссия Preußen 6 A Wt
прямо́й gerade, direkt 1 A
психо́лог Psychologe 1 A Wt
психоло́гия Psychologie 3
пти́ца 1. Vogel; 2. Geflügel 3
ПТУ (профессиона́льно-техни́ческое учи́лище) Berufsschule 1 A

пункт Punkt 5 A Wt
пунктуа́льный pünktlich 1 A
путёвка (gebuchte) Reise, Pauschalreise, Reisevertrag 3
путеше́ствие Reise 2
путеше́ствовать reisen 2
пьеса Theaterstück, Schauspiel, Musikstück 4 A
пюре́ Püree, Brei 1
пятёрка Fünf (*Zensur,* ausgezeichnet) 2
пя́тница Freitag 2

Р

рабо́та Arbeit, Werk; Arbeit (Tätigkeit) 2
рабо́тать 1. arbeiten; 2. funktionieren 2
рабо́тник Angestellter 1 A Wt; Arbeiter 6 A
работода́тель Arbeitgeber 1 B
рад, ра́да, ра́до; ра́ды froh, erfreut 3
ра́дио Radio 1
радиослу́шатель Radiohörer 2
ра́довать ↗ обра́довать
ра́достный froh, freudig 2 A
ра́дость Freude 2
раз Mal, mal 2
ра́зве denn, etwa 2
разви́тие Entwicklung 1 A
развлече́ние Unterhaltung 1 B
развле́чь/развлека́ть unterhalten, amüsieren 3
разгова́ривать sich unterhalten, sprechen 2
раздели́ть/разделя́ть teilen 3
раздражи́ть/раздража́ть reizen, erregen, ärgern 3 A
разли́чие Unterschied 3
разли́чный verschieden, unterschiedlich 1 A
ра́зный verschieden 2
разреши́ть/разреша́ть erlauben, gestatten 2
разру́шить/разруша́ть vernichten, zunichtemachen, ruinieren 3 A
разу́мный vernünftig 3 A
рай Paradies 3 B
раке́тка Tennisschläger 3
ра́мка Rahmen 3
раскритикова́ть/критикова́ть kritisieren, Kritik üben 3 A
распа́д Zerfall, Verfall 5 A
расписа́ние (Fahr)Plan 2
распрода́жа Ausverkauf, Sonderangebot, Preisaktion 3
расска́з Erzählung, Geschichte 3 Б
рассказа́ть/расска́зывать erzählen 2, 3
расска́зчик Erzähler 4 Б
рассортирова́ть/сортирова́ть sortieren, trennen 3 A
расте́ние Pflanze, Gewächs 3 A
расцвести́/цвести́ aufblühen, gedeihen 3 B
реаги́ровать ↗ отреаги́ровать
реализова́ть realisieren, verwirklichen 3
реа́льно real, reell, wirklich 3
реа́льность Realität, Wirklichkeit 3
реа́льный Real- 2
ребёнок Kind 3
ребя́та 1. Kinder, Jugendliche; 2. *wird auch in der Anrede Jugendlicher untereinander im Sinne von „Leute" verwendet* 1
революцио́нный Revolutions-, revolutionär 5 Б Wt
револю́ция Revolution 3 B Wt, 5 A
регио́н Region 2
регистра́тор Mitarbeiter(in) der Patientenaufnahme 3
регистрату́ра Anmeldung *in mediz. Einrichtung*, Patientenaufnahme 3
регистра́ция Abfertigung (im Flughafen) 2
регуля́рный regelmäßig 3
реда́ктор Redakteur 1 B Wt
реда́кция Redaktion 3
реди́с Radieschen 3
ре́дкий selten 3
режиссёр Regisseur(in) 3
резе́рв Reserve 6 A Wt
результа́т Resultat, Ergebnis 2
резюме́ 1. Resümee, Zusammenfassung; 2. Lebenslauf, CV 1 B
ре́йтинг Rating 1 A Wt
река́ Fluss 1
рекла́ма Reklame, Werbung 3
реклами́ровать ↗прорекла́ми́ровать
рекла́мные ро́лики Reklame, Werbespots 3
рекла́мный Werbe-, Reklame- 3
рекодрсме́н(ка) Rekordhalter(in) 6 A Wt
рели́гия Religion 2
ремо́нт *hier:* Renovierung 2
репорта́ж Reportage 3
репресси́вный repressiv 5 B Wt
репти́лии Reptilien 3 B Wt
респу́блика Republik 5 A Wt
реставра́тор Restaurator 2
реставрацио́нный Restaurations- 2 A
рестора́н Restaurant, Gaststätte 1
ресу́рсы Ressourcen, Quellen 3 A
реформи́ровать reformieren, umgestalten 5 B
реце́пт Rezept 3
речь Rede, Ansprache 1 A
реше́ние 1. Lösung; 2. Entscheidung, Entschluss, Urteil 1 A
реши́тельный entschlossen 2
реши́ть/реша́ть entscheiden, lösen (*Aufgabe*) 3
рис Reis 1
рисова́ние Zeichnen 2 A
рисова́ть zeichnen, malen 1
рису́нок Zeichnung, Bild 2
ро́вно genau, Punkt (…Uhr) 1
ро́дина Heimat 2 A
роди́тели Eltern 1
роди́ться geboren werden 2
родно́й Heimat-, heimatlich 1
ро́дом stammen aus 6 A
ро́дственники Verwandte 2
рожде́ственский Weihnachts- 2
Рождество́ Weihnachten 2
ро́за Rose 3
ро́зовый rosa 2
ро́кер Rocker 2
рок-му́зыка Rockmusik 1
ро́лики Rollschuhe, Inliner 1
роль Rolle
сыгра́ть/игра́ть роль eine ~ spielen 3
рома́н Roman 4 A
рома́нтика Romantik 2
романти́чный romantisch, schwärmerisch 4 A
росси́йский russisch *auf den Staat bezogen* 2
Росси́я Russland 1
россия́не die Russen 3
рот Mund 2
руба́шка Herren(ober)hemd 2
рубль Rubel 1
рука́ Hand/Arm 2
руководи́тель, руководи́тельница Leiter(in) 2
руководи́ть leiten, führen 1 A
ру́сский russisch *auf Kultur oder Sprache bezogen,* Russe 1
русскоязы́чный russischsprachig 6 A
ру́чка Kugelschreiber, Füller 1
ры́ба Fisch 1
ры́нок труда́ Arbeitsmarkt 1 B
рэп Rap 1
рэ́пер Rapper 2
рюкза́к Rucksack 1
ряд Reihe, Linie 4 A
ря́дом с neben, nebenan, in der Nähe 3

С

с 1. mit; 2. ab, seit, 3. von … (bis … Uhr) 1, 2, 3
…, с друго́й стороны́, … andererseits 3
с кем? mit wem? 1
с одно́й стороны́, … einerseits 3
С удово́льствием! Mit Vergnügen! Gern. 1
сад (Obst)Garten 3
сайкл Fahrrad 3
сала́т Salat 1
сало́н (Schönheits-, Kosmetik-) Salon 3, 1 Б Wt
салю́т Salut, Ehrensalve 3
сам selbst 1 Б
самова́р Samowar 1
самолёт Flugzeug 2
самореализа́ция Selbstverwirklichung 3
самостоя́тельный selbstständig, unabhängig, souverän 6 A
самочу́вствие Befinden 3
са́мый *zur Bildung des Superlativs* 3
са́уна Sauna 3
сбо́рная Nationalmannschaft, Auswahl(mannschaft) 6 A
сва́лка Schuttplatz, (Müll)Deponie 3 B
све́жий 1. frisch; 2. kühl 3
свёкла Rübe 3
свети́ть *hier:* scheinen 2

све́тлый *hier:* hell 2
свиде́тель Zeuge, Augenzeuge 5 Б
свиде́тель исто́рии Zeitzeuge 5 Б
сви́тер Pullover 2
свобо́да Freiheit 3
свобо́дный frei, Frei- 2
свой, своя́, своё; свои́ mein(e), dein(e), sein(e), ihr(e); unser(e), euer(e), Ihr(e) (eigen) 3
связа́ться/свя́зываться sich in Verbindung setzen, Kontakt aufnehmen 6 А
связь Verbindung, *meistens Pl.:* Beziehungen, Verbindungen 6 А
сдать/сдава́ть 1. *v. und uv.* abgeben, abliefern, zurückgeben; 2. *v.* eine Prüfung bestehen; *uv.* eine Prüfung ablegen 1 А
с/де́лать machen, tun 2
себя́ sich, mich, dich, uns, euch, Sie (selbst) 3
се́вер Norden 1
сего́дня heute 1
сезо́н Saison 6 Б Wt
сейф Safe, Tresor 3 Б Wt
сейча́с jetzt 1
секу́нда Sekunde 3 В Wt
се́льский Land-, ländlich, Dorf- 3 В
се́льское хозя́йство Landwirtschaft 3 В
семе́йный Familien- 3
семикла́ссник, семикла́ссница Schüler(in) der 7. Klasse 2
семья́ Familie 1
сентя́брь September 2
се́рвер Server 3
се́рвисный Service-, Dienstleistungs- 1 В Wt
се́рдце Herz 4 Б
сериа́л Fernsehserie, Serial 3
се́рый grau 2
Серьёзно? Ernsthaft? Wirklich? Echt? 1
серьёзный ernst, ernsthaft 3
сестра́ Schwester 1
сиби́рский sibirisch 3
Сиби́рь Sibirien 2
сигаре́та Zigarette 3
сигна́л Signal 3 А Wt
сигнализа́ция *hier:* Alarmanlage 3 Б
сиде́ть sitzen 1
сиде́ть в Интерне́те im Internet sein, surfen 1
сиде́ть в ча́те sich im Internet mit *jmdm.* unterhalten, im Chat sein, chatten 1
си́ла Kraft, Macht, Gewalt 3
си́льный stark, kräftig, heftig 2
си́мвол Symbol, Sinnbild, Wahrzeichen 4 В
симпати́чный sympathisch, gut aussehend 2
си́ний, -яя, -ее; -ие blau, dunkelblau 2
сино́ним Synonym 5 Б Wt
синхро́нное пла́вание Synchronschwimmen 3
систе́ма System, Ordnung 3 А
систе́мный администра́тор Systemadministrator 1 А Wt
си́ти-фи́тнес City-Fitness 3
ситуа́ция Situation 1 А Wt
сказа́ть sagen, mitteilen 2
ска́зка Märchen 2
скача́ть/ска́чивать herunterladen 3
скейтбо́рд Skateboard 1
Ско́лько (сейча́с) вре́мени? Wie spät ist es? 1
Ско́лько бу́дет …? Wie viel sind …? 1
Ско́лько тебе́ лет? Wie alt bist du? 1
ско́лько? wie viel? 1
ско́ро bald 2
скри́пка Geige 1
скро́мный bescheiden, zurückhaltend 2
ску́льптор Bildhauer(in) 1 А Wt, 2 В
скульпту́ра 1. Bildhauerkunst, Bildhauerei; 2. Skulptur, Plastik 2 А
скуча́ть 1. sich langweilen; 2. sich sehnen nach 6 А
ску́чно langweilig 1
сла́бый schwach 2
сла́ва бо́гу Gott sei Dank 3
славя́нский slawisch 6 В
сла́дости Süßigkeiten, Süßes 3
слайд Folie, Dia 3
сле́ва links, von links 2 А
следи́ть 1. verfolgen; 2. beobachten, aufpassen; 3. sorgen, achtgeben 3
сле́дующий folgend(er), nächst(er) 3
сли́ва Pflaume 3
сли́шком zu, zu viel 3
слова́рь Wörterbuch 3
сло́во Wort, Vokabel 2
словосочета́ние Wortverbindung, Wortgruppe 6 А
сло́ган (Werbe)Slogan 3
слот Slot 3
случи́ться/случа́ться geschehen, passieren, sich ereignen 5 Б
слу́шать hören, zuhören 1
слы́тать ↗ услы́шать
сме́лость Mut, Kühnheit, Tapferkeit 1 А
сме́лый mutig, kühn, tapfer 6 А
смерть Tod 4 Б
смея́ться lachen 2
СМИ Massenmedien 3
смотре́ть sehen, schauen 1
смочь/мочь können (*imstande sein*) 3
смысл Sinn, Bedeutung 4 В
снача́ла zuerst, zunächst 1
снег Schnee 2
Снегу́рочка Schneeflöckchen (Snegurotschka) 2
сно́ва erneut, wieder, von Neuem 6 А
сноубо́рд Snowboard 2
снять/снима́ть *hier:* aufnehmen, fotografieren, einen Film drehen 4 А
соба́ка Hund 1
соба́ка, соба́чка @ 2
собесе́дник, собесе́дница Gesprächspartner(in) 1 Б
собесе́дование Vorstellungsgespräch, Besprechung 1 В
собира́тель Sammler 2 А
собо́р Dom, Kathedrale 1
собра́ние Sammlung, Kollektion 2 А
собра́ть/собира́ть sammeln, packen (*Koffer*) 2
собра́ться/собира́ться 1. sich versammeln, zusammenkommen; 2. sich häufen, sich ansammeln; 3. sich fertigmachen; 4. beabsichtigen, wollen 3
со́бственно говоря́ eigentlich, im Grunde genommen 5 Б
со́бственный eigen, Eigen- 1
собы́тие Ereignis, Begebenheit 1 А
соверше́нный 1. vollkommen; 2. vollendeter (Aspekt) 3
сове́т Rat, Ratschläge 3
сове́товать(ся) ↗ посове́товать(ся)
сове́тский sowjetisch 6 А
совреме́нный modern 2
совхо́з Sowchos *landwirtschaftlicher Großbetrieb in der Sowjetunion* 5 А
согла́сен, согла́сна, согла́сны einverstanden 2
согла́сие Zustimmung, Einverständnis 3
согласи́ться/соглаша́ться einverstanden sein, zustimmen 3
содержа́ние Inhalt 4 Б
соедини́ть/соединя́ть vereinen, verbinden 3
созда́ние Schaffen, (Er)Schaffung, Bildung, Erstellung 2 Б
созда́ть/создава́ть 1. schaffen, erschaffen; 2. gründen, aufbauen 2 В
сок Saft 1
солда́т Soldat 1 А Wt
со́лнечная батаре́я Solarkollektor 3 А
со́лнечный Sonnen-, sonnig, solar 3 А
со́лнце Sonne 2
соля́нка Soljanka 1
соля́рий Solarium, Sonnenstudio 3
сомнева́ться ↗ усомни́ться
соревнова́ние *hier:* Wettkampf, Wettspiel 2
сортирова́ть ↗ рассортирова́ть
сосе́д, сосе́дка Nachbar(in) 2
сосе́дний, -яя, -ее; -ие Nachbar- 2
соси́ски Würstchen 1
соста́вить/составля́ть zusammenstellen, erstellen 4 А
состоя́ться stattfinden, erfolgen 3
сотру́дничать zusammenarbeiten 6 А
сохрани́ть/сохраня́ть erhalten, bewahren; schützen 3 А
социали́зм Sozialismus 5 А Wt
социа́льная компете́нтность soziale Kompetenz 3
спаге́тти Spaghetti 1
спа́льный Schlaf- 2
спа́льня Schlafzimmer 1
спасе́ние Rettung 3 А
спаси́бо danke 1

спасти́/спаса́ть retten 3 A
спать/поспа́ть schlafen 3
специали́ст Fachmann, Fachfrau, Spezialist(in) 3
специа́льно speziell, eigens 3
специа́льность Fachrichtung, Fachgebiet 1 B
специ́фика Besonderheit, Eigenart 1 A
спецкорреспонде́нт Sonderkorrespondent 3
спина́ Rücken 2
споко́йный ruhig, still 3
спорт Sport 1, 2
спортза́л Sporthalle, Turnhalle 1
спорти́вный Sport- 2
спортклу́б Sportklub 3
спортко́мплекс Sportkomplex 3
спортплоща́дка Sportplatz 2
спортсме́н, спортсме́нка Sportler(in) 2
спосо́бность Fähigkeit; *nur Pl.* Talent 1 B
спра́ва rechts, von rechts 2 A
справедли́вый gerecht, berechtigt 3
спра́виться/справля́ться bewältigen, meistern, zurechtkommen, schaffen 3
спра́шивать ↗ спроси́ть
спре́йер (Graffiti-)Sprayer(in) 2 B
спрос Nachfrage, Bedarf 1 B
спроси́ть/спра́шивать fragen 3
сравни́ть/сра́внивать vergleichen, gegenüberstellen 3 B
среда́ 1. Mittwoch 2; 2. Milieu, Umwelt, Umgebung 3 A
среди́ 1. inmitten, mitten auf/in; 2. unter, zwischen 1 A
сре́дний, -яя, -ее; -ие Mittel- 2
сре́дство Mittel 3
СССР UdSSR *Abk. für* Union der Sozialistischen Sowjetrepubliken, Sowjetunion 5 A
стадио́н Stadion 1
стака́н Glas 2
станда́ртные та́нцы Standarttänze 2
ста́нция Station 1
старт Start 1
ста́рше älter 3
ста́рший älter; Ältere, Älteste; *Pl.:* Erwachsene 6 A
ста́рый alt 1
стати́стика Statistik 3 A Wt
стать 1. werden 2; 2. anfangen, beginnen etw. zu tun 4 A
стена́ Wand 2
сте́нка Schrankwand 1
степ-аэро́бика Step-Aerobic 3
сте́реоаппарату́ра Stereoanlage 1
стереоти́п Stereotyp 6 B Wt
стили́ст Stylist 2
стиль Stil 3
сти́льный stilvoll 3
стимули́ровать stimulieren, anregen 3
стира́льная маши́на Waschmaschine 1
стих 1. Vers, Verszeile; 2. *nur Pl.* Gedicht 4 A
стихотворе́ние Gedicht 4 A
сто hundert 1
сто́ить kosten *(Preis)* 1
стол Tisch 1
сто́лик kleiner Tisch 1
столи́ца Hauptstadt 2
столо́вая Esszimmer, Kantine, Speisesaal, Mensa 1, 4 A
сто́лько so viel, ebenso viel, ebenso sehr 4 B
стомато́лог Zahnarzt, Zahnärztin 2
сторона́ Seite 3
с одно́й стороны́, ... einerseits 3
..., с друго́й стороны́, ... andererseits 3
стоя́нка такси́ Taxistand 1
стоя́ть ↗ постоя́ть
стоя́чий Steh- 2
страна́ Land (Staat) 2
страни́ца Seite 2
стра́нный seltsam, merkwürdig, ungewöhnlich, sonderbar 4 A
стратосфе́ра Stratosphäre 3 Б Wt
стра́шно *hier:* Angst haben 3 A
стра́шный schrecklich, furchtbar 3 A
стресс Stress 3
стрит-арт Street Art 2 A Wt
стритбо́л Streetball 1
стро́гий streng 3
строи́тельство Bau, Errichtung 5 A
стро́ить ↗ постро́ить
студе́нт, студе́нтка Student(in) 1
стул Stuhl 1
стю́ард(е́сса) Steward(ess) 1 A Wt
суббо́та Samstag 2
субтропи́ческий subtropisch 3
субъе́кт Subjekt 1
сувени́р Souvenir 1
судьба́ Schicksal, Los 6 Б
су́мка Tasche 1
суп Suppe 1
Су́пер! Super! 1
суперма́ркет Supermarkt 1
су́тки Tag und Nacht, 24 Stunden 3
сфе́ра Sphäre, Bereich 1 B Wt
сформирова́ть/формирова́ть bilden, formieren, organisieren 5 A
сходи́ть/ходи́ть hingehen (und wiederzurückkehren), vorbeischauen, *jmdn.* oder *etw.* holen 5 A
сце́на 1. Bühne; 2. Szene, Auftritt, Episode 4 A
сцена́рий Drehbuch, Szenarium 3
счастли́вый glücklich 4 B
сча́стье Glück 2
счесть/посчита́ть, счита́ть denken, halten 3
США USA 6 Б
сын Sohn 3
сэконо́мить/эконо́мить (ein)sparen 3
сюда́ hierher 3
сюрпри́з Überraschung 2

Т

табли́ца Tabelle 3
табуре́т(ка) Hocker 1
тайга́ Taiga 3
так so 2
тако́й же, така́я же, тако́е же; таки́е же ebensolche(r) 3
тако́й solch einer 2
такси́ Taxi 1
такт Takt 1
тала́нт Talent, Begabung 3
тала́нтливый talentiert, begabt 2
тало́н Talon (Bestellschein), Bestellzettel *(für einen Arztbesuch)* 3
там dort 1
тамо́женный Zoll- 3
тамо́жня Zoll 3
танцева́льный а́нсамбль Tanzensemble 2
танцева́льный клуб Tanzklub 2
танцева́ть tanzen 1
таре́лка Teller 2
тата́ро-монго́лы Tataro-Mongolen 5 A Wt
твой, твоя́, твоё; твои́ dein(e) 1
тво́рчески schöpferisch, kreativ 1 A
тво́рчество (geistiges, kulturelles) Schaffen, Werk 1 Б
теа́тр Theater 1
театра́льная сту́дия Theaterstudio 2
те́зис These 3
тексти́льный Textil- 1 Б Wt
телеба́шня Fernsehturm 1
телеви́дение Fernsehen 3
телеви́зор Fernseher 1
телезри́тель Fernsehzuschauer 3
телека́мера Fernsehkamera 3
телекана́л Fernsehkanal, TV-Kanal, Fernsehsender 3
телекомпа́ния Fernsehgesellschaft, Sendeanstalt 3
телема́ния Fernsehsucht 3
телепрогра́мма Fernsehprogramm, TV-Programm 3
телепрое́кт Fernsehprojekt, TV-Projekt 3
телефо́н Telefon 1
телефонома́ния Telefonitis 3
телешо́у Fernsehshow, TV-Show 3
те́ма Thema 1
темно́ dunkel, finster 3
тёмный dunkel, finster 3
темпера́ментный temperamentvoll 2
температу́ра (Luft)Temperatur 2, Fieber 3
тенде́нция Tendenz, Trend 3
те́ннис Tennis 1
те́ннисный Tennis- 3
тепло́ (es ist) warm 2
тёплый warm 2
терма́льный Thermal- 3
термина́л Terminal *im Flughafen* 2
терпи́мый tolerant 6 A
терра́са Terrasse 1
тетра́дь Heft 1
тётя Tante 1
те́хника Technik 1
те́хно Techno *(Musikrichtung)* 2
техно́лог Technologe 2
техноло́гия Technologie 1 Б Wt
тигр Tiger 1
тине́йджер Teenager 3

тип (Schul)Typ 2
ти́хий still, ruhig 3
то so, dann 3
то́ есть das heißt (d.h.), das ist, und zwar 5 Б
това́р Ware, Artikel 3
това́рищ Freund, Kamerad 4 A
тогда́ damals 2 A, *hier:* (erst, nur) dann 3 A
то́же auch 1
ток-шо́у Talkshow 3
толера́нтный tolerant 3
то́лько nur 1
топ-ме́неджер Top-Manager 1 B Wt
торт Torte 1
тоскова́ть traurig sein, Heimweh haben, sich sehnen 6 A
тот же са́мый derselbe 5 Б
тот, та, то; те der, die, das; die; jener, jene(s) 3
то́чно genau 2
тради́ция Tradition 3
трактори́ст Traktorist 3
трамва́й Straßenbahn 1
тра́нспорт Transport, Verkehr 3
Трансси́б Transsib (Transsibirische Eisenbahn) 3
тре́бовать ↗ потре́бовать
тренажёрные за́лы Trainingsräume 3
тре́нер Trainer(in) 1
тренирова́ться trainieren 2
трениро́вка Training, Übung 3
Третьяко́вская галере́я, Третьяко́вка *ugs.* Tretjakow-Galerie 1
трибу́на Tribüne 3
трило́гия Trilogie 3
Тро́ица Pfingsten 2
тро́йка Drei (*Zensur,* befriedigend) 2; *hier:* Dreigespann, Troika 5 Б
тролле́йбус Obus 1
труба́ Trompete 1
тру́дность Schwierigkeit, *Pl.* Strapazen, Hindernisse 2 A
тру́дный schwer, schwierig, kompliziert 3
туале́т Toilette, WC 1
туда́ dorthin 1
тунне́ль Tunnel 3
тур Tour, Reise 2
тураге́нтство Reiseagentur, Reisebüro 3
турба́за Touristenherberge 2
турбюро́ Reisebüro 2
тури́зм Tourismus 1 Б Wt
тури́ст Tourist 1
туристи́ческий Touristen-, touristisch 2
туропера́тор Reisefachmann, -frau, Reiseveranstalter(in) 3
ты du 1
тюльпа́н Tulpe 3
тю́нер Tuner 3
тяжёлый schwer, schwerfällig 3

У

у *jmd.* hat *etw. oder jmdn.*, bei …(sein) 1
У тебя́ есть…? Hast du …? 1
убеди́ться/убежда́ться sich überzeugen, sich vergewissern 4 A
убира́ть aufräumen 2
увели́читься/увели́чиваться sich vergrößern, steigen, zunehmen 6 B
уве́ренный sicher, fest, überzeugt 4 A
уви́деть/ви́деть sehen, erblicken 2, 3
увлече́ние Hobby, Interesse 3
увле́чься/увлека́ться sich für *jmdn. oder etw.* begeistern 1 A
углублённый vertieft, gründlich, intensiv 1 A
угрожа́ть *hier:* bevorstehen, drohen 3 A
уда́рный *hier:* Schlag- 2
уда́ча Erfolg, Gelingen 2
удиви́ть/удивля́ть in Erstaunen versetzen, überraschen, wundern 3 A
удо́бный bequem, angenehm; günstig, passend 1 B
удово́льствие Vergnügen, Gefallen 3
уе́хать/уезжа́ть wegfahren 3
уж wirklich, schon, doch 4 A
уже́ schon, bereits 1
у́жин Abendbrot 1
у́жинать Abendbrot essen 1
узна́ть/узнава́ть 1. erfahren; 2. wiedererkennen 2, 3
уик-э́нд Wochenende, *engl.* Weekend 3
уйти́/уходи́ть weggehen 3
укра́сть/красть stehlen 3 Б
укрепи́ть/укрепля́ть stärken, festigen 6 A
у́лица Straße 1
улу́чшиться/улучша́ться sich verbessen, sich bessern 3 A
уме́ние Fähigkeit, Fertigkeit 1 A
уме́ть können *(eine Fähigkeit besitzen, etwas beherrschen)* 2
универма́г Warenhaus, Kaufhaus 2
университе́т Universität 1
университе́тский Universitäts-, universitär 1 A Wt
уника́льный einzigartig, einmalig 2
уничтоже́ние Vernichtung *auch fig.*, Ausrottung, Zerstörung 3 B
упа́сть/па́дать fallen, sinken, sich verringern 6 A
упомяну́ть/упомина́ть erwähnen, nennen 4 A
упражне́ние Übung 3
Ура́! Hurra! 2
уро́к *hier:* Unterrichtseinheit 1
уро́ки Hausaufgaben 1, *hier:* Unterrichtsstunde 2
усло́вие Bedingung, Voraussetzung; *Pl.* Bedingungen, Verhältnisse, Umstände 6 B
услу́ги Dienstleistungen 3
услы́шать/слы́шать hören, akustisch wahrnehmen 3
усомни́ться/сомнева́ться zweifeln, bezweifeln 4 A
успе́х Erfolg 2
уста́ть müde werden, ermüden 2
у́тром am Morgen, morgens 1
у́хо Ohr 2
уху́дшиться/ухудша́ться sich verschlechtern, sich verschlimmern 3 A
уча́ствовать teilnehmen 2
уча́стие Teilnahme, Mitwirkung 3
уча́стник, уча́стница Teilnehmer(in) 3
учёба Ausbildung, Lehre, Studium, Lernen, Schule 2
учёбник Schulbuch, Lehrbuch 3
учёбный Lehr-, Unterrichts-, Schul- 1 A
учени́к, учени́ца Schüler(in) 1
учи́лище Berufsschule, Fachschule 3
учи́тель, учи́тельница Lehrer(in) 2
учи́ть lernen, auswendig lernen, einstudieren 2
учи́ться lernen, studieren 2
ую́тный gemütlich 1

Ф

факт Fakt, Tatsache 1
факультати́вно fakultativ 1 A Wt
фами́лия Familien-, Zu-, Nachname 1
фана́т Fan 3 Б
фанати́зм Fanatismus 3
фа́нта Fanta 1
фанта́зия Phantasie 3
фаса́д Fassade 2 Б Wt
фа́уна Fauna, Tierwelt 3 A Wt
февра́ль Februar 1
федера́ция 1. Föderation, Bund; 2. Verband 5 A
фейерве́рк Feuerwerk 2
фестива́ль Festival 1
фигу́ра Figur, Gestalt, Statur 3
фигу́рное ката́ние Eiskunstlauf 2
фи́зик Physiker 2
фи́зика Physik 2
физио́лог Physiologe 2
физи́ческий physisch, körperlich 1 A Wt
физкульту́ра *hier:* Sport *Schulfach* 2
фикси́ровать fixieren, festhalten 3
фило́соф Philosoph 3 A Wt
фильм Film 3
финанси́ст Finanzfachmann, Finanzfachfrau 1 A
фина́нсовый Finanz- 1 Б Wt
фиоле́товый violett 2
фи́рма Firma 1
фи́тнес Fitness 3
фи́тнес-бар Fitnessbar 3
фи́тнес-клуб Fitnessclub, Fitnessstudio 3
фитнес-це́нтр Fitnesscenter 3
фле́йта Flöte 1, 4 A
флома́стер Filzstift 1
фло́ра Flora, Pflanzenwelt 3 A Wt
флэш-ро́лик Flash-Clip, Flash-Spot 3
фолькло́р Folklore 2
фолькло́рная програ́мма Folkloreprogramm 3
фонта́н Springbrunnen, Fontäne 2
фо́рма Form 2 A Wt
фо́тка Foto, Bild 2
фотогра́фии Fotografien, Fotos, Bilder 2

фотографи́ровать fotografieren 1
фотолаборато́рия Fotolabor 1 B Wt
францу́зский französisch 2
фронт Front 5 A Wt
фру́кты Früchte, Obst 1
функциона́льный funktional 1 B Wt
футбо́л *(Spiel)* Fußball 1
футболи́ст(ка) Fußballspieler(in) 3
футбо́лка T-Shirt 2
футбо́льный Fußball- 2
фэ́нтези Fantasy 1

Х

ха́кер Hacker 3
хара́ктер Charakter 3
характери́стика Charakteristik 1 B Wt
хард-ро́к Hard Rock 1
хи́мик Chemiker 2
хи́мия Chemie 2
хип-хо́п Hip Hop 1
хит Hit 3
хлеб Brot 1
хо́бби Hobby 1
ходи́ть 1. tragen, anhaben; 2. (herum) gehen, bummeln, schlendern 2
хокке́й (Eis-)Hockey 1
хо́лод Kälte 6 B
холоди́льник Kühlschrank 1
хо́лодно kalt 2
хомя́к Hamster 1
хор Chor 2
хореогра́фия Choreografie 3
хоро́шее das Gute 2
хоро́ший gut 2
хоте́ть wollen, mögen 1
хотя́ obwohl, wenn auch, zwar 3
хронологи́ческий chronologisch 1 A Wt
худо́жественный Kunst-, Spiel-, schöngeistig 3
худо́жник, худо́жница Künstler(in) 2 A
ху́же schlechter 3

Ц

цари́ца Zarin, Kaiserin 4, 5 A
ца́рствование Herrschaft, Regierungszeit eines Zaren 5 A
царь Zar, Kaiser 5 A
цвести́ ↗ расцвести́
цвет Farbe, Farbton 2
цветна́я капу́ста Blumenkohl 3
цветы́ Blumen, Grünpflanzen 1
целова́ть küssen 2
цель Ziel, Absicht 3
цена́ Preis 3
цент Cent 1
центр Zentrum; (Stadt-)mitte 1
центра́льный zentral, Zentral- 1
цепо́чка *hier:* Halskette *Schmuck* 2
церко́вный Kirchen-, kirchlich 2
це́рковь Kirche 5 B
цирк Zirkus 1
цита́та Zitat 2 A Wt

Ч

чай Tee 1
час Stunde 1
части́чный zum Teil, teilweise, Teil- 3
ча́сто oft 1
часть Teil 2
ча́т Chat 2
ча́шка Tasse 2
ча́ще всего́ am häufigsten 3
чей, чья, чьё; чьи wessen 3
челове́к Mensch 2
чем hier: als 3
чемода́н Koffer 3
собира́ть чемода́н Koffer packen
чемпио́н Champion 1
черда́к Dachboden 1
че́рез *hier:* nach, in (*zeitlich*) 1 A
черепа́ха Schildkröte 1
чересчу́р zu, viel zu, übermäßig 4 A
чёрный schwarz 2
че́стность Ehrlichkeit, Redlichkeit, Rechtschaffenheit 6 Б
че́стный ehrlich 3
честь Ehre, Ehrgefühl 6 A
четве́рг Donnerstag 2
че́тверть Viertel 1 A
четвёрка *hier:* Vier (*Zensur*, gut) 2
число́ *hier:* Datum 2
чистота́ Reinheit, Sauberkeit 2 A
чи́стый *hier:* sauber 2
чита́ть lesen 1
что *hier:* dass 2
Что с тобо́й? Was hast du? 3
что? was? 1
что́бы 1.damit, um … zu; 2. dass, *Inf. mit* zu 1 A
что́-нибудь irgendwas 3
чу́вство Gefühl, Empfindung 2 A
чу́вствовать (себя́) (sich) fühlen 2, 2 A
чудеса́ *Pl.* Wunder 3
чуде́сный wunderbar 2
чужо́й fremd, Fremde(r) 6 A
чуть не fast, beinahe mit konjugiertem Verb 2
чуть-чу́ть ein bisschen 2

Ш

шаг Schritt 1 A
шампа́нское Sekt, Champagner 2
ша́нс(ы) Chance(n) 1 B Wt
ша́пка Pelzmütze 1
ша́хматы Schach 1
шваб Schwabe 6 A Wt
Швейца́рия Schweiz 6 A Wt
шеде́вр Meisterwerk 2 A
шестёрка *hier: (Zensur)* Sechs 2
шеф Chef 1
ше́я Hals 2
шика́рный schick, fein, elegant 3
широ́кий breit, weit 3
шкату́лка Schatulle, Lackdose 1
шкаф Schrank 1
шко́ла Schule 1
шко́льник, шко́льница Schüler(in) 2
шко́льный Schul- 2
шля́гер Schlager 2
шок Schock 3 Б Wt
шоки́ровать schockieren 3 A
шокола́д Schokolade 1
шо́рох Geräusch 3
шо́у Show 3
шо́у-би́знес Show-Business 3
штраф Bußgeld, Geldstrafe 3 Б
шу́мный viel Lärm, laut 3

Щ

ще́дрость Großzügigkeit, Freigebigkeit 6 Б
щётка Bürste 1
щи Schtschi 1

Э

эквивале́нт Äquivalent, Entsprechung 3
экза́мен Prüfung, Examen 1 A
экоактиви́ст(ы) Ökoaktivist(en) 3 Б Wt
экологи́ческий ökologisch 3 A
эконо́мика Wirtschaft, Ökonomie 5 A
экономи́ст Betriebswirt 2
эксклюзи́вный exklusiv 3
экску́рсия Exkursion 2
экскурсово́д Reiseleiter(in), Museumsführer(in) 2 A
экспериме́нт Experiment, Versuch 2
экспози́ция Ausstellung, Exposition 2 A
экспона́т Ausstellungsgegenstand, Exponat 2 A
э́кспорт Export, Ausfuhr 1
экспортёр Exporteur 5 A Wt
экспре́сс Expresszug 2
экстрема́льный extrem 3
э́кшен Actionfilm 3
эле́ктрик Elektriker 2
электри́чка Elektritschka 2
электрогита́ра E-Gitarre 2
электро́нный elektronisch, E- 3
электроплита́ Elektroherd 1
эли́тный Elite- 3
эмигра́ция Emigration, Auswanderung 5 A Wt, 6 A
эмигри́ровать emigrieren, auswandern 6 A
эмо́ция Emotion 3
энерге́тик Energetiker 2
энерги́чный energiegeladen, energisch 1 A Wt
эне́ргия Energie 3 A Wt
эне́ргоресу́рсы Energieressourcen, -reserven 3 A
эпо́ха Epoche, Zeit 4 A
эта́ж Etage, Stock 1
э́тика Ethik 2
э́то das (ist, sind) 1
э́тот, э́та, э́то; э́ти dieser, diese, dieses; diese 1
эффекти́вный effektiv, effizient, wirksam 3

Ю

ю́бка Rock 2
юг Süden 1
ю́зер User 3
ю́ность frühe Jugend(zeit) *Alter zwischen 13 und 19 J.* 2 A
ю́ноша Junge, junger Mann 3
юриспруде́нция Rechtswissenschaft, Jurisprudenz 1 Б
юри́ст Jurist 2

Я

я ich 1
Я бо́льше не могу́! Ich kann nicht mehr. 1
я́блоко Apfel 3
яви́ться/явля́ться 1. erscheinen, sich einfinden; 2. sich als jmd./etw. erweisen 1 A
язы́к 1. Sprache 2, 2. Zunge 3
яйцо́ Ei 2, 3
янва́рь Januar 1
я́ркий hell, leuchtend 2 A
я́рмарка Messe, Jahrmarkt 2
я́сный 1. klar, deutlich, verständlich; 2. klar, heiter *Wetter* 3

Числи́тельные (Zahlen)

Grundzahlwörter

0	ноль						
1	оди́н	11	оди́ннадцать			21	два́дцать оди́н
2	два	12	двена́дцать	20	два́дцать	32	три́дцать два
3	три	13	трина́дцать	30	три́дцать	43	со́рок три
4	четы́ре	14	четы́рнадцать	40	со́рок	54	пятьдеся́т четы́ре
5	пять	15	пятна́дцать	50	пятьдеся́т	65	шестьдеся́т пять
6	шесть	16	шестна́дцать	60	шестьдеся́т	76	семьдеся́т шесть
7	семь	17	семна́дцать	70	се́мьдесят	87	во́семьдесят семь
8	во́семь	18	восемна́дцать	80	во́семьдесят	98	девяно́сто во́семь
9	де́вять	19	девятна́дцать	90	девяно́сто		
10	де́сять			100	сто		
200	две́сти	400	четы́реста	600	шестьсо́т	800	восемьсо́т
300	три́ста	500	пятьсо́т	700	семьсо́т	900	девятьсо́т
						1000	ты́сяча

Ordnungszahlwörter

1.	пе́рвый	11.	оди́ннадцатый			21.	два́дцать пе́рвый
2.	второ́й	12.	двена́дцатый	20.	двадца́тый	32.	три́дцать второ́й
3.	тре́тий	13.	трина́дцатый	30.	тридца́тый	43.	со́рок тре́тий
4.	четвёртый	14.	четы́рнадцатый	40.	сороково́й	54.	пятьдеся́т четвёртый
5.	пя́тый	15.	пятна́дцатый	50.	пятидеся́тый	65.	шестьдеся́т пя́тый
6.	шесто́й	16.	шестна́дцатый	60.	шестидеся́тый	76.	се́мьдесят шесто́й
7.	седьмо́й	17.	семна́дцатый	70.	семидеся́тый	87.	во́семьдесят седьмо́й
8.	восьмо́й	18.	восемна́дцатый	80.	восьмидеся́тый	98.	девяно́сто восьмо́й
9.	девя́тый	19.	девятна́дцатый	90.	девяно́стый	109.	сто девя́тый
10.	деся́тый			100.	со́тый	121.	сто два́дцать пе́рвый

Aufzählung

erstens	во-пе́рвых	sechstens	в-шесты́х
zweitens	во-вторы́х	siebentens	в-седьмы́х
drittens	в-тре́тьих	achtens	в-восьмы́х
viertens	в-четвёртых	neuntens	в-девя́тых
fünftens	в-пя́тых	zehntens	в-деся́тых

Немецко-русский алфавитный словарь

A

ab, seit **с** *mit Gen.* 2
zu Abend essen, Abendbrot essen поу́жинать/у́жинать 1, 2
Abendbrot у́жин 1
abends ве́чером 1
Abenteuer приключе́ние 3
aber но 1, und, aber **а** 1
abfahren отправля́ться 2
Abfertigung регистра́ция 2
abfliegen вы́лететь/вылета́ть 3
Abgase выхлопны́е га́зы 3 А
abgeben сдать/сдава́ть 1 А
Abgemacht! Договори́лись! 2
abgeteilt отде́льный 3
abhängen, abhängig sein зави́сеть 1 А
abhängig несвобо́дный 5 А
jmdn. **abholen встре́тить/встреча́ть** 2
abholzen вы́рубить/выруба́ть 3 А
Abholzung вы́рубка 3 А
Ablauf поря́док 1 А
Ablehnung несогла́сие 3
abliefern сдать/сдава́ть 1 А
Abonnement абонеме́нт 3
Absatz абза́ц 3
abschaffen отмени́ть/отменя́ть 5 А
abschließen, beenden **зако́нчить/зака́нчивать** 3
abschließend заключи́тельный 6 В
Abschluss, Beendigung **оконча́ние** 3, 6 В
abschneiden отре́зать/отреза́ть 5 В
Abschrift, Kopie **ко́пия** 2 Б
Absicht цель 3
absolut абсолю́тный 3
Absolvent(in) выпускни́к, выпускни́ца 1 А
absolvieren око́нчить/ока́нчивать 3
abstammen произойти́/происходи́ть 3
Abstammung происхожде́ние 6 А
abstrakt абстра́ктный 2 Б Wt
Abstraktionist абстракциони́ст 2 Б Wt
Absurdität абсу́рдность 6 А
abtrennen отре́зать/отреза́ть 5 В
abwaschen, Geschirr spülen **мыть посу́ду** 3
Ach was! Ну что́ ты! *ugs.* 1
achtgeben следи́ть *uv.* **за** *mit Instr.* 3
Actionfilm э́кшен 3
sich adaptieren адапти́роваться 6 А
Adlige дворя́нка 5 Б
Adliger дворяни́н 5 Б
administrativ администрати́вный 6 В Wt
Administrator администра́тор 3
Adresse а́дрес 3
Advokat адвока́т 1 А Wt
Aerobic аэро́бика 2
Agronom агроно́м 1 А Wt
Akademie акаде́мия 3
Akkordeon аккордео́н 1
Aktion а́кция 2 А
aktiv акти́вный 2
aktuell актуа́льный 3 А; modisch, in **мо́дный** 3
Alarmanlage сигнализа́ция 3 Б
Album альбо́м 2
Algebra а́лгебра 2
Alkohol алкого́ль *m.* 3
Alkoholismus алкоголи́зм 3
alle все 3
Alle Achtung! Вот э́то да! 1
alles всё 1
Alles klar Поня́тно. 1
allgemein о́бщий 3 А
allgemeinbildend общеобразова́тельный 1 А
Alltag бу́дни 3
Alphabet алфави́т 1
alpin горнолы́жный 2
Alpinismus альпини́зм 2
als, wenn 1. **когда́** 2; 2. *mit Komp.* **чем** 3, 3. in Form von в ви́де *mit Gen.* **2, 3**
also ита́к, folglich **зна́чит** 3
alt ста́рый 1
Alter во́зраст 2
älter ста́рше 3
älterer ста́рший 6 А
alternativ альтернати́вный 3 А Wt
altertümlich анти́чный 2 А
ältester ста́рший 6 А
altrussisch древнеру́сский 6 А
amerikanisch америка́нский 6 Б Wt
amüsieren развле́чь/развлека́ть 3
an, auf, in 1. *куда?* **на, в** *mit Akk.*, 2. **в** *где?* **на, в** *mit Präp.* 1
Analyse ана́лиз 1 В Wt
Ananas анана́с 1
Anbauwand го́рка 1
anbieten предложи́ть/предлага́ть 2, 3
andauern продо́лжиться/продолжа́ться 5 А
Andenken па́мять 3
anderer друго́й 2
andererseits …, с друго́й стороны́, … 3
ändern измени́ть/изменя́ть 5 А
anders ина́че 3
Änderung измене́ние 1 В
sich **aneignen захвати́ть/захва́тывать** 5 А
Anekdote анекдо́т 3
anerkennen призна́ть/признава́ть 6 А
Anfang нача́ло 2
mit *etw.* **anfangen нача́ть/начина́ть** 2; beginnen *etw. zu tun* **стать** 4 А
anfangen, beginnen **начина́ться** 2
Angebot предложе́ние 6 В
angeflogen kommen прилете́ть/прилета́ть 3
angehören принадлежа́ть 6 А
Angelegenheit де́ло 5 А
angeln пойма́ть/лови́ть ры́бу 3
angenehm прия́тный 2, **удо́бный** 1 В
angestellt sein прослужи́ть/служи́ть 5 Б
Angestellter рабо́тник 1 А
Angina анги́на 3
sich **angleichen an** ассимили́роваться 6 А
Anglizismus англици́зм 3
Angst haben побоя́ться/боя́ться 3, *кому?* **стра́шно** 3 А
anhaben ходи́ть *в чём?* 2
anhalten останови́ться 3
anhören по/слу́шать 2
ankommen прибыва́ть 2, **прилете́ть/прилета́ть** 3, **прийти́/приходи́ть** 2, **прие́хать/приезжа́ть** 3
Ankunft прибы́тие 3
anlocken привле́чь/привлека́ть 6 А
jmdn. **anmelden прописа́ть/пропи́сывать** 3
Anmeldung регистрату́ра 3
anmerken отме́тить/отмеча́ть 3
annähernd приме́рный, приблизи́тельный 3
Annonce объявле́ние 1 Б
anordnen приказа́ть/прика́зывать 5 А
sich **anpassen адапти́роваться** 6 А
anregen стимули́ровать 3
anreisen прие́хать/приезжа́ть 3
anrufen позвони́ть/звони́ть 2
sich **ansammeln собра́ться/собира́ться** 3
anschauen по/смотре́ть 2
den **Anschein erwecken показа́ться/каза́ться** 4 А
sich **anschließen поддержа́ть/подде́рживать** 3 А
anschließend пото́м 1
Anschluss до́ступ 3
sich *etw.* **ansehen по/смотре́ть** 2
Ansicht взгляд 4 В
Ansichtskarte откры́тка 1
Ansprache речь 1 А
anstatt, anstelle вме́сто *mit Gen.* 6 В
sich **anstrengen постара́ться/стара́ться** 1 Б
Antibiotikum антибио́тик 3
antik анти́чный 2 А
antiquarisch, Antiquitäten- антиква́рный 2 А
Antonym анто́ним 5 Б Wt
Antritts- вступи́тельный 6 В
Antwort отве́т 1
antworten отве́тить/отвеча́ть 3
Anwalt адвока́т 1 А Wt
Anzeige объявле́ние 1 Б
anziehen, sich (be)kleiden **оде́ться/одева́ться** 1 Б; anlocken привле́чь/привлека́ть 6 А
Apfel я́блоко 3
Aphorismus афори́зм 3 А
Apotheke апте́ка 1

Apparatur аппарату́ра 3
Appartments апартаме́нты 2 B Wt
April **апре́ль** *m.* 2
apropos **кста́ти** 2
Aquagymnastik аквагимна́стика 2
Aquarell акваре́ль 2 Б Wt
Aquarium аква́риум 1
Äquivalent эквивале́нт 3
Arbeit **рабо́та** 2
arbeiten **рабо́тать** 2
Arbeiter **рабо́тник** 6 A
Arbeitgeber работода́тель 1 B
arbeitsfrei **выходно́й** 3
Arbeitsgemeinschaft **кружо́к** 2
Arbeitslohn **зарпла́та** 6 B
Arbeitsmarkt **ры́нок труда́** 1 B
Arbeitszimmer **кабине́т** 1, 3
Archäologe архео́лог 2
Architekt архите́ктор 2
Architektur архитекту́ра 2
Arena аре́на 3
ärgern **раздражи́ть/раздража́ть** 3 A
Argument аргуме́нт 3
Argumentation аргумента́ция 3
arm **бе́дный** 5 Б
Arm **рука́** 2
Armee **а́рмия** 5 A
Art, Weise **о́браз** 3
Artikel, Ware **това́р** 3
Arznei **лека́рство** 3
Arzt, Ärztin **врач** 3
Asien **А́зия** 2
sich **assimilieren** ассимили́роваться 6 A
Asthma а́стма 3 A Wt
Astronautik космона́втика 2
Atelier für bildende Kunst изосту́дия 2
Athlet атле́т 1
atmen können *unpers.* **дыша́ться** 3 A
Atmosphäre атмосфе́ра 3
Attraktionen аттракцио́ны 2
Attribut атрибу́т 3
auch **то́же** 1, **а та́кже** 3
auf 1. *куда?* **на, в** *mit Akk.*, 2. *в где?* **на, в** *mit Präp.* 1
auf dem Lande **за́ городом** 3
auf dem Weg по доро́ге 4 A
auf Deutsch **по-неме́цки** 1
auf Russisch **по-ру́сски** 1
Auf Wiedersehen! **До свида́ния!** 1
Aufbau компози́ция 3
aufbauen **созда́ть/создава́ть** 2 B
aufblühen **расцвести́/цвести́** 3 B
Aufenthalt **прожива́ние** 6 A
Aufgabe **зада́ча** 3 A
aufhängen **пове́сить/ве́шать** 4 A
aufheben, abschaffen **отмени́ть/отменя́ть** 5 A
Aufhebung **отме́на** 5 Б
aufkommen, auftauchen **возни́кнуть/возника́ть** 3 B
aufmachen, öffnen **откры́ть/открыва́ть** 3
Aufmerksamkeit **внима́ние** 3
aufnehmen 1. nehmen **брать/взять** 3; 2. einschließen, einbeziehen **включи́ть/включа́ть** 3; 3. fotografieren, einen Film drehen **снять/снима́ть** 4 A; 4. aufzeichnen, mitschneiden **записа́ть/запи́сывать** 4 A
aufpassen, achtgeben **следи́ть** 3
aufräumen **убира́ть** 2
aufregen **взволнова́ть/волнова́ть** 3 A
aufrichtig **открове́нный** 6 A
Aufrichtigkeit **и́скренность** 2 A
aufrufen **вы́звать/вызыва́ть** 3
Aufschrift **на́дпись** 3
aufstehen **встать/встава́ть** 3
aufstellen **поста́вить/ста́вить** 4 A
auftauchen **возни́кнуть/возника́ть** 3 B
Auftrag **зада́ча** 3 A
auftreten **вы́ступить/выступа́ть** 6 A
Auftritt **выступле́ние** 3
aufwachen **просну́ться/просыпа́ться** 3 Б
aufzeichnen **записа́ть/запи́сывать** 4 A
Auge **глаз** 2
Augenzeuge **свиде́тель** 5 Б
August **а́вгуст** 1
Auktion аукцио́н 2 A Wt
Aula **а́ктовый зал** 2
aus **из** *mit Gen.* 2
Ausbildung **учёба** 2, **обуче́ние** 6 B
eine **Ausbildung beginnen** **поступи́ть/поступа́ть в** 3
Ausdauer **выно́сливость** 1 A
ausdenken **приду́мать/приду́мывать** 5 A
ausdrücken **изобрази́ть/изобража́ть** 2 A
ausdrucksvoll **вырази́тельный** 4 A
Ausfuhr э́кспорт 1
ausfüllen **запо́лнить/заполня́ть** 3
Ausgabe вы́дача 3
Ausgang вы́ход 3
ausgerechnet **и́менно** 1 B
ausgezeichnet **отли́чный** 2, **прекра́сный** 3
aushalten, ertragen **вы́нести/выноси́ть** 3
Aushändigung вы́дача 3
im **Ausland** **за рубежо́м** 2 A
Ausländer(in) **иностра́нец, иностра́нка** 6 A
ausländisch, Auslands- **зарубе́жный** 6 A
Auslieferung вы́дача 3
ausnutzen **испо́льзовать** 3 A
Ausrottung **уничтоже́ние** 3 B
ausschmücken **офо́рмить/оформля́ть** 4 A
Ausschnitt **отры́вок** 4 A
aussehen **вы́глядеть** 3
Aussehen **вид** 3
außer **кро́ме** *mit Gen.* 6 A, **вне** *mit Gen.* 6 Б
außerdem **кро́ме того́** 2
Äußeres **вид** 3
außergewöhnlich нестанда́ртный 1 A Wt
außerhalb **вне** *mit Gen.* 6 Б
Außerirdischer **инопланетя́нин** 3 Б
ausruhen **отдохну́ть/отдыха́ть** 3
Aussicht **вид** 3
ausstatten **офо́рмить/оформля́ть** 4 A
aussteigen **вы́йти/выходи́ть** 3
ausstellen **вы́ставить/выставля́ть** 2 A
Ausstellung вы́ставка 2, экспози́ция 2 A
Ausstellungsgegenstand **экспона́т** 2 A
Aussterben **вымира́ние** 3 A
aussterben **исче́знуть/исчеза́ть** 3 A
aussuchen **вы́брать/выбира́ть** 3
Austausch **обме́н** 3
Ausverkauf распрода́жа 3
auswachsen **вы́расти/расти́** 3
Auswahl **вы́бор** 3
Auswahl(mannschaft), Nationalmannschaft **сбо́рная** 6 A
Auswanderer (Auswanderin) **переселе́нец, переселе́нка** 6 A
auswandern **эмигри́ровать** 6 A; umsiedeln **пересели́ться/переселя́ться** 6 A
Auswanderung **эмигра́ция** 5 A Wt, 6 A
Ausweg вы́ход 3
auswendig **наизу́сть** 4 A
Auswertung подведе́ние ито́гов 6 B
sich **auszeichnen durch** **отличи́ться/отлича́ться** 6 A
Auszug *aus einem literarischen oder musikalischen Werk* **отры́вок** 4 A
Auto **маши́на** 1, автомоби́ль 3 A Wt
Autogramm авто́граф 4 B Wt
Automechaniker автомеха́ник 2
Autor(in) **а́втор** 3
autoritär авторите́тный 2 A Wt
Avenue **проспе́кт** 1

B

baden **вы́купаться (искупа́ться)/купа́ться** 3
Badewanne ва́нна 3
Badezimmer **ва́нная** 1
Badminton бадминто́н 1
Baguette баге́т 1
Bahnhof **вокза́л** 1
Bahnsteig **платфо́рма** 2
Baikal **Байка́л** 2
bald **ско́ро** 2
Balkon балко́н 1
Ballett **бале́т** 4 A
banal бана́льно 1 Б
Banane бана́н 1
Band **гру́ппа** 2
Bank **банк** 1
Bankautomat банкома́т 1
Bankier банки́р 1 A
Baptist бапти́ст 6 A Wt
Bar бар 1
Bär **медве́дь** 3
Baseball бейсбо́л 1
Basketball баскетбо́л 1
Batterie батаре́я 3 A; **батаре́йка**

3
Bau строительство 5 A
Bauch живот 2
bauen построить/строить 3
Bauer крестьянин 5 A
Bäuerin крестьянка 5 A
Baum дерево 3
beabsichtigen собраться/собираться 3
beantworten ответить/отвечать 3
Beauftragter, Repräsentant **представитель** 6 B
Bedarf спрос 1 B
bedeutend, wichtig **важный** 3; groß, hervorragend **великий** 4 Б
Bedeutung, Wichtigkeit **значение** 6 Б; Sinn **смысл** 4 B
Bedingung условие 6 B
sich beeilen поспешить/спешить 5 Б
beeinflussen повлиять/влиять 3 A
etw. **beenden окончить/оканчивать** 3, **закончить/заканчивать** 3
Beendigung, Abschluss **окончание**; Schluss **заключение** 3
befehlen приказать/приказывать 5 A
Befinden самочувствие 3
sich **befinden находиться** 1
befördern возвысить/возвышать 6 Б
befreundet sein дружить 3
begabt талантливый 2
Begabung талант 3
Begebenheit событие 1 A
begegnen встретить/встречать 2
Begegnung встреча 2
begehen, feiern **отметить/отмечать** 3
sich für *jmdn. oder etw.* **begeistern увлечься/увлекаться** 1 A
Beginn начало 2
mit *etw.* **beginnen начать/начинать** 2, 3; beginnen, *etw. zu tun* **стать** 4 A
beginnen, anfangen **начинаться** 2
begründen основать/основывать 2 A
Begründer основатель 2 A
behandeln *(Lehrstoff)*, durchnehmen **пройти/проходить** 3
Behandlungszimmer кабинет (врача) 3
beherrschen овладеть/владеть 6 B
Beherrschung владение 1 B
bei 1. **у** *mit Gen.* 1, 2. zu, mit (...) begleitung (*Musik*) **под** *mit Akk.* 2, 3. zur Zeit von **при** *mit Präp.* 3
bei der Hausarbeit по дому 3
beige бежевый 2
Bein нога 2
beinahe почти 3; *mit konjugiertem Verb* **чуть не** 2
zum **Beispiel например** 2
bekannt известный 2, populär **популярный** 4 A
bekannt machen по/знакомить 2, **представить/представлять** 3
sich **bekannt machen по/знакомиться** 2
Bekanntheitsgrad известность 4 B
bekanntlich как известно 5 Б
Bekanntschaft знакомство 2 A
bekommen получить/получать 2
bekräftigen подтвердить/подтверждать 2 B
belästigen помешать/мешать 4 A
belegbar документальный 3
belegen *(einen Platz in der Rangordnung)* **занимать** 2
belegtes Brot бутерброд 1
beliebig любой 3
beliebt любимый 1, populär **популярный** 4 A
bemerkenswert замечательный 4 A
benachrichtigen проинформировать/информировать 3
benennen назвать/называть 3
benutzen воспользоваться/пользоваться 6 A
beobachten, verfolgen **следить за** 3
bequem комфортный, **удобный** 1 B
sich **beraten посоветоваться/советоваться** 3
Beratung консультация 1 A Wt
berechtigt справедливый 3
Bereich сфера 1 B Wt
bereits уже 1
Berg- горный 2
Berge горы 2
Bergsteigen альпинизм 2
Beruf профессия 2, 1 A
Berufs- профессиональный 3
Berufsschule училище 3, профессионально-техническое училище (ПТУ) 1 A
berühmt знаменитый 2 A
sich **beschäftigen заниматься** 2
Beschäftigung занятие 3
bescheiden скромный 2
beschreiben описать/описывать 3
Beschriftung надпись 3
beschützen охранить/охранять 3 A
besiegen победить/побеждать 5 A
besitzen обладать 6 A; haben **иметь** 1 B
Besitzer владелец 6 B
besonderer особенный 3; **особый** 2 A
Besonderheit специфика 1 A, **особенность** 6 B
besonders особенно 1
besprechen обсудить/обсуждать 4 A
Besprechung собеседование 1 B
sich **bessern улучшиться/улучшаться** 3 A
bestätigen подтвердить/подтверждать 2 B
bester лучший 3
Bestellzettel талон 3
bestimmt обязательно 2
Besuch посещение 2 A; Gäste **гости** 2
zu **Besuch в гости** *куда?*, **в гостях** *где?* 2
besuchen посетить 2
Besucher посетитель 2 A
sich **beteiligen поучаствовать/участвовать** 4 A
betreffen отнестись/относиться 4 A
Betrieb предприятие 3 A
Betriebswirt экономист 2
betrügen обмануть/обманывать 3
Bett постель 3
beunruhigen обеспокоить/беспокоить 3 A
Beurteilung оценка 5 B
bevorstehen угрожать 3 A
bewahren сохранить/сохранять 3 A
bewältigen справиться/справляться 3
bewegen, aufregen **взволновать/волновать** 3 A
sich auf *etwas* **bewegen кататься** 1
Bewohner(in) житель 1 B
Bewunderung äußern восхититься/восхищаться 3
bezahlen заплатить/платить 3
sich auf etw. **beziehen отнестись/относиться** 4 A
zu *etw. oder jmdm.* eine **Beziehung haben отнестись/относиться** 4 A
Beziehungen связи 6 A
bezweifeln усомниться/сомневаться 4 A
Bibliothek библиотека 1
Bibliothekar(in) библиотекарь 3
Bike-Club байк-клуб 1 Б Wt
Biker байкер 1 Б Wt
Bilanz итог 6 B
Bild картина 1; Porträt портрет 2, 2 A; Foto **фотография** 2; Zeichnung **рисунок** 2
Bildband альбом 2
bilden сформировать/формировать 5 A
bildend изобразительный 2 A
Bilder- картинный 2 A
bildhaft образный 4 Б
Bildhauer(in) скульптор 1 A Wt, 2 B
Bildhauerei скульптура 2 A
bildlich образный 4 Б
Bildnis портрет 2 A
Bildung (Schul-) Bildung **образование** 3; Schaffen, (Er)Schaffung, Erstellung **создание** 2 Б
Billard бильярд 3
billig дешёвый 3
billiger дешевле 3
Biografie биография 2
Biologe биолог 2
Biologie биология 2

Biophysiker биофи́зик 2
Birne гру́ша 3
bis 1. *zeitlich* (einschließlich) по *mit Akk.* 2 A; 2. *zeitlich/örtlich* bis (hin) **до** *mit Gen.* 1
ein **bisschen** **чуть-чу́ть** 2
Bistro **буфе́т**, бистро́ 1
bitte **пожа́луйста** 1
Bitte **про́сьба** 2
Bitte schön. Keine Ursache. **Не́ за что.** 1
jmdn. um etwas **bitten** **попроси́ть/проси́ть** 3
Blas- духово́й 2
blau **си́ний, -яя, -ее; -ие** 2
bleiben **оста́ться** 2
Bleistift **каранда́ш** 1
Blog блог 3
Blues блюз 1
Blumen цветы́ 1
Blumenkohl цветна́я капу́ста 3
Bluse **блу́зка** 2
Blut кровь 4 A
Bolschewik большеви́к 5 A Wt
Bolschoi-Theater Большо́й теа́тр 1
Bombe бо́мба 3
Boot **ло́дка** 3
Borschtsch борщ 1
boshaft вре́дный 3
Botanischer Garten Ботани́ческий сад 1
Boxen бокс 1
Brand **пожа́р** 3
brauchen **ну́жен, нужна́, нужно; нужны́** 3 A
braun **кори́чневый** 2
Brei пюре́ 1
breit **широ́кий** 3
Brief **письмо́** 1
Briefmarke ма́рка 2
in **Briefwechsel stehen** **перепи́сываться** 3
Brilliant бриллиа́нт(ы) 3 Б Wt
bringen **принести́** 2
Brot **хлеб** 1
Brötchen **бу́лочки** 1
Browser бра́узер 3
Brücke **мост** 3
Bruder **брат**, *Pl.* **бра́тья** 1
Brüderchen бра́тик 2
Buch **кни́га** 1
buchen **зарезерви́ровать/резерви́ровать, заброни́ровать/брони́ровать** 3
Buchhalter бухга́лтер 2
Bühne **сце́на** 4 A
Buletten **котле́ты** 1
Bulimie булими́я 3
bummeln **погуля́ть/гуля́ть, походи́ть/ходи́ть** 2
Bund **федера́ция** 5 A
Bundestag бундеста́г 5 A Wt
Bürger(in) **граждани́н, гражда́нка** 6 Б
Büro бюро́, о́фис 1
Bürste щётка 1
Bus **авто́бус** 1
Bus- **авто́бусный** 2
Busfahrschein **биле́т на авто́бус** 2
Business би́знес 3
Business-Center би́знес-центр 2 B Wt
Busreise авто́бусный тур 2
Bußgeld штраф 3 Б
Butter ма́сло 3

C

Café **кафе́** 1
Camp ла́герь *m.* 3
Camping ке́мпинг 3 A Wt
Casino казино́ 1 B Wt
Casting ка́стинг 3
CD компа́кт-ди́ск 2
Cent **цент** 1
Champagner шампа́нское 2
Champion чемпио́н 1
Chance(n) ша́нс(ы) 1 B Wt
Charakter хара́ктер 3
Charakteristik характери́стика 1 B Wt
Chat ча́т 2
chatten **сиде́ть в ча́те** 1
Chef(in) шеф 1, **нача́льник** 1 A
Chef- **гла́вный** 3
Chemie **хи́мия** 2
Chemiker хи́мик 2
Chor хор 2
Choreografie хореогра́фия 3
chronologisch хронологи́ческий 1 A Wt
City-Fitness си́ти-фи́тнес 3
Clip **клип** 2
Clique **компа́ния** 2
Clown кло́ун 1 A Wt
Code код 2
(Coca-)**Cola** **(ко́ка-)ко́ла** 1
College ко́лледж 1 Б Wt
Collie ко́лли 1
Comics ко́микс 2
Computer **компью́тер** 1
Computerspiel компью́терная игра́ 3
Computersucht компьютерома́ния 3
Computertisch **компью́терный стол** 1
Container конте́йнер 3 A Wt
Couch **дива́н** 1
Couchtisch журна́льный сто́лик 1
Cousin(e) кузе́н, кузи́на 3

D

da 1. dort **вот** 1; 2. weil **потому́ что** 2
Da! Nimm. Da hast du. **На, возьми́!** 1
Dachboden черда́к 1
dagegen **про́тив** 2
damals **тогда́** 2 A
Dame да́ма 4 Б Wt
Damen- **же́нский** 3
damit, um … zu **что́бы** 1 A
Dämon де́мон 2 Б Wt
danach **по́сле э́того** 2, **зате́м** 3 Б, **пото́м** 1
dank **благодаря́** *mit Dat.* 3 A
dankbar **благода́рный** 2 A
danke **спаси́бо** 1
dann **пото́м** 1, **тогда́** 3 A, **зате́м** 3 Б
darauf, später, nachher **зате́м** 3 Б
Darbietung **выступле́ние** 3
darstellen **изобрази́ть/изобража́ть** 2 A; widerspiegeln **отрази́ть/отража́ть** 1 B
darstellend **изобрази́тельный** 2 A
das **э́то** 1
das heißt, das ist **зна́чит** 3; **то есть** 5 Б
das ist … **вот…** 2
dass **что** 2; **что́бы** 1 A
dasselbe **то же са́мое** 5 Б
Datsche **да́ча** 2
Datum **да́та** 5 A, **число́** 2
Dauerkarte абонеме́нт 3
dauern **продо́лжиться/продолжа́ться** 5 A
dauernd **постоя́нно** 3
dein(e) **твой, твоя́, твоё; твои́** 1
Dekoration декора́ция 4 A Wt
Demokratie **демокра́тия** 6 B
denken **ду́мать** 2; glauben **счесть/посчита́ть, счита́ть** 3
Denkmal **па́мятник** 2 A
denn **ра́зве** 2
Deponie **сва́лка** 3 B
deportieren депорти́ровать 6 A Wt
Depot депо́ 2
derselbe **тот же са́мый** 5 Б; identisch **одина́ковый** 6 B
deshalb **по́этому** 2
Design диза́йн 1 Б Wt
Designer диза́йнер 1 A Wt
deswegen **по́этому** 2
Detail дета́ль 3
Detektivgeschichte детекти́в 2
deutlich **я́сно** 3
deutsch **неме́цкий** 1
Deutschland **Герма́ния** 1
Dezember **дека́брь** *m.* 2
Dia слайд 3
Diagonale диагона́ль 3
Diagramm диагра́мма, Grafik гра́фик 3
Diaspora диа́спора 6 A Wt
Dichter(in) **поэ́т(е́сса)** 4 A
Diele прихо́жая 1
dienen **прослужи́ть/служи́ть** 5 Б
Dienstag **вто́рник** 2
Dienstleistung обслу́живание 1 B
Dienstleistungen **услу́ги** 3
Dienstleistungs- се́рвисный 1 B Wt
dienstlich **по служе́бным дела́м** 5 Б
Dienstreise командиро́вка 2
dieselbe **та же са́мая** 5 Б
dieselben **те же са́мые** 5 Б
dieser, diese, dieses; diese **э́тот, э́та, э́то; э́ти** 1
Diktator дикта́тор 5 A Wt
Diktiergerät диктофо́н 3
Dinosaurier диноза́вр(ы) 3 B Wt
Diplom дипло́м 2
direkt **прямо́й** 1 A
Direktor дире́ктор 3
Dirigent(in) **дирижёр** 4 Б
Discomusik ди́ско-му́зыка 2
Diskothek **дискоте́ка** 1
diskutieren **обсуди́ть/обсужда́ть** 4 A

Display диспле́й 3
Diwan **дива́н** 1
doch **же** 2, **ведь** 3, **уж** 4 A
Dokumentar-, dokumentarisch **документа́льный** 3
Dom **собо́р** 1
Donnerstag **четве́рг** 2
Doppel- двухме́стный 3
Dorf **дере́вня** 1
Dorf- **се́льский** 3 B
dort **там** 1
dorthin **туда́** 1
dosiert дози́ровано 3
Dramatik драмати́зм 2 A Wt
Drehbuch сцена́рий 3
Drei (*Zensur,* **befriedigend**) **тро́йка** 2
Dreigespann **тро́йка** 5 Б
Drogen **нарко́тики** 3
Drogensucht **наркома́ния** 3
Drogensüchtige(r) **наркома́н, наркома́нка** 3
drohen **угрожа́ть** 3 A
Drucker при́нтер 3
du **ты** 1
Duell дуэ́ль 4 Б Wt
dumm **глу́пый** 3
dunkel **тёмный**, темно́ 3
dunkelblau **си́ний, -яя, -ее; -ие** 2
durch 1. in, entlang **по** *mit Dat.* 2; 2. dank, infolge **благодаря́** *mit Dat.* 3 A
durchaus абсолю́тно 3
durchfahren **прое́хать/проезжа́ть** 3
durchführen **провести́/проводи́ть** 3
durchgehen **пройти́/проходи́ть** 3
durchnehmen, behandeln **пройти́/проходи́ть** 3
durchqueren **пройти́/проходи́ть** 3
durchschnittlich, im Durchschnitt **в сре́днем** 3
Dusche душ 3
DVD-Player *DVD*-пле́ер 1

E

E-, elektronisch электро́нный 3
eben, gerade **и́менно** 1 B
ebenfalls **а та́кже** 3
ebenso sehr, ebenso viel **сто́лько** 4 B
ebensolche(r,s) **тако́й же, така́я же, тако́е же; таки́е же** 3
echt **настоя́щий** 3
effektiv, effizient **эффекти́вный** 3
egal, einerlei **всё равно́** 2
E-Gitarre электрогита́ра 2
Ehefrau **жена́** 3
ehemalig **бы́вший** 6 A
Ehemann **муж** 3
Ehre **честь** 6 A
Ehrensalve салю́т 3
Ehrgefühl **честь** 6 A
ehrlich **че́стный** 3
Ehrlichkeit **че́стность** 6 Б
Ei **яйцо́** 2, 3
Eierkuchen блины́ 1
eigen, Eigen- **со́бственный** 1; besonderer, eigentümlich **осо́бый** 2 A
Eigenart **осо́бенность** 6 B, специ́фика 1 A
eigens специа́льно 3
Eigenschaft **ка́чество** 1 A
eigentlich **со́бственно говоря́** 5 Б
Eigentümer **владе́лец** 6 B
eigentümlich **осо́бый** 2 A
Eigentümlichkeit **осо́бенность** 6 B
sich **eignen** **подойти́/подходи́ть** 3
eilen, es eilig haben **поспеши́ть/спеши́ть** 5 Б
einander **друг дру́га** 6 A
einbeziehen **включи́ть/включа́ть** 3
Eindruck **впечатле́ние** 3
einerlei **всё равно́** 2
einerseits **с одно́й стороны́, ...** 3
einfach **про́сто** 1
Einfachheit **простота́** 2 A
sich **einfinden** **яви́ться/явля́ться** 1 A
Eingliederung **интегра́ция** 6 A
einige **не́сколько** 2, manche **не́которые** 1 A
einkaufen **купи́ть/покупа́ть** 3
einladen **пригласи́ть/приглаша́ть** 2
Einladung **приглаше́ние** 2
Einleitungs- вступи́тельный 6 B
einmalig **уника́льный** 2
Einnahme **приём** 3
einnehmen **приня́ть/принима́ть** 3
Eins (*Zensur, in Russland:* sehr schlecht) **едини́ца** 2
einschalten **включи́ть/включа́ть** 3
Einschätzung **оце́нка** 5 B
einschließen **включи́ть/включа́ть** 3
einsparen **сэконо́мить/эконо́мить** 3
einstudieren **вы́/учи́ть** 2
eintreffen **прибыва́ть, прийти́/приходи́ть** 2
Eintrittskarte **биле́т** 2
einverstanden **согла́сен, согла́сна, согла́сны** 2
einverstanden sein **согласи́ться/соглаша́ться** 3
Einverstanden **Ла́дно.** 1
Einverständnis **согла́сие** 3
Einwohner **жи́тель** 1 B
einzeln отде́льный 3
einzigartig **уника́льный** 2
Eisen- **желе́зный** 3
Eisenbahnwagen **ваго́н** 2
eisern **желе́зный** 3
Eishockey хокке́й 1
Eiskunstlauf фигу́рное ката́ние 2
elegant **шика́рный** 3
Elektriker эле́ктрик 2
Elektritschka **электри́чка** 2
Elektroherd электроплита́ 1
elektronisch электро́нный 3
Elite- эли́тный 3
Eltern **роди́тели** 1
Emigration **эмигра́ция** 5 A Wt, 6 A
emigrieren **эмигри́ровать** 6 A
Emotion эмо́ция 3
Empfang, Treffen **встре́ча** 2; Sprechstunde **приём** 3
empfangen, treffen **встре́тить/встреча́ть** 2; Sprechstunden haben **приня́ть/принима́ть** 3
empfehlen **порекомендова́ть/рекомендова́ть** 3
Empfindung **чу́вство** 2 A
Ende **коне́ц** 1 A, Abschluss, Beendigung **оконча́ние** 3
zu **Ende gehen, enden** *(die Handlung geht nicht von einer Person aus)* **ко́нчиться/конча́ться** 2, 3, **зако́нчиться/зака́нчиваться** 5 A
enden, beenden *(die Handlung geht von einer Person aus)* **ко́нчить/конча́ть** 2
zu **Ende sein** **зако́нчиться/зака́нчиваться** 5 A
Endergebnis **ито́г** 6 B
Endung **оконча́ние** 3
Energetiker энерге́тик 2
Energie эне́ргия 3 A Wt
energiegeladen энерги́чный 1 A Wt
Energiereserven, Energieressourcen **эне́ргоресу́рсы** 3 A
energisch энерги́чный 1 A Wt
englisch **англи́йский** 2
Enkel **внук** 3
Enkelin **вну́чка** 3
Ensemble анса́мбль *m.* 2
entlang **вдоль** *mit Gen.* 3, **по** *mit Dat.* 2
entscheiden **реши́ть/реша́ть** 3
Entscheidung **реше́ние** 1 A
entschlossen **реши́тельный** 2
Entschluss **реше́ние** 1 A
Entschuldigung! **Извини́(те)!** 1
entsprechend **подходя́щий** 4 A
Entsprechung эквивале́нт 3
entstehen **возни́кнуть/возника́ть** 3 B
Entwicklung разви́тие 1 A
entziehen **лиши́ть/лиша́ть** 6 Б
entzückt sein **восхити́ться/восхища́ться** 3
Episode **сце́на** 4 A
Epoche **эпо́ха** 4 A
er **он** 1
erblicken **уви́деть/ви́деть** 3
Erdball **земля́** 3 A
Erdbeere клубни́ка 3
Erdbewohner **земля́нин** 3 Б
Erde **мир** 3, **земля́** 3 A
im **Erdgeschoss** **на пе́рвом этаже́** 1
Erdölrückstände мазу́т 3 Б
sich **ereignen** **случи́ться/случа́ться** 5 Б
Ereignis **собы́тие** 1 A
erfahren **узна́ть/узнава́ть** 2, 3
erfinden **приду́мать/приду́мывать** 5 A
Erfolg **уда́ча, успе́х** 2

erfolgen состоя́ться 3
erfordern потре́бовать/тре́бовать 2 A
erforschen изучи́ть/изуча́ть 1 A
Erforschung изуче́ние 1 A
erfreuen обра́довать, пора́довать/ ра́довать 3
erfreut рад, ра́да, ра́до; ра́ды 3
ergänzen доба́вить/добавля́ть 4 A
ergeben, treu **ве́рный** 2 A
Ergebnis результа́т 2
ergreifen захвати́ть/захва́тывать 5 A
Erhalt получе́ние 1 Б
erhalten, bekommen получи́ть/ получа́ть 2; schützen **сохрани́ть/сохраня́ть** 3 A
erheben, erhöhen возвы́сить/ возвыша́ть 6 Б
sich **erholen отдохну́ть/отдыха́ть** 3
Erholung о́тдых 3
Erinnerung па́мять 3
erklären объясни́ть/объясня́ть 6 A
erklingen прозвуча́ть/звуча́ть 6 B
erkranken заболе́ть/заболева́ть 3
Erlangung получе́ние 1 Б
erlauben разреши́ть/разреша́ть 2
es ist **erlaubt мо́жно** 2
es ist nicht **erlaubt нельзя́** 2
erläutern объясни́ть/объясня́ть 6 A
Erlernen изуче́ние 1 A
erlernen изучи́ть/изуча́ть 1 A, beherrschen **овладе́ть/владе́ть** 6 B
ermüden уста́ть 2
Ernährung пита́ние 3
erneut сно́ва 6 A
ernst, ernsthaft серьёзный 3
Ernsthaft? Wirklich? Echt? **Серьёзно?** 1
erobern захвати́ть/захва́тывать 5 A
eröffnen откры́ть/открыва́ть 3
erörtern обсуди́ть/обсужда́ть 4 A
erraten догада́ться/дога́дываться 3
erregen раздражи́ть/раздража́ть 3 A
erreichen дости́чь/достига́ть 6 A
errichten постро́ить/стро́ить 3
Errichtung строи́тельство 5 A
Ersatz- запасный 3
erschaffen созда́ть/создава́ть 2 B
Erschaffung созда́ние 2 Б
erschallen прозвуча́ть/звуча́ть 6 B
erscheinen 1. herauskommen **вы́йти/ выходи́ть** 3; 2. sich als *jmd./etw.* erweisen **яви́ться/явля́ться** 1 A
Erscheinung о́браз 3
in **Erstaunen versetzen удиви́ть/ удивля́ть** 3 A
erstellen соста́вить/составля́ть 4 A
Erstellung созда́ние 2 Б
zum **ersten Mal впервы́е** 2 A
erstklassig высококла́ссный 3
ertönen прозвуча́ть/звуча́ть 6 B
ertragen вы́нести/выноси́ть 3
Erwachsene ста́ршие 6 A
erwähnen упомяну́ть/упомина́ть 4 A
Erwärmung потепле́ние 3 A
erwarten ожида́ть/ждать 2, 3; verlangen **потре́бовать/ тре́бовать** 2 A
sich als *jmd./etw.* **erweisen яви́ться/ явля́ться** 1 A
erzählen рассказа́ть/расска́зывать 2, 3
Erzähler(in) расска́зчик, расска́зчица 4 Б
Erzählung по́весть 3, **расска́з** 3 Б
Erzeugnis изде́лие 3
Erzeugnisse проду́кция 1 B
Erzieher(in) воспита́тель(ница) 1 B
erzielen дости́чь/достига́ть 6 A
es оно́ 1
essen есть 1
Esszimmer столо́вая 1
Etage эта́ж 1
Ethik э́тика 2
etwa 1. denn **ра́зве** 2; 2. ungefähr, zirka, annähernd **приме́рно, приблизи́тельно** 3
etwas немно́го 1
euer ваш, ва́ша, ва́ше; ва́ши 1
Euro е́вро *m.* 1
Europa Евро́па 2
europäisch европе́йский 2
Ex- бы́вший 6 A
Examen экза́мен 1 A
exklusiv эксклюзи́вный 3
Exkursion экску́рсия 2
Experiment экспериме́нт 2
Exponat экспона́т 2 A
Export э́кспорт 1
Exporteur экспортёр 5 A Wt
Exposition экспози́ция 2 A
Expresszug экспре́сс 2
extrem экстрема́льный 3

F

Fachfrau, Spezialistin специали́ст 3
Fachgebiet специа́льность 1 B
Fachmann специали́ст 3
Fachrichtung специа́льность 1 B
Fachschule учи́лище 3
Fähigkeit уме́ние 1 A, **спосо́бность** 1 B
fahren пое́хать/е́хать *zielger.* 2, **е́здить** *uv. nicht zielger.* 2
fahren (Rad, Inliner,…) **ката́ться** 1
fahren bis… дое́хать до 1,
über *etw.* **fahren,** herüberfahren **перее́хать/переезжа́ть** 3
Fahrgast пассажи́р 3
Fahrplan расписа́ние 2
Fahrrad велосипе́д 1, сайкл 3
Fahrstuhl лифт 1
Fakt факт 1
fakultativ факультати́вно 1 A Wt
fallen упа́сть/па́дать 6 A
falls е́сли 3
Familie семья́ 1
Familien- семе́йный 3
Fan фана́т 3 Б
Fanatismus фанати́зм 3
fangen пойма́ть/лови́ть 3
Fanta фа́нта 1
Fantasy фэ́нтези 1
Farbe, Farbton цвет 2, **кра́ска** 2 A
Fassade фаса́д 2 Б Wt
fast чуть не 2, **почти́** 3
Fauna фа́уна 3 A Wt
Fazit ито́г 6 B
Februar февра́ль *m.* 1
Federball бадминто́н 1
fehlerhaft несоверше́нный 3
Feier встре́ча 2, **пра́здник** 2
feierlich пра́здничный 2
feiern отпра́здновать/ пра́здновать 2, begehen **встре́тить/встреча́ть** 2, **отме́тить/отмеча́ть** 3
Feiertag пра́здник 2
fein шика́рный 3
Feind проти́вник 5 B
Feld по́ле 3
Fenster окно́ 2
Ferien кани́кулы 2
Ferienlager ла́герь *m.* 3
fern далёкий 3
Fernsehen телеви́дение 3
im **Fernsehen по телеви́зору** 1
Fernseher телеви́зор 1
Fernsehgesellschaft телекомпа́ния 3
Fernsehkamera телека́мера 3
Fernsehkanal телекана́л 3
Fernsehprogramm телепрогра́мма 3
Fernsehprojekt телепрое́кт 3
Fernsehsender телекана́л 3
Fernsehserie сериа́л 3
Fernsehshow телешо́у 3
Fernsehsucht телема́ния 3
Fernsehturm телеба́шня 1
Fernsehzuschauer(in) телезри́тель, телезри́тельница 3
Fertigkeit на́вык 1 B, **уме́ние** 1 A
sich **fertigmachen собра́ться/ собира́ться** 3
fesseln, anlocken привле́чь/ привлека́ть 6 A
Fest пра́здник 2
fest кре́пко 2; ständig, immer **постоя́нно** 3; sicher, überzeugt **уве́ренный** 4 A
festhalten фикси́ровать 3
festigen укрепи́ть/укрепля́ть 6 A
Festival фестива́ль *m.* 1
festlich пра́здничный 2
feststellen отме́тить/отмеча́ть 3
Fett жир 3
Feuerwerk фейерве́рк 2
Fichte ёлка 1
Fieber температу́ра 3
Figur фигу́ра 3

Film фильм 3
einen Film drehen снять/снима́ть фильм 4 А
Filmgesellschaft кинокомпа́ния 3
Filzstift флома́стер 1
Finanz- фина́нсовый 1 Б Wt
Finanzfachfrau, Finanzfachmann финанси́ст 1 А
finden найти́/находи́ть 3
Finger па́лец 2
finster тёмный 3
Firma фи́рма 1
Fisch ры́ба 1
fischen лови́ть/пойма́ть ры́бу 3
Fitness фи́тнес 3
Fitnessbar фи́тнес-бар 3
Fitnesscenter фи́тнес-це́нтр 3
Fitnessclub, Fitnessstudio фи́тнес-клуб 3
fixieren фикси́ровать 3
Flash-Clip, Flash-Spot флэш-ро́лик 3
Fleisch мя́со 1
fleißig приле́жный 3
fliegen полете́ть/лете́ть zielger. 3, лета́ть uv. nicht zielger. 2
über etw. fliegen перелете́ть/перелета́ть 3
flirten пофлиртова́ть/флиртова́ть 3
Flora фло́ра 3 А Wt
Flöte фле́йта 1, 4 А
Flug полёт 3
Fluggast (авиа)пассажи́р 3
Flughafen аэропо́рт 2
Flughafentransfer диспе́тчер по трансфе́ру 3
Flugzeug самолёт 2
Flur прихо́жая, коридо́р 1
Fluss река́ 1
Föderation федера́ция 5 А
folgend(er) сле́дующий 3
folglich зна́чит 3
Folie слайд 3
Folklore фолькло́р 2
Folkloreprogramm фолькло́рная програ́мма 3
Fontäne фонта́н 2
Form фо́рма 2 А Wt; Aussehen, Gestalt вид 3
in Form eines (einer) … в ви́де mit Gen. 3
formieren сформирова́ть/формирова́ть 5 А
fortfahren продо́лжить/продолжа́ть 5 А
Fortschritt прогре́сс 3 В Wt
fortsetzen продо́лжить/продолжа́ть 5 А
Foto фо́тка 2
Fotografien фотогра́фии 2
fotografieren фотографи́ровать 1, снять/снима́ть 4 А
Fotolabor фотолаборато́рия 1 В Wt
Frage вопро́с 1
Fragebogen анке́та 2
fragen спроси́ть/спра́шивать 3
französisch францу́зский 2
Frau же́нщина 3
junge Frau, Fräulein, Mädchen (ab ca. 14 J.) де́вушка 2
Frauen- же́нский 2, 3
frei, Frei- свобо́дный 2
Freigebigkeit ще́дрость 6 Б
Freiheit свобо́да 3
Freitag пя́тница 2
fremd, Fremd- иностра́нный 2, чужо́й 6 А
Fremde(r) чужо́й 6 А
Freude ра́дость 2
freudig ра́достный 2 А
Freund друг 1, това́рищ 4 А
Freunde друзья́ 1
Freundin подру́га 1
Freundschaft дру́жба 4 А
Frieden мир 1, 3
Friedens- миро́вой 2 А
frisch све́жий 3
Friseur(in) парикма́хер 1 А
Friseursalon парикма́херская 1 В
froh рад, ра́да, ра́до; ра́ды 3, ра́достный 2 А
fröhlich весёлый 2
Front фронт 5 А Wt
Frontsänger(in) вокали́ст(ка) 4 Б
Früchte фру́кты 1
frühe Jugend ю́ность 2 А
Frühjahr, Frühling весна́ 2
Frühjahrs-, Frühlings- весе́нний, -яя, -ее; -ие 2
Frühstück за́втрак 1
frühstücken за́втракать 1
fühlbar sein почу́вствоваться/чу́вствоваться 2 А
(sich) fühlen чу́вствовать (себя́) 2, 2 А
führen вести́ 3, leiten руководи́ть 1 А
zu etw. führen привести́/приводи́ть 5 А
Führung веде́ние 6 В
Füller ру́чка 1
Fünf (Zensur ausgezeichnet) пятёрка 2
funktional функциона́льный 1 В Wt
funktionieren рабо́тать 2
für 1. за mit Akk. 2, 2. для mit Gen. 2, 3. на mit Akk. 2, 5 Б
furchtbar стра́шный 3 А
sich fürchten побоя́ться/боя́ться 3
Fürst князь 5 А
Fürstentum кня́жество 5 А
Fürstin княги́ня 5 А
zu Fuß пешко́м 1
Fußball (Spiel) футбо́л 1
Fußball- футбо́льный 2
Fußballspieler(in) футболи́ст(ка) 3
Fußzehen па́льцы ноги́ 2

G

Gabel ви́лка 2
Galerie галере́я 2 А
Gänseblümchen маргари́тка 3
ganz весь, вся, всё; все 2
ganz egal всё равно́ 2
Garage гара́ж 1
Garten сад 3
Gasherd га́зовая плита́ 1
Gäste го́сти 2
gastfreundlich гостеприи́мный 3
Gaststätte рестора́н 1
Gebäude зда́ние 2 А
geben дать/дава́ть 1
gebildet образо́ванный 2 В
Gebirge го́ры 2
geboren werden роди́ться 2
gebrauchen воспо́льзоваться/по́льзоваться 6 А
Geburtstag день рожде́ния 2
Gedächtnis па́мять 3
gedeihen вы́расти/расти́ 3, расцвести́/цвести́ 3 В
Gedanken schweifen lassen помечта́ть/мечта́ть 3
Gedenken па́мять 3
Gedicht стихотворе́ние 4 А, стихи́ 4 А
geeignet подходя́щий 4 А
Gefahr опа́сность 3 А
gefährlich опа́сный, (gesundheits)schädlich вре́дный 3
Gefallen удово́льствие 3
Geflügel пти́ца 3
Gefühl чу́вство 2 А
Gegend край 3
gegenüberstellen сравни́ть/сра́внивать 3 В
gegenwärtig настоя́щий 3
Gegenwort, Antonym анто́ним 5 Б Wt
Gegner проти́вник 5 В
Gehalt зарпла́та 6 В
gehen пойти́/идти́ zielger., ходи́ть nicht zielger. 2
es geht, ganz gut ничего́, normal, nichts Besonderes норма́льно 1
Geige скри́пка 1
gelangen, zu Fuß erreichen дойти́ до 1
gelb жёлтый 2
Geld де́ньги 1
Geldinstitution банк 1
Geldstrafe штраф 3 Б
Geldwechsel обме́н (валю́ты) 3
Gelegenheit возмо́жность 3
geliebter ми́лый 2
Gelingen уда́ча 2
Gemälde- карти́нный 2 А, живопи́сный 2 Б
gemeinsam вме́сте 1; allgemein о́бщий 3 А
Gemeinschaft компа́ния 2, коллекти́в 1 А Wt
gemeint sein име́ться в виду́ 5 Б
Gemüse о́вощи 3
Gemüsegarten огоро́д 3
gemütlich ую́тный 1
genau ро́вно 1, то́чно 2
Generation поколе́ние 6 А
genial гениа́льный 4 А
Genre жанр 3
Geografie геогра́фия 2
geografisch географи́ческий 3
Geologe гео́лог 2

Geometrie геоме́трия 2
Gepäck бага́ж 3
gerade прямо́й 1, 1 A; ausgerechnet и́менно 1 B
geradeaus пря́мо 1
Geranie гера́нь 3
Geräusch шо́рох 3
gerecht справедли́вый 3
gern haben люби́ть 1
gesamt, Gesamt- vereinigt объединённый 1 A; allgemein о́бщий 3 A
Gesamtschule о́бщая шко́ла 2
Gesang вока́л 3, пе́ние 2
Geschäft магази́н 1; Business би́знес 3
geschehen случи́ться/случа́ться 5 Б, произойти́/происходи́ть 3
Geschenk пода́рок 2
Geschichte исто́рия 2; Erzählung расска́з 3 Б
geschichtlich, Geschichts- истори́ческий 2 B
Geschicklichkeit мастерство́ 2 A
Geschirr посу́да 3
Geschirr spülen мыть посу́ду 3
Geschirrspüler посудомо́йка 1
Geschmack вкус 4 A
Gesellschaft о́бщество 1 B
gesellschaftlich, Gesellschafts- обще́ственный 1 B
Gesetz зако́н 6 A
Gesicht лицо́ 2
Gesichtspunkt взгляд 4 B
ein Gespräch führen побесе́довать/бесе́довать 1 A
gesprächig общи́тельный 2
Gesprächspartner(in) собесе́дник, собесе́дница 1 Б
Gestalt, Form вид; Statur фигу́ра; Art, Weise о́браз 3
gestatten разреши́ть/разреша́ть 2
gestern вчера́ 1
gesund здоро́вый; nützlich поле́зный 3
Gesundheit здоро́вье 2
gesundheitsschädlich вре́дный 3
Getreide- зерново́й 3
Gewächs расте́ние 3 A
Gewalt, Kraft си́ла 3; Macht власть 5 A
gewaltig огро́мный 3
gewinnbringend вы́годный 6 B
gewisser не́который 1 A
Gewitter гроза́ 2
gewohnheitsmäßig привы́чный 6 A
gewöhnlich обы́чно 1
gewohnt привы́чный 6 A
es gibt есть 1
Gigabyte гигаба́йт 3
Girlande гирля́нда 2
Gitarre гита́ра 1
Glas стака́н 2
glauben ду́мать 2
gleich одина́ковый 6 B
global глоба́льный 3 A Wt
Globus гло́бус 1
Glück сча́стье 2
glücklich счастли́вый 4 B
Glückwunsch поздравле́ние 2
Glückwunsch- поздрави́тельный 2
Golf гольф 1
Gott sei Dank сла́ва бо́гу 3
Grad гра́дус 2
Graffiti граффи́ти 2 A Wt
Graffitisprayer(in) спре́йер 2 B
Grafik гра́фик 3, гра́фика 2 A
Grafik- графи́ческий 1 B
Grafiker(in) гра́фик 2 B
grafisch графи́ческий 1 B
grandios грандио́зный 5 B Wt
Gratulation поздравле́ние 2
gratulieren поздравля́ть 2
grau се́рый 2
Graupen крупа́ 3
Grenze грани́ца 2, край 3
griechisch-orthodox правосла́вный 6 A
Grippe грипп 3
groß, Groß- вели́кий 4 Б, кру́пный 6 B
großartig кла́ссный 2, грандио́зный 5 B Wt
Großer Vaterländischer Krieg Вели́кая Оте́чественная война́ *(2. Weltkrieg, 1941–1945)* 5 A
Großmutter ба́бушка 1
Großvater де́душка 1
Großzügigkeit ще́дрость 6 Б
grün зелёный 2
Grund- нача́льный 2
gründen основа́ть/осно́вывать 2 A, созда́ть/создава́ть 2 B
Gründer основа́тель 2 A
gründlich углублённый 1 A
Grunge гранж 3
Grünpflanzen цветы́ 1
Gruppenprogramme групповы́е програ́ммы 3
Grüß dich! Hallo! Приве́т! 1
Gulag ГУЛА́Г 5 A
GUM ГУМ 1
günstig, bequem, angenehm удо́бный 1 B; vorteilhaft, profitabel вы́годный 6 B
Gurke огуре́ц 3
gut хоро́ший 2, lieb до́брый 1 A; positiv положи́тельный 5 B
gut aussehend симпати́чный 2
Guten Abend! До́брый ве́чер! 1
Guten Appetit! Прия́тного аппети́та! 1
Guten Morgen! До́брое у́тро! 1
Guten Tag! До́брый день! 1, Здра́вствуй! Здра́вствуйте! 1
gutmütig до́брый 1 A
Gymnasium гимна́зия 2

H

Haare во́лосы 3
haben име́ть 1 B
ich habe … у меня́ 1
Hacker ха́кер 3
halb пол- 3
Hallo! Алло́! 1
Hals ше́я 2
Halskette *Schmuck* цепо́чка 2
halten, denken счесть/посчита́ть, счита́ть 3
Haltestelle остано́вка 1
Hamburger га́мбургер 1
Hamster хомя́к 1
Hand рука́ 2
Hand- насто́льный 3
Handball гандбо́л 1
handeln поступи́ть/поступа́ть 3
Handy моби́льник 1
hängen висе́ть 2, 3; aufhängen пове́сить/ве́шать 4 A
Hard Rock хард-ро́к 1
Harmonie гармо́ния 3
harmonisch гармони́чно 3
Hast du …? У тебя́ есть…? 1
hasten поспеши́ть/спеши́ть 5 Б
jmd. hat *etw. oder jmdn.* у *mit Gen.* 1
jmd. hatte Glück *кому?* повезло́ 2
sich häufen собра́ться/собира́ться 3
Haupt- основно́й 3, гла́вный 3
hauptsächlich гла́вным о́бразом 3
Hauptstadt столи́ца 2
Hauptverkehrsader магистра́ль 3
Haus дом 1
zu Haus(e) до́ма 1
Haus- дома́шний, -яя, -ее; -ие 3
Hausaufgaben уро́ки 1
Hausaufgaben machen де́лать уро́ки 1
Hausaufgabenheft дневни́к 2
im Haushalt, bei der Hausarbeit по до́му 3
Heavy Metal ме́тал 1
Heft тетра́дь 1
Hefter па́пка 1
heftig си́льный 2
Heim- дома́шний, -яя, -ее; -ие 3
Heimat ро́дина 2 A
Heimat-, heimatlich родно́й 1
Heimkino дома́шний кинотеа́тр 1
Heimweh haben тоскова́ть 6 A
heiraten *(aus Sicht des Mannes)* жени́ться на *mit Präp.* 2 Б
heiß жа́рко 2
heißen *Gegenstände, Pflanzen, Straßen u. ä.* называ́ться 2 A
Ich heiße … Меня́ зову́т … 1
heiter я́сный 3
Held геро́й 3; Recke богаты́рь 5 A
Heldin герои́ня 3
helfen помо́чь/помога́ть 2
hell я́ркий 2 A, све́тлый 2
hellblau голубо́й 2
herankommen, herantreten подойти́/подходи́ть 3
Herbst о́сень 2
Herbst-, herbstlich осе́нний, -яя, -ее; -ие 2
hereinkommen пройти́/проходи́ть 3
Herkunft происхожде́ние 6 A
Herr господи́н 3
Herren- мужско́й 3
Herrenoberhemd руба́шка 2
herrlich прекра́сный 2, 3
Herrschaft ца́рствование 5 A

herüberfahren переéхать/переезжáть 3
herumgehen ходи́ть 2
herunterladen скачáть/скáчивать 3
hervorheben отмéтить/отмечáть 3
hervorragend замечáтельный 4 А; groß, bedeutend вели́кий 4 Б
hervorrufen вы́звать/вызывáть 3
Herz сéрдце 4 Б, Seele, innere Gefühlswelt душá 6 А
Herzlich willkommen! Добрó пожáловать! 2
heute сегóдня 1
hier здесь 1
hierher сюдá 3
Hi-Fi-Anlage музыкáльный центр 1
himmelblau голубóй 2
hinausgehen вы́йти/выходи́ть 3
hinaustragen вы́нести/выноси́ть 3
hindern помешáть/мешáть 4 А
Hindernisse трýдности 2 А
hingehen сходи́ть/ходи́ть 5 А, пойти́/идти́ 2
hinsetzen постáвить/стáвить 4 А
Hintergrund зáдний план 2 А
hinwerfen брóсить/бросáть 3 А
hinzufügen добáвить/добавля́ть 4 А
Hip Hop хип-хóп 1
Historiker истóрик 2
historisch истори́ческий 2 В
Historisches Museum истори́ческий музéй 2
Hit хит 3
Hobby хóбби 1, увлечéние 3
hoch высóкий 3
hochmütig werden возгорди́ться/горди́ться 6 Б
hochqualifiziert высококвалифици́рованный 3
Hochschule вуз (вы́сшее учéбное заведéние) 1 А
hochwertig высококлáссный 3
Hocker табурéт(ка) 1
Hockey хоккéй 1
Hockeyschläger клю́шка 3
hoffen понадéяться/надéяться 3 А
Hoffnung надéжда 3 Б
höher вы́сший 1 В
jmdn. oder etw. holen сходи́ть/ходи́ть 5 А
Holz- деревя́нный 3
Home-Cinema домáшний кинотеáтр 1
Hörbuch аудиокни́га 4 А
hören послýшать/слýшать 1, 2 услы́шать/слы́шать 3
Horizont горизóнт 3
Hose брю́ки 2
Hotel гости́ница 1
Hotelier, Hotelmanager(in) отельéр 1 А Wt
Hotelzimmer нóмер 3
Huhn, Hühnchen кýрица 1
Hund собáка 1
Hurra! Урá! 2
Husten кáшель m. 3
Hymne гимн 3

I

ich я 1
Ich bin … Jahre alt. Мне … лет. 1
Ich bin satt. (я) сыт (сытá) 1
Idee идéя 2
identisch одинáковый 6 В
Idol куми́р 2
Igel ёж 1
ignorieren игнори́ровать 3
ihr вы 1
ihr habt у вас 1
ihr(e) Sg. её, ihr Pl. их ihr(e), Ihr(e) (eigen) свой, своя́, своё; свои́ 3
Ihr Höflichkeitsform, euer ваш, вáша, вáше; вáши 1
Ikone икóна 2 А Wt
Ikonenmalerei, Ikonografie иконогрáфия 2 А Wt
im Grunde genommen, eigentlich сóбственно говоря́ 5 Б
Imbiss буфéт 1
immatrikuliert werden (einen Studienplatz bekommen, Studium/Ausbildung beginnen поступи́ть/поступáть в 3
immer всегдá 1, ständig постоя́нно 3, überhaupt, immer вообщé 6 В
immer (weniger, mehr …) всё + Komp. 5 Б, immer mehr всё бóльше 3 А
immer noch всё ещё 2
Imperium импéрия 5 А
in 1. кудá? на, в mit Akk., 2. в где? на, в mit Präp. 1, 3. Fach по mit Dat. 2, 4. durch, entlang по mit Dat. 2, 5. innerhalb von zeitlich за mit Akk. 2, 6. nach, in zeitlich чéрез mit Akk. 1 А, 7. zur Zeit von при mit Präp. 5 А
in der Nähe von ря́дом с mit Instr. 3
indirekt кóсвенный 1 А
Industrie индýстрия 1 В Wt
industriell индустриáльный 3 В Wt
ineffektiv, ineffizient неэффекти́вный 3
infolge, dank благодаря́ mit Dat. 3 А, wegen из-за mit Gen. 6 А
Informatik информáтика 2
Informatikkabinett кабинéт информáтики 1
Information информáция 3
Informations- информациóнный 3
informieren проинформи́ровать/информи́ровать 3
Ingenieur инженéр 2
Inhaber владéлец 6 В
Inhalt содержáние 4 Б
inhaltlich по содержáнию 4 Б
Inliner рóлики 1
inmitten среди́ mit Gen. 1 А
Inneneinrichtung интерьéр 2 А Wt
innerer, innerlich внýтренний, -ая, -ее; ие 6 Б
innerhalb von zeitlich за mit Akk. 2
ins Ausland за грани́цу 3
Insel óстров 2
Instabilität нестаби́льность 1 В
Institut институ́т 1
Instrument инструмéнт 1 А Wt
Integration интегрáция 6 А
sich integrieren интегри́роваться 6 А
intelligent образóванный 2 В
intensiv углублённый 1 А
interessant интерéсный 1, nicht langweilig нескýчно 2
Interesse интерéс, Hobby увлечéние 3
Interesse wecken, interessieren заинтересовáть/интересовáть 6 В
sich interessieren интересовáться 2
Interface интерфéйс 3
Interieur интерьéр 2 А Wt
international междунарóдный 6 А
Internet Интернéт 1
im Internet sein сидéть в Интернéте 1
Internetcafé интернéт-кафé 2
Interpretation интерпретáция 4 В Wt
interpretieren проинтерпрети́ровать/интерпрети́ровать 3
Interview интервью́ 2
irgendwann когдá-нибудь 3
irgendwas чтó-нибудь 3
irgendwer ктó-нибудь 3
irgendwie кáк-нибудь 3
irgendwo гдé-нибудь 3
irgendwohin кудá-нибудь 3
ist es möglich неужéли 2
italienisch по-италья́нски 1
IT-Spezialist IT-специали́ст 1 А Wt

J

ja да 1, ведь 3, hier: ja, doch же 2
Jahr год 2
Jahreszeit врéмя гóда 2
Jahrhundert век 3
Jahrmarkt я́рмарка 2
Jalousie жалюзи́ 1
Januar янвáрь m. 1
japanisch по-япóнски 1
Jazz джаз 1
Jazzband джаз-грýппа 4 А Wt
Jeans джи́нсы 2
jede(r) любóй 3
jeden Wochentag (montags, dienstags, … sonntags) по 3
jeder кáждый 2
jener, jene(s) тот, та, то; те 3
jetzig настоя́щий 3
jetzt сейчáс 1
Joga йóга 3
Jogging джóггинг 1
Journalist журнали́ст 2
Joystick джóйстик 3
Judo дзюдó 1

Jugend, Jugendliche молодёжь 3; frühe Jugend(zeit) *Alter zwischen 13 u. 19 J.* **ю́ность** 2 A; späte Jugend(zeit) *Alter zwischen 19 u. 30 J.* **мо́лодость** 2 A
Juli ию́ль *m.* 2
jung молодо́й 3
Junge (kleiner) Junge *(bis ca. 14–15 J.)* **ма́льчик** 2, junger Mann **ю́ноша** 3
junge Leute молодёжь *w.* 3
jünger моло́же 3
junger Mann па́рень 2, **ю́ноша** 3
jüngerer мла́дший 1 В
Juni ию́нь *m.* 2
Jurisprudenz, Jura, Rechtswissenschaft юриспруде́нция 1 Б
Jurist юри́ст 2
Jury жюри́ 3

K

Kabine каби́на 3 Б Wt
Kaffee ко́фе *m.* 1
Kaffeehaus, Café **кафе́** 1
Kaiser царь 5 А
Kaiserin цари́ца 5 А
Kaiserreich импе́рия 5 А
Kakao кака́о 1
Kaktus ка́ктус 1
Kaleidoskop калейдоско́п 1
Kalender календа́рь *m.* 1
kalt хо́лодно 2
Kälte хо́лод 6 В
Kamerad това́рищ 4 А
kämpfen боро́ться 3 А
Kanarienvogel канаре́йка 1
Kandidat кандида́т 1 В Wt
Känguru кенгуру́ 2
Kaninchen кро́лик 1
Kante край 3
Kantine столо́вая 4 А
Kanzler(in) ка́нцлер 5 А Wt
Kapitän капита́н 4 А Wt
Kapitulation капитуля́ция 5 А
Karaoke карао́ке 2
Karate карате́ 2
Karelien Каре́лия 2
Karikatur карикату́ра 2
Karneval карнава́л 2
Karriere карье́ра 3
Karte ка́рточка 3, (Land-) Karte ка́рта 1
Karten spielen игра́ть в ка́рты 1
Kartoffel карто́фель *m; nur Sg.* 3
Kasachstan Казахста́н 6 А Wt
Kascha ка́ша 1
Kasse ка́сса 1
Kassierer касси́р 2
kategorisch категори́ческий 3
Kater кот 1
Kathedrale собо́р 1
Katholik като́лик 6 А
Katze ко́шка 1
kauen жева́ть 2
kaufen купи́ть/покупа́ть 2, 3
Kaufhaus универма́г 2
Kaugummi жва́чка 2
Kaukasus Кавка́з 2
Kehle го́рло 2

kein(e) … ! нет 2
kein(en) haben, es gibt nicht **нет** 1
kein(er) никако́й, -а́я, -о́е; -и́е 3
keiner, niemand **никто́** 3
Keller подва́л 1
jmdn. **kennen знать** 2
kennen lernen по/знако́миться 2
Kenntnis зна́ние 6 А
kennzeichnen отме́тить/отмеча́ть 3
Kerl па́рень 2
Keyboard ки́борд 1
Kiewer Rus Ки́евская Русь 5 А
Kilometer киломе́тр 2
Kind ребёнок 3
Kinder де́ти 3; **ребя́та** 1 *wird auch in der Anrede Jugendlicher untereinander im Sinne von „Leute" verwendet*
Kinder- де́тский 1 В
Kinderzimmer де́тская 1
Kindheit де́тство 3, 2 А
Kino кино́, кинотеа́тр 1
Kinoliebhaber(in) кинома́н 3
Kiosk кио́ск 1
Kirche це́рковь 5 В
Kirchen-, kirchlich церко́вный 2
Kirsche ви́шня 3
klar я́сный 3
(Alles) **klar Поня́тно.** 1
Klarinette кларне́т 1
Klasse, Klassenraum класс 1; *als Adj. verwendet* **кла́ссный** 2
Klasse! Класс! 2
Klassik кла́ссика 2
Klassiker(in) кла́ссик 2, 4 А
klassisch класси́ческий 1 Б
Klavier пиани́но 1, 4 А
Kleid пла́тье 2
kleiden оде́ться/одева́ться 1 Б
Kleidung оде́жда 3
klein ма́ленький 1, nicht groß **небольшо́й** 1, nicht hoch **невысо́кий** 3
Kleinbus-Sammeltaxi маршру́тка 1
kleiner Tisch сто́лик 1
Klient(in) клие́нт(ка) 3
Klima кли́мат 3
Klima-, klimatisch климати́ческий 3
klingen прозвуча́ть/звуча́ть 6 В
Klinik кли́ника 1 А Wt
Klips кли́псы 1
Klopse котле́ты 1
Klub клуб 3
kochen пригото́вить/гото́вить 3
kochendes Wasser кипято́к 2
Kode код 2
Koffer чемода́н 3
Koffer packen собира́ть чемода́н 3
Kohl капу́ста 3
Kollektion колле́кция 1 Б Wt, 2 А, Sammlung **собра́ние** 2 А
Kollektiv коллекти́в 1 А Wt
Kombination комбина́ция 1 В Wt
kombiniert комбини́рованный 1 В Wt
komfortabel комфо́ртный 1 В

(an)**kommen прийти́/приходи́ть** 2, **прие́хать/приезжа́ть** 3
auf *etw.* **kommen**, erraten **догада́ться/дога́дываться** 3
Kommentator коммента́тор 2
kommunizieren пообща́ться/обща́ться 3
Kompliment комплиме́нт 3
kompliziert тру́дный 3
Komponist(in) компози́тор 2, 4 А
Komposition компози́ция 3
Kompott компо́т 1
Kompromiss компроми́сс 3
Konditor конди́тер 2
Konditorei кафе́ 1
Konfekt конфе́ты 1
Konferenz конфере́нция 2
Konferenzsaal конфере́нц-за́л 3
Konfession конфе́ссия 6 А Wt
Konflikt конфли́кт 3
konkret конкре́тный 1 А Wt
können *eine Fähigkeit besitzen, etwas beherrschen* **суме́ть/уме́ть** 2, *imstande sein* **смочь/мочь** 2, 3
Ich kann nicht mehr. Я бо́льше не могу́! 1
Konstrukteur констру́ктор 2
Konsultation консульта́ция 1 А Wt
Kontakt- конта́ктный 1 В Wt
Kontakt aufnehmen связа́ться/свя́зываться 6 А
Kontaktadresse координа́ты 3
Kontakte конта́кты 5 А Wt
kontaktfreudig общи́тельный 2
Kontrakt контра́кт 3
Kontroll- контро́льный 1 А Wt
Kontrolle контро́ль *m.* 3
Konzert конце́рт 1
Koordinaten координа́ты 3
Kopeke копе́йка 1
Kopf голова́ 2
Kopie ко́пия 2 Б
Korn- зерново́й 3
körperlich физи́чески 1 А Wt
korrekt, ordentlich, sauber **аккура́тный** 1 А
Korridor коридо́р 1
Kosmetik косме́тика 2
Kosmonautik космона́втика 2
Kosmos ко́смос 2, Weltall, Universum **Вселе́нная** 3 Б
Kost пита́ние 3
kosten *(Preis)* **сто́ить** 1
kosten, schmecken **по/про́бовать** 1
kostspielig до́рого 3
Kraft си́ла 3
kräftig си́льный 2
krank больно́й 3
krank werden заболе́ть/заболева́ть 3
Krankenhaus больни́ца 1 А
Krankenschwester медсестра́ 1 А
Kranker больно́й 3
kreativ креати́вный 3 А Wt, schöpferisch **тво́рчески** 1 А
Kredit креди́т 3
Kredit- креди́тный 3
Kreide мел 1
Kreml Кремль *m.* 1

Kreml- Кремлёвский 1
Krieg войнá 3
Krim- крымский 6 A Wt
Krimi, Kriminalfilm, Kriminalroman детекти́в 2
Krise кри́зис 3 A
Kritik üben, kritisieren раскритикова́ть/критикова́ть 3 A
Küche ку́хня 1
Kugelschreiber ру́чка 1
kühl све́жий 3
Kühlschrank холоди́льник 1
kühn сме́лый 6 A
Kühnheit сме́лость 1 A
Kultur культу́ра 3
sich **kümmern позабо́титься/забо́титься** 1 A
Kunde, Kundin клие́нт(ка) 3
Kunst иску́сство 2 A
Kunst- худо́жественный 3
Kunsthistoriker(in) искусствове́д 2 Б
Künstler(in) арти́ст(ка) 3, **худо́жник, худо́жница** 2 A
Kunstmaler(in) живопи́сец 2 В
Kunstwerk произведе́ние 2 A
Kunstwissenschaftler(in) искусствове́д 2 Б
Kur- куро́ртный 3
Kurioses курьёзное 6 A Wt
Kurort го́род-куро́рт 2
Kurort- куро́ртный 3
kurz (gesagt) коро́че говоря́ 5 Б
kurzum (**одни́м**) **сло́вом** 3
küssen по/целова́ть 2
Küste бе́рег 2
Kutter ка́тер 2
Kwas квас 1

L

Labor лаборато́рия 1 A Wt
Laborantin лабора́нтка 2
lachen посмея́ться/смея́ться 2, 3
Lackdose шкату́лка 1
Laden магази́н 1
Lager ла́герь *m.* 3
Lampe ла́мпа 1
Land страна́ 2, Dorf **дере́вня** 1, Gegend край 3
Land- се́льский 3 В
Landesgrenze грани́ца 2
Landkarte ка́рта 1
ländlich се́льский 3 В
Landschaft ландша́фт 2, пейза́ж 2 Б
Landschaftsbild пейза́ж 2 Б
Landwirt агроно́м 1 A Wt
Landwirtschaft се́льское хозя́йство 3 В
lang дли́нный 3
lange до́лго 2, seit langem **давно́** 3
Länge длина́ 3
langsam ме́дленный 3
längst давно́ 3
sich **langweilen скуча́ть** 6 A
langweilig ску́чно 1
Laptop ноутбу́к 3

Lass(t) uns *Aufforderung, Vorschlag* **дава́й(те)** 1
lassen *(erlauben)* **дать/дава́ть** 1
Latein лати́нский язы́к 2
Lauch лук 3
laufen побе́гать/бе́гать 3, (Ski, Schlittschuhe…) **ката́ться** 1
Lauf(en) бег 3
Laune настрое́ние 2 A
laut шу́мный 3
Leasing аре́нда 6 В
Leben жизнь 3
leben жить 1, seinen Wohnsitz haben **прожи́ть/прожива́ть** 6 A
Leben, Aufenthalt, Wohnen **прожива́ние** 6 A
Lebenslauf автобиогра́фия 2, CV резюме́ 1 В
Lebensmittel проду́кты 3
Lebensmittel einkaufen ходи́ть за проду́ктами 3
lecker вку́сно 1
legendär легенда́рный 1 Б Wt
Lehr- уче́бный 1 A
Lehrbuch уче́бник 3
Lehre учёба 2
lehren преподава́ть 1 A
Lehrer(in) учи́тель, учи́тельница 2
leibeigen, Leibeigene(r) крепостно́й 5 A
Leibeigenschaft крепостно́е пра́во 5 A
leicht легко́ 3 A
Leichtathlet легкоатле́т 6 A Wt
Leichtathletik лёгкая атле́тика 2
leider к сожале́нию 1
leiten руководи́ть 1 A, **вести́** 3
Leiter руководи́тель 2
Leiterin руководи́тельница 2
Leitspruch ло́зунг 5 Б Wt
Leitung веде́ние 6 В
lernen учи́ться, вы́учить/учи́ть 2
Lernen учёба 2
lesen прочита́ть/чита́ть 1, 2
letzte(r) после́дний, -яя, -ее; -ие 2
letzten Endes в конце́ концо́в 3 Б
leuchtend я́ркий 2 A
Leute лю́ди 2, *in der Anrede Jugendlicher untereinander* **ребя́та** 1
Liebe любо́вь 2
liebe(r) дорого́й 3, ми́лый 2
lieben люби́ть 1
lieber лу́чше 2
Lieblings- люби́мый 1
Lied пе́сня 2
Liedchen пе́сенка 2
Liege куше́тка 1
liegen полежа́ть/лежа́ть 3
Lift лифт 1
Limo(nade) лимона́д 1
Lineal лине́йка 1
Linie ряд 4 A
linker ле́вый 2 A
links, von links сле́ва 2 A
literarische Figur персона́ж 4 Б
literarisch-musikalisch литерату́рно-музыка́льный 4 A Wt
Literatur литерату́ра 1, 2

Lithium-Ion-/Lithium-Polymer-Akkumulator ли́тий-ио́нный/ли́тий-полиме́рный аккумуля́тор 3
Löffel ло́жка 2
Logistiker(in) логи́стик 1 В
Los *Aufforderung, Vorschlag* **дава́й(те)** 1
Los, Schicksal **судьба́** 6 Б
lösen (Aufgabe) **реши́ть/реша́ть** 3
Losung ло́зунг 5 Б Wt
Lösung реше́ние 1 A
Löwenzahn одува́нчик 3 Б
Luft во́здух 3
Luftverkehrsgesellschaft авиакомпа́ния 3
lustig весёлый 2
Lutheraner лютера́нин 6 A
Luxusklasse класс «люкс» 3
Lyrik ли́рика 4 A
Lyriker(in) поэ́т(е́сса) 4 A
lyrische Dichtung ли́рика 4 A
Lyzeum лице́й 2

M

machen сде́лать/де́лать 1, 2
Macht власть 5 A, **держа́ва** 5 В, Gewalt **си́ла** 3
Mädchen (kleines) Mädchen *(bis ca. 14–15 J.)* **де́вочка** 2, junge Frau, Fräulein *(ab ca. 14 J.)* **де́вушка** 2
Magistrale магистра́ль 3
Mai май 2
Makkaroni макаро́ны 1
Makkaroni- макаро́нный 3
Makler(in) ма́клер 2
Mal раз 2
malen нарисова́ть/**рисова́ть** 1, 2, **написа́ть/писа́ть** 2 A
Maler(in) живопи́сец 2 В
Malerei жи́вопись 2 A
malerisch живопи́сный 2 Б
Mama ма́ма 1
man darf мо́жно 2
man darf nicht нельзя́ 2
man kann мо́жно 1, 2
Management ме́неджмент 1 Б Wt
Manager(in) администра́тор 3, ме́неджер 2
mancher не́который 1 A
manchmal иногда́ 2
Mann мужчи́на 3
Männer- мужско́й 3
männlich мужско́й 3
Mannschaft кома́нда 2, **сбо́рная** 6 A
Märchen ска́зка 2
Margerite маргари́тка 3
Marker (текст)ма́ркер 1
Marketing ма́ркетинг 1 В Wt
März март 1
Massageraum масса́жный кабине́т 3
Massen- ма́ссовый 3
Massenmedien СМИ 3
Masut мазу́т 3 Б
Match матч 3
Material материа́л 3
Mathematik матема́тика 2

Mathematiker матема́тик 2
Matrix ма́трица 3
Matrjoschka матрёшка 1
Matrose матро́с 5 Б Wt
Maus мышь 1
Mechaniker меха́ник 3
Medaillen- призово́й 2
Medikament, Medizin **лека́рство** 3
medizinisch медици́нский 1 А Wt
Meer мо́ре 2
Megabyte мегаба́йт 3
mehr бо́льше 3
mehr als бо́лее 3
mehr gefallen бли́же 2
mehrstöckig многоэта́жный 3
mein(e) мой, моя́, моё; мои́ 1
meinen име́ть в виду́ 5 Б
Meinung мне́ние 3, **взгляд** 4 В
meiner Meinung nach по-мо́ему 3
meistens обы́чно 1
Meister(in) ма́стер 2 А
meistern спра́виться/справля́ться 3
Meisterschaft мастерство́ 2 А
Meisterwerk шеде́вр 2 А
Melodie мело́дия 4 В
Melodram мелодра́ма 3
Menge коли́чество 1 В
Mennonit меннони́т 6 А Wt
Mensa столо́вая 4 А
Mensch челове́к 2
Menü меню́ 3
Merkmal атрибу́т 3
merkwürdig стра́нный 4 А, unverständlich **непоня́тный** 4 В
Messe я́рмарка 2
Messer нож 2
Meteorologe метеоро́лог 2
Methode ме́тод 2 А Wt
Metro метро́ 1
mexikanisch мексика́нский 2 Б Wt
Miete аре́нда 6 В
Mikrofon микрофо́н 3
Mikrowelle микроволно́вка 1
Milch молоко́ 1
Milch- моло́чный 3
Milieu среда́ 3 А
Milliarde миллиа́рд 3
Million миллио́н 3
Minifußball- ми́ни-футбо́льный 3
minus ми́нус 1
Minute мину́та 1
mit 1. **с** *mit Instr.*
2. *(Transportmittel)* **на** *mit Präp.* 1
mit anderen Worten ина́че говоря́ 5 Б
mit dem Ziel в це́лях *mit Gen.* 6 В
mit einem Wort (одни́м) сло́вом 3
Mit Vergnügen! Gern. С удово́льствием! 1
mit wem? с кем? 1
mitarbeiten поуча́ствовать/уча́ствовать 4 А
Mitarbeiter(in) der Patientenaufnahme (медици́нский) регистра́тор 3
mitbringen принести́ 2
mitnehmen взять с собо́й 2
mitschneiden записа́ть/запи́сывать 4 А

Mitschüler(in) однокла́ссник, однокла́ссница 2
Mittagessen обе́д 1
zu **Mittag essen обе́дать** 1
Mitte центр 1
mitteilen сказа́ть 2, **переда́ть/передава́ть** 3
mitteilsam общи́тельный 2
Mittel сре́дство 3
Mittel- сре́дний, -яя, -ее; -ие 2
mittellos бе́дный 5 Б
mitten auf среди́ *mit Gen.* 1 А
Mittwoch среда́ 2
mitwirken поуча́ствовать/уча́ствовать 4 А
Mitwirkung уча́стие 3
Mobbing мо́ббинг 3
Möchtest du noch …? Бу́дешь ещё …? 1
Mode мо́да 2
Mode- мо́дный 3
Modedesigner(in) моделье́р 1 Б
Modell моде́ль 3
Modem моде́м 3
modern совреме́нный 2
modernisieren модернизи́ровать 5 А
Modernisierung модерниза́ция 5 А Wt
Modeschöpfer(in) моделье́р 1 Б
modisch мо́дный 3
mögen, gern haben **люби́ть**, wollen **хоте́ть** 1
Möglichkeit возмо́жность 3
Möhre морко́вь 3
Moment моме́нт 1 Б Wt
momentan настоя́щий 3
Monat ме́сяц 2
2–4 **ме́сяца**
5 **… ме́сяцев**
Monolog моноло́г 3
monoton моното́нный 4 В Wt
Montag понеде́льник 2
morgen за́втра 2
morgens у́тром 1
Moskauer *Bewohner Moskaus* **москви́ч** 1, *Adj.* моско́вский 3
Moskauerin москви́чка 1
Motiv моти́в 3 Б Wt
Motorboot Kutter **ка́тер** 2
Motto ло́зунг 5 Б Wt
MP3-Player пле́ер 1
müde werden уста́ть 2
sich **Mühe geben постара́ться/стара́ться** 1 Б
Müll му́сор 3
Mülldeponie сва́лка 3 В
Mund рот 2
Münze моне́та 2
Münzsammlung нумизма́тика 2 А Wt
Museum музе́й 1
Museumsführer(in) экскурсово́д 2 А
Musical мю́зикл 4 А Wt
Musik му́зыка 1
Musikant, Musiker музыка́нт 2
Musikinstrument музыка́льный инструме́нт 2
Musikstück пье́са 4 А

Müsli мю́сли 1
müssen на́до 2, sollen **до́лжен, должна́, должно́; должны́** 3, **придётся/прихо́дится** 6 А
Muster моде́ль 3
Mut сме́лость 1 А
mutig сме́лый, му́жественный 6 А
Mutter мать 3
Mutti ма́ма 1

N

na ну 1 А
na endlich наконе́ц-то 1 В
nach 1. *räumlich/zeitlich* **по́сле** *mit Gen.* 1,
2. in *zeitlich* **че́рез** *mit Akk.* 1 А
nach Hause домо́й 2
nach links нале́во 1
nach rechts напра́во 1
Nachbar- сосе́дний, -яя, -ее; -ие 2
Nachbar(in) сосе́д 2
nachdenken поду́мать/ду́мать 3, **заду́маться/заду́мываться** 6 А
nachdenklich werden заду́маться/заду́мываться 6 А
Nachfrage спрос 1 В
nachher зате́м 3 Б
Nachname фами́лия 1
Nachrichten но́вости 3
Nachrichten- информацио́нный 3
nächst(er) сле́дующий 3
Nacht-, nächtlich ночно́й 1 Б
nachts но́чью 2
Nachwuchs молодёжь 3
näher бли́же 2
näher kommen пройти́/проходи́ть 3
sich **nähern подойти́/подходи́ть** 3
Nase нос 2
Nation на́ция 3
nationale Zugehörigkeit, Nationalität национа́льность 6 А
Nationalmannschaft сбо́рная 6 А
Natur приро́да 3
Natur-, natürlich приро́дный 3 А, **есте́ственный** 6 В
Natürlich! коне́чно 1
Naturschutzgebiet музе́й-запове́дник 2
neben ря́дом с *mit Instr.* 3
nebenan ря́дом 3
negativ негати́вный 3
nehmen брать/взять 3
nein нет 1
Nelke гвозди́ка 3
nennen назва́ть/называ́ть 3, erwähnen упомяну́ть/упомина́ть 4 А
nervös machen нерви́ровать 3
Nesnaika Незна́йка 1
neu но́вый 1
von Neuem сно́ва 6 А
neugierig любопы́тный 6 А
Neuigkeiten но́вости 3
Neujahr Но́вый год *пра́здник* 2
Neujahrs- новогóдний, -яя, -ее; -ие 2
Neujahrstanne ёлка 1
nicht не 1

nicht da нет 1
..., nicht wahr? ..., пра́вда? 2
nicht weit von недалеко́ от *mit Gen.* 1
nichts ничто́ 3
nichts Besonderes норма́льно 1
nie, niemals никогда́ 3
niemand никто́ 3
Nimm noch! Бери́ ещё! 1
nirgend(s)wohin никуда́ 3
nirgends нигде́ 3
noch ещё 1
Norden се́вер 1
im **Norden на се́вере** 1
normal норма́льно 1
normalerweise обы́чно 1
Normen но́рмы 1 A
Not- запа́сный 3
Note отме́тка 2, **оце́нка** 5 B
Notebook ноутбу́к 3
nötig ну́жный 3 A
notwendig ну́жный 3 A
November ноя́брь *m.* 2
null ноль *m.* 1, нуль *m.* 6 A Wt
Numismatik нумизма́тика 2 A Wt
Nummer но́мер 3
nun, ...? ну, ...? 1 A
nur то́лько 1
nutzen воспо́льзоваться/ по́льзоваться 6 A
nützlich поле́зный 3

O

o.k. о'ке́й 1
ob *in indirekten Fragesätzen* **ли** 1 A
Objekt объе́кт 1
obligatorisch обяза́тельный 1 A
Obst фру́кты 1
Obus тролле́йбус 1
obwohl хотя́ 3
oder и́ли 1
offen открове́нный 6 A, **откры́тый** 2
offenherzig открове́нный 6 A
Offenherzigkeit и́скренность 2 A
öffentlich обще́ственный 1 B
öffnen откры́ть/открыва́ть 3
oft ча́сто 1
ohne без *mit Gen.* 6 A
Ohr у́хо 2
okay о'ке́й 1
Ökoaktivist(en) экоактиви́ст(ы) 3 Б Wt
ökologisch экологи́ческий 3 A
Ökonomie эконо́мика 5 A
Oktober октя́брь 2
Olympiade олимпиа́да 2
olympisch олимпи́йский 3
Oma ба́бушка 1
Onkel дя́дя 1
online онла́йн 3
Online- онла́йновый 3
Onlinespiel онла́йновая игра́ 3
Opa де́душка 1
Oper о́пера 1
optimal оптима́льный 3
optimistisch оптимисти́чный 2, оптимисти́ческий 3
orange ора́нжевый 2
ordentlich аккура́тный 1 A
Ordner па́пка 1
Ordnung поря́док 1 A, System **систе́ма** 3 A
Ordnung schaffen навести́/ наводи́ть поря́док 5 A
Organisation организа́ция 3
Organisation der Vereinten Nationen (UNO) **ООН** 6 A
Organisator организа́тор 3
organisieren организова́ть 2, bilden **сформирова́ть/ формирова́ть** 5 A
Organismus органи́зм 3 A Wt
Original- оригина́льный 2 Б
Originalität оригина́льность 3
originell оригина́льный 2 Б
Ort ме́сто 1
orthodox, Orthodoxer, Anhänger(in) des (griechisch-) orthodoxen Glaubens **правосла́вный** 6 A
Osten восто́к 1
im **Osten на восто́ке** 1
Oster- пасха́льный 2
Ostern Па́сха 2
Österreich А́встрия 6 A Wt
Ozonloch озо́новая дыра́ 3 B
Ozonschicht озоносфе́ра 3 Б

P

Pacht аре́нда 6 B
pädagogisch педагоги́ческий 1 B Wt
Palast дворе́ц 2 A
in **Panik verfallen** запаникова́ть/ паникова́ть 3
Papa па́па 1
Papagei попуга́й 1
Parade пара́д 3
Paradies рай 3 B
Park парк 1
Parlament парла́мент 4 Б Wt
Partei па́ртия 5 A
Parterre, im Erdgeschoss **на пе́рвом этаже́** 1
Partner партнёр 3
Party вечери́нка 2
Pass па́спорт 3
Pass- па́спортный 3
Passagier пассажи́р 3
Passeintragung, polizeiliche Anmeldung пропи́ска 6 Б
passen подойти́/подходи́ть 3
passend подходя́щий 4 A, günstig **удо́бный** 1 B
passieren 1. durchqueren **пройти́/ проходи́ть**; 2. vor sich gehen, stattfinden **произойти́/происходи́ть** 3; 3. sich ereignen **случи́ться/ случа́ться** 5 Б
Pastell-, pastellfarben пасте́льный 2 A Wt
Patient(in) пацие́нт(ка) 1 A Wt, 3B Wt
Patientenaufnahme Anmeldung *in mediz. Einrichtung* регистрату́ра 3
Pauschalreise путёвка 3
Pause переме́на 2, Werbe-, Reklamepause, -Unterbrechung (рекла́мная) па́уза 3
in der Pause **во вре́мя переме́ны** 2
PC-Tisch компью́терный стол 1
Pelmeni пельме́ни 1
Pelzmütze ша́пка 1
Perestroika *politische Reformphase am Ende der Sowjetunion* **перестро́йка** 5 A
Periode пери́од 1 Б Wt
Person ли́чность 5 Б
Personal персона́л 1 B Wt
Personal Trainer персона́льный тре́нер 3
Personal Training персона́льный тре́нинг 3
persönlich ли́чный 1 A
Persönlichkeit ли́чность 5 Б
Perspektive перспекти́ва 3
Pfingsten Тро́ица 2
Pflanze расте́ние 3 A
Pflanzenwelt фло́ра 3 A Wt
Pflaume сли́ва 3
Pflicht- обяза́тельный 1 A
Phantasie фанта́зия 3
Phase пери́од 1 Б Wt
Philosoph фило́соф 3 A Wt
Physik фи́зика 2
Physiker фи́зик 2
Physiologe физио́лог 2
physisch физи́ческий 1 A Wt
Piano пиани́но 1
Piroggen пирожки́ 1
Pizza пи́цца 1
Plakat плака́т 3
Plan расписа́ние 2
Pläne, Vorhaben **пла́ны** 2
planen плани́ровать 3
Planet плане́та 3 A Wt
Plastik, Skulptur **скульпту́ра** 2 A
Platz großer Platz **пло́щадь**, Ort, Sitzplatz **ме́сто** 1
Player плёер 1
Plinsen блины́ 1
plötzlich вдруг 3
plus плюс 1
Poet(in) поэ́т(е́сса) 4 A
Politik поли́тика 3
Politiker поли́тик 2
Politikwissenschaftler, Politologe полито́лог 2
polizeiliche Anmeldung пропи́ска 6 Б
Polizist полице́йский 1 A
polnisch по-по́льски 1
Pommes frites карто́фель фри 1
Pop- und Soft-Rock поп- и софт-рок 3
Popcorn попко́рн 3
Popmusik поп-му́зыка 1
Popstars поп-звёзды 2
populär популя́рный 2, 4 A
Popularität популя́рность 3
Portfolio портфо́лио 1 Б Wt
Porträt портре́т 2, 2 A
positiv позити́вный 3, **положи́тельный** 5 B
Post, Postamt по́чта 1
Poster по́стер 1
Postkarte откры́тка 1
postsowjetisch постсове́тский 6 A Wt

ein **Praktikum absolvieren** **пройти́/проходи́ть пра́ктику** 1 A
Pralinen **конфе́ты** 1
Präsentation презента́ция 1 A Wt
Präsident(in) президе́нт 1
Preis **цена́** 3, *für einen Sieg in einem Wettbewerb* **приз** 2
Preis- **призово́й** 2
Preisaktion распрода́жа 3
Preisträger лауреа́т 6 Б Wt
preiswert **дешёвый** 3
Prestige- прести́жный 1 A Wt
Preußen Пру́ссия 6 A Wt
Prima! Toll! Großartig! **Здо́рово!** 2
Printer при́нтер 3
Privat- **ли́чный** 1 A
pro *(Tag, Woche,…)* **в** *mit Akk.* 2; zugunsten *von* **в по́льзу** *mit Gen.* 2 A
Problem пробле́ма 2
Produktion проду́кция 1 B
Produzent(in) продю́сер 3
professionell **профессиона́льный** 3
Professor(in) профе́ссор 1
Profil- **про́фильный** 1 A
profitabel **вы́годный** 6 B
Programm програ́мма 2
Programmierer программи́ст 2
Programmierung программи́рование 1 B Wt
Progress прогре́сс 3 B Wt
Projekt прое́кт 3
Prosaiker(in), Prosaschriftsteller(in) **проза́ик** 4 Б
Prospekt **проспе́кт** 1, 3
Prozent проце́нт 3
Prüfung **экза́мен** 1 A
eine **Prüfung ablegen** **сдава́ть экза́мен** 1 A
eine **Prüfung bestehen** **сдать** 1 A
Psychologe психо́лог 1 A Wt
Psychologie психоло́гия 3
publizieren **опубликова́ть/публикова́ть** 3 A
Pullover **сви́тер** 2
Punk Rock панк-ро́к 1
Punkt пункт 5 A Wt, genau, Punkt (… Uhr) **ро́вно** 1
pünktlich **пунктуа́льный** 1 A, **аккура́тный** 1 A
Püree пюре́ 1
Pusteblume **одува́нчик** 3 Б
Pyramide пирами́да 3

Q

Qualität **ка́чество** 1 A
Quantität **коли́чество** 1 B
Quelle **исто́чник** 3
Quellen, Ressourcen **ресу́рсы** 3 A
Quiz **виктори́на** 3

R

Radiergummi **ла́стик** 1
Radieschen реди́с 3
Radio **ра́дио** 1
Radiohörer радиослу́шатель 2
Radsport **велоспо́рт** 2
Rahmen ра́мка 3
Rand край 3
Rap рэп 1
Rapper рэ́пер 2
Rat **сове́т** 3
einen **Rat geben, raten** **посове́товать/сове́товать** 3
Rating ре́йтинг 1 A Wt
Ratschläge **сове́т** 3
rauben **лиши́ть/лиша́ть** 6 Б
Raum *geogr.* **простра́нство** 6 Б, Räumlichkeit **помеще́ние** 6 B
reagieren **отреаги́ровать/реаги́ровать** 1 B
real, Real- **реа́льный** 2
realisieren реализова́ть 3
Realität **реа́льность** 3
Recherche **по́иск** 1 B
recht haben **прав, права́, пра́во; пра́вы** 3
rechter **пра́вый** 2 A
rechts, von rechts спра́ва 2 A
Rechtschaffenheit **че́стность** 6 Б
Rechtswissenschaft юриспруде́нция 1 Б
Recke **богаты́рь** 5 A
Redakteur реда́ктор 1 B Wt
Redaktion реда́кция 3
Rede **речь** 1 A
Redlichkeit **че́стность** 6 Б
reell **реа́льный** 3
sich **reflektieren** **отрази́ться/отража́ться** 4 Б
reformieren **реформи́ровать** 5 B
Regal **по́лка** 1
Regel **пра́вило** 3
regelmäßig регуля́рный 3
Regen **дождь** *m.* 2
Es regnet. *Präs.* идёт дождь
Es hat geregnet. *Prät.* шёл дождь
Es wird regnen. *Fut.* бу́дет идти́ дождь 2
Regierung **прави́тельство** 5 A
Regierungszeit eines Zaren **ца́рствование** 5 A
Region **регио́н** 2
Regisseur(in) режиссёр 3
Registrierung пропи́ска 6 Б
reich **бога́тый** 3
Reich **импе́рия** 5 A
Reihe **ряд** 4 A
Reihenfolge поря́док 1 A
Reinheit **чистота́** 2 A
Reis **рис** 1
Reise **пое́здка, путеше́ствие**, Tour **тур** 2, gebuchte Reise, Pauschalreise путёвка 3
Reiseagentur, Reisebüro турбюро́ 2, **тураге́нтство** 3
Reisefachmann, -frau **туропера́тор** 3
Reisegepäck бага́ж 3
Reiseleiter(in) **экскурсово́д** 2 A
reisen **путеше́ствовать** 2
Reisender пассажи́р 3
Reisepass па́спорт 3
Reiseprospekt **проспе́кт** 3
Reiseroute **маршру́т** 2
Reiseveranstalter(in) **туропера́тор** 3
Reisevertrag путёвка 3
reizen **раздражи́ть/раздража́ть** 3 A
Reklame **рекла́ма**, рекла́мные ро́лики 3
Reklame machen **прорекламиро́вать/рекламиро́вать** 3
Reklame- **рекла́мный** 3
Rekordhalter(in) рекодрсме́н(ка) 6A Wt
relevant **актуа́льный** 3 A
Religion рели́гия 2
Renovierung **ремо́нт** 2
rentabel **вы́годный** 6 B
Reportage репорта́ж 3
Repräsentant(in) **представи́тель** 6 B
repressiv репресси́вный 5 B Wt
Reptilien repти́лии 3 B Wt
Republik респу́блика 5 A Wt
Reserve резе́рв 6A Wt
reservieren **зарезерви́ровать/резерви́ровать** 3, **заброни́ровать/брони́ровать** 3
Ressourcen **ресу́рсы** 3 A
Restaurant **рестора́н** 1
Restaurations- реставрацио́нный 2 A
Restaurator реставра́тор 2
restlich **остально́й** 6 B
Resultat результа́т 2
Resümee резюме́ 1 B
retten **спасти́/спаса́ть** 3 A
Rettung **спасе́ние** 3 A
Revolution **револю́ция** 3 B Wt, 5 A
revolutionär, Revolutions- революцио́нный 5 Б Wt
Rezept реце́пт 3
Rezession кри́зис 3 A
richtig 1. **пра́вильно** 1, 2. echt, wahr **настоя́щий** 3
Richtung **направле́ние** 2 A
riesig **огро́мный** 3
Ring **кольцо́** 1
ringsherum **вокру́г** *mit Gen.* 3
Rock **ю́бка** 2
Rocker ро́кер 2
Rockmusik **рок-му́зыка** 1
Rolle **роль** 3
eine Rolle spielen **сыгра́ть/игра́ть роль**
Rollschuhe **ро́лики** 1
Roman **рома́н** 4 A
Romantik рома́нтика 2
romantisch романти́чный 4 A
rosa ро́зовый 2
Rose ро́за 3
rot **кра́сный** 2
Rübe свёкла 3
Rubel **рубль** *m.* 1
Rück- обра́тный 3
Rücken **спина́** 2
Rucksack **рюкза́к** 1
Ruhezone зо́на релакса́ции 3
ruhig споко́йный, ти́хий 3
Ruhm **изве́стность** 4 B
ruinieren **разру́шить/разруша́ть** 3 A

die **Russen** ру́сские, **россия́не** 3
russisch *auf Kultur oder Sprache bezogen* **ру́сский** 1, *auf den Staat bezogen* **росси́йский** 2
russischsprachig русскоязы́чный 6 А
Russland Росси́я 1

S

Safe сейф 3 Б Wt
Saft сок 1
sagen сказа́ть 2
Saison сезо́н 6 Б Wt
Salat сала́т 1
Salon сало́н 3, 1 Б Wt
Salut салю́т 3
sammeln собира́ть 2
Sammler коллекционе́р 2 А Wt, собира́тель 2 А
Sammlung колле́кция, собра́ние 2 А
Samowar самова́р 1
Samstag суббо́та 2
Sänger певе́ц 2
Sängerin певи́ца 2
sauber чи́стый 2, **аккура́тный** 1 А
Sauberkeit чистота́ 2 А
Sauna са́уна 3
saurer Regen кисло́тный дождь 3 В
Schach ша́хматы 1
schade жаль 1
schädigen отрави́ть/отравля́ть 3 Б
schädlich вре́дный 3
Schaffen созда́ние 2 Б
schaffen 1. **созда́ть/создава́ть** 2 В; 2. bewältigen, meistern **спра́виться/справля́ться** 3
Schaffen, (geistiges, kulturelles) Werk **тво́рчество** 1 Б
schallen прозвуча́ть/звуча́ть 6 В
Schatulle шкату́лка 1
zur Schau stellen вы́ставить/выставля́ть 2 А
schauen по/смотре́ть 1
Schauplatz аре́на 3
Schauspiel пье́са 4 А
Schauspieler актёр 2, арти́ст 3
Schauspielerin актри́са 2, арти́стка 3
scheinbar, es scheint ка́жется 3
scheinen 1. erscheinen **показа́ться/каза́ться** 4 А, 2. leuchten **свети́ть** 2
schenken подари́ть/дари́ть 2
Schere но́жницы 1
Scherze machen пошути́ть/шути́ть 3 Б
schick шика́рный 3
schicken посла́ть/посыла́ть 3
Schicksal судьба́ 6 Б
Schildkröte черепа́ха 1
Schlaf- спа́льный 2
Schlafcouch дива́н-крова́ть 1
schlafen спать/поспа́ть 3
Schlafzimmer спа́льня 1
Schlag- уда́рный 2
Schlager шля́гер 2
Schläger би́та 3
schlecht плохо́й 2
schlechter ху́же 3
schlendern ходи́ть 2
Schlichtheit простота́ 2 А
schließlich в конце́ концо́в 3 Б
Schließung закры́тие 6 В
schlimm плохо́й 2
Schlittschuhe коньки́ 2
Schloss, Burg дворе́ц 2 А
schlucken глотну́ть/глота́ть 3
Schluss коне́ц 1 А; Abschluss, Beendigung **заключе́ние, оконча́ние** 3
Schluss- заключи́тельный 6 В
schmackhaft вку́сно 1
schmerzen боле́ть 2
schmerzhaft бо́льно 3
schmücken укра́сить/украша́ть 2 Б
schmutzig гря́зный 3 А
Schnee снег 2
Es schneit. *Präs.* идёт снег
Es hat geschneit. *Prät.* шёл снег
Es wird schneien. *Fut.* бу́дет идти́ снег
Schneeflöckchen Снегу́рочка 2
schnell бы́стрый 3
Schnittstelle интерфе́йс 3
Schnupfen на́сморк 3
Schock шок 3 Б Wt
schockieren шоки́ровать 3 А
Schokolade шокола́д 1
schon уже́ 1, **уж** 4 А
schön краси́вый 1, **прекра́сный** 3
schöngeistig худо́жественный 3
Schönheit красота́ 2
schöpferisch тво́рчески 1 А
Schrank шкаф 1
Schrankwand сте́нка 1
schrecklich стра́шный 3 А
schreiben написа́ть/писа́ть 2
Schreibtisch пи́сьменный стол 1
Schriftsteller(in) писа́тель, писа́тельница 3
Schritt шаг 1 А
Schtschi щи 1
Schuhe, Schuhwerk о́бувь 3
Schul- шко́льный 2, **уче́бный** 1 А
Schulbildung образова́ние 3
Schulbuch уче́бник 3
Schule шко́ла 1
Schüler(in) учени́к, учени́ца 1, **шко́льник, шко́льница** 2
Schulfach предме́т 2
Schuttplatz сва́лка 3 В
Schutz охра́на 3 Б, **защи́та** 3 А
schützen защити́ть/защища́ть 2 Б, erhalten, bewahren **сохрани́ть/сохраня́ть** 3 А
Schwabe шваб 6 А Wt
schwach сла́бый 2
schwärmerisch романти́чный 4 А
schwarz чёрный 2
Schweiz Швейца́рия 6 А Wt
schwer тру́дный, тяжёлый 3
schwerfällig тяжёлый 3
Schwermut грусть 2 А
Schwester сестра́ 1
schwierig тру́дный 3
Schwierigkeit тру́дность 2 А
Schwimmbad бассе́йн 1
Schwimmen пла́вание 2
schwimmen плыть/пла́вать 2
Schwimmhalle бассе́йн 1
Science-Fiction нау́чная фанта́стика 4 А
Sechs *Note* **шестёрка** 2
der **See о́зеро** 1
die **See мо́ре** 2
Seele душа́ 6 А
sehen по/смотре́ть 1, **уви́деть/ви́деть** 2, 3
Sehenswürdigkeit достопримеча́тельность 3
sich **sehnen** тоскова́ть, **скуча́ть** 6 А
sehr о́чень 1
sein по/быва́ть, быть 1, 2, 3
sein(e) его́, sein(e) (eigen) **свой, своя́, своё; свой** 3
seit с *mit Gen.* 2
seit langem давно́ 3
Seite страни́ца 2, **сторона́** 3
Sekt шампа́нское 2
Sekunde секу́нда 3 В Wt
selbst сам 1 Б
Selbstbedienungsrestaurant буфе́т 1
selbstständig самостоя́тельный 6 А, **незави́симый** 5 А
Selbstständigkeit незави́симость 3
Selbstverwirklichung самореализа́ция 3
selten ре́дкий 3
seltsam стра́нный 4 А
Sendeanstalt телекомпа́ния 3
senden посла́ть/посыла́ть 3
Sendung переда́ча 3
September сентя́брь *m.* 2
Server се́рвер 3
Service обслу́живание 1 В
Service- се́рвисный 1 В Wt
Sessel кре́сло 1
Show шо́у 3
Show-Business шо́у-би́знес 3
Sibirien Сиби́рь 2
sibirisch сиби́рский 3
sich себя́ 3
sicher 1. selbstbewusst **уве́ренный** 4 А; 2. wahrscheinlich **наве́рно(е)** 2; 3. verlässlich, zuverlässig **надёжный** 3
sicher! коне́чно 1
Sicherheit безопа́сность 6 В
sie она́, они́ 1
Sie вы 1
siegen победи́ть/побежда́ть 5 А
Signal сигна́л 3 А
singen петь 2
Singen пе́ние 2
sinken упа́сть/па́дать 6 А
Sinn смысл 4 В
im **Sinne haben име́ть в виду́** 5 Б
Sinnbild си́мвол 4 В
Sinnspruch афори́зм 3 А
Situation ситуа́ция 1 А Wt

sitzen сиде́ть 1
Sitzplatz ме́сто 2
Skateboard скейтбо́рд 1
Ski лы́жи 2
Skulptur скульпту́ра 2 А
slawisch славя́нский 6 В
Slogan сло́ган 3
Slot слот 3
Snowboard сноубо́рд 2
so так 2, **то** 3
so viel сто́лько 4 В
Socken носки́ 2
Sofa дива́н 1
sogar да́же 2
Sohn сын 3
solar со́лнечный 3 А
Solarkollektor со́лнечная батаре́я 3 А
Solarium соля́рий 3
solche(r), solches, solch ein(er) тако́й, -а́я, -о́е; -и́е 2
Soldat солда́т 1 А Wt
Soljanka соля́нка 1
sollen до́лжен, должна́, должно́; должны́ 3, **на́до** 2
Sommer ле́то 2
Sommer-, sommerlich ле́тний, -яя, -ее; -ие 2
Sonderangebot распрода́жа 3
sonderbar стра́нный 4 А
Sonderkorrespondent спецкорреспонде́нт 3
Sonne со́лнце 2
Sonnen- со́лнечный 3 А
Sonnenstudio соля́рий 3
sonnig со́лнечный 3 А
Sonntag воскресе́нье 2
sorgen следи́ть 3
sich **Sorgen machen обеспоко́ить/беспоко́ить** 3 А
sich um jmdn. oder etw. **sorgen позабо́титься/забо́титься** 1 А
sortieren рассортирова́ть/сортирова́ть 3 А
Souvenir сувени́р 1
souverän самостоя́тельный 6 А
sowjetisch сове́тский 6 А
Sowjetunion СССР 5 А
soziale Kompetenz социа́льная компете́нтность 3
Sozialismus социали́зм 5 А Wt
Spaghetti спаге́тти 1
sparen сэконо́мить/эконо́мить 3
spät по́здний 3
Spätaussiedler(in) *Pers. dt. Herkunft, aus den Ländern der ehem. Sowjetunion* **переселе́нец, переселе́нка** 6 А
später зате́м 3 Б
spazieren gehen погуля́ть/гуля́ть, походи́ть 2
Speck жир 3
Speicher *EDV* **па́мять** 3
Speiseeis моро́женое 1
Speisekarte меню́ 3
Speisesaal столо́вая 4 А
Spezialist(in) специали́ст 3
speziell специа́льно 3
Sphäre сфе́ра 1 В Wt
Spiegel зе́ркало 1
Spiel матч, **игра́** 3
Spiel- худо́жественный 3
spielen поигра́ть/игра́ть 1, 2
Sport спорт 1, 2; *Schulfach* **физкульту́ра** 2
Sport- спорти́вный 2
Sport treiben занима́ться 2
Sportart вид (спо́рта) 2
Sporthalle спортза́л 1
Sportklub спортклу́б 3
Sportkomplex спортко́мплекс, спорти́вный ко́мплекс 3
Sportler(in) спортсме́н, спортсме́нка 2
Sportplatz спортплоща́дка (спорти́вная площа́дка) 2
Sportschuhe кроссо́вки 3
Sprache язы́к 2, 3
Sprayer(in) спре́йер 2 В
sprechen разгова́ривать/говори́ть 1, 2
Sprechstunde приём 3
Sprechstunden haben приня́ть/принима́ть 3
Sprechzimmer приёмная (ко́мната), Behandlungszimmer **кабине́т (врача́)** 3
Sprichwort посло́вица 1 В
Springbrunnen фонта́н 2
spülen, (ab)waschen **вы́мыть (помы́ть)/мыть** 3
zu **spüren sein почу́вствоваться/чу́вствоваться** 2 А
Staat госуда́рство 5 А, Land **страна́** 2
staatlich, Staats- госуда́рственный 2
Staatsangehörige(r), Staatsbürger(in) граждани́н, гражда́нка; *Pl.* **гражда́не** 6 Б
Staatsangehörigkeit, Staatsbürgerschaft гражда́нство 6 А
Stadion стадио́н 1
Stadt го́род 1
Stadt- городско́й 2
Stadtfestung кремль *m.* 1
städtisch городско́й 2
Stadtmitte центр 1
stammen aus ро́дом 6 А
Standardtänze станда́ртные та́нцы 2
Standhaftigkeit выно́сливость 1 А
ständig постоя́нный 3
stark си́льный 2
stärken укрепи́ть/укрепля́ть 6 А
Start старт 1
starten, abfliegen **вы́лететь/вылета́ть** 3
Station ста́нция 1
Statistik стати́стика 3 А Wt
statt вме́сто 6 В
stattfinden состоя́ться, пройти́/проходи́ть, geschehen **произойти́/происходи́ть** 3
Statur фигу́ра 3
Steh- стоя́чий 2
stehen по/стоя́ть 2
stehen bleiben останови́ться/остана́вливаться 3
stehlen укра́сть/красть 3 Б
steigen вы́расти/расти́ 6 А, **увели́читься/увели́чиваться** 6 В
stellen поста́вить/ста́вить 4 А
Step-Aerobic степ-аэро́бика 3
sterben поги́бнуть/погиба́ть 3 Б
Stereoanlage сте́реоаппарату́ра 1, (музыка́льная) аппарату́ра 3
Stereotyp стереоти́п 6 В Wt
Steward(ess) стю́ард(е́сса) 1 А Wt
Stil стиль *m.* 3
still ти́хий, споко́йный 3
Stillleben натюрмо́рт 2 Б
Stilrichtung направле́ние 2 А
stilvoll сти́льный 3
stimmt's пра́вда 2
Stimmung настрое́ние 2 А
stimulieren стимули́ровать 3
Stock, Etage **эта́ж** 1
Stoff материа́л 3
stolz sein возгорди́ться/горди́ться 6 Б
stören помеша́ть/меша́ть 4 А
Strapazen тру́дности 2 А
Straße у́лица 1, Weg **доро́га** 3
Straßenbahn трамва́й 1
Stratosphäre стратосфе́ра 3 Б Wt
Street Art стрит-арт 2 А Wt
Streetball стритбо́л 1
(sich) **streiten поспо́рить/спо́рить** 4 А
streng стро́гий 3
Stress стресс 3
Student студе́нт 1
Studentin студе́нтка 1
studieren учи́ться 2, erforschen **изучи́ть/изуча́ть** 1 А
Studium учёба 2, Erforschung **изуче́ние** 1 А
ein Studium beginnen **поступи́ть/поступа́ть в** 3
Stuhl стул 1
stumm, Stumme(r) немо́й 6 А
Stunde час 1
Stylist стили́ст 2
Subjekt субъе́кт 1
subtropisch субтропи́ческий 3
Suche по́иск 1 В
suchen иска́ть 3
Süden юг 1
im **Süden на ю́ге** 1
Super! Су́пер! 1
Supermarkt суперма́ркет 1
Suppe суп 1
im Internet **surfen сиде́ть в Интерне́те** 1
Süßes, Süßigkeiten сла́дости 3
Symbol си́мвол 4 В
sympathisch симпати́чный 2
Synchronschwimmen синхро́нное пла́вание 3
Synonym сино́ним 5 Б
System систе́ма 3 А
Systemadministrator систе́мный администра́тор 1 А Wt
Szenarium сцена́рий 3
Szene сце́на 4 А

T

Tabelle табли́ца 3
Tablett **поднóс** 1
Tafel **доскá** 1
Tag **день** 2
Tag und Nacht **сýтки** 3
Tagebuch **дневни́к** 2
tagsüber **днём** 1
Taiga тайгá 3
Takt такт 1
Talent талáнт 3, **спосóбности** 1 В
talentiert **талáнтливый** 2
Talkshow ток-шóу 3
Talon талóн 3
Tanne ёлка 1
Tante **тётя** 1
tanzen **танцевáть** 1
Tanzensemble танцевáльный áнсамбль 2
Tanzklub танцевáльный клуб 2
tapfer **смéлый, мýжественный** 6 А
Tapferkeit смéлость 1 А
Tasche **сýмка** 1
Tasse **чáшка** 2
Tastatur ки́борд 1
Tataro-Mongolen татáро-монгóлы 5 А Wt
tätig акти́вно 3
Tätigkeit **рабóта** 2
Tatsache факт 1
tatsächlich **по-настоя́щему** 3
täuschen **обманýть/обмáнывать** 3
tausend **ты́сяча** 2
Taxi **такси́** 1
Taxistand **стоя́нка такси́** 1
Team коллекти́в 1 А Wt, **комáнда** 2
Technik тéхника 1
Techno тéхно 2
Technologe технóлог 2
Technologie технолóгия 1 Б Wt
Tee **чай** 1
Teenager тинéйджер 3
Teich **пруд** 3
Teil **часть** 2
zum **Teil** **части́чно** 3
Teil- части́чный 3
teilen **раздели́ть/разделя́ть** 3
(sich) **teilen** **дели́ться** 1 А
Teilnahme **учáстие** 3
teilnehmen **поучáствовать/учáствовать** 2, 4 А
Teilnehmer(in) **учáстник, учáстница** 3
teilweise части́чный 3
Telefon телефóн 1
mit jmdm. **telefonieren** **говори́ть по телефóну** 1
Telefonitis телефономáния 3
Telefonnummer **нóмер телефóна** 1
Teller **тарéлка** 2
temperamentvoll темперáментный 2
Temperatur **температýра** 2, 3
Tendenz **тендéнция** 3
Tennis тéннис 1
Tennis- **тéннисный** 3
Tennisplatz **корт** 3
Tennisschläger ракéтка 3
Teppich ковёр 1
Terminal терминáл 2
Terrasse террáса 1
teuer **дорогóй** 2
Textil- тексти́льный 1 Б Wt
Textmarker *(текст)*мáркер 1
Theater **теáтр** 1
Theaterstück **пьéса** 4 А
Theaterstudio театрáльная стýдия 2
Thema тéма 1
Thermal- термáльный 3
These тéзис 3
Tier **живóтное** 3
Tierarzt ветеринáр 1 А Wt
tierärztlich ветеринáрный 1 А
Tierpark **зоопáрк** 1
Tierwelt фáуна 3 А Wt
Tiger тигр 1
Tisch **стол** 1
Tisch- **настóльный** 3
Tochter **дочь**, *Pl.* дóчери 3
Tod **смерть** 4 Б
Toilette туалéт 1
tolerant толерáнтный 3, **терпи́мый** 6 А
toll **клáссный** 2
Tomate помидóр 3
tönen **прозвучáть/звучáть** 6 В
Top-Manager топ-мéнеджер 1 В Wt
Torte **торт** 1
Tour **тур** 2
Tourismus тури́зм 1 Б Wt
Tourist тури́ст 1
Touristen- **туристи́ческий** 2
Touristenherberge **турбáза** 2
touristisch **туристи́ческий** 2
Tradition **тради́ция** 3
tragen **ходи́ть в** 2, **носи́ть** 1 Б
Trainer(in) трéнер 1
trainieren **тренировáться** 2
Training **тренирóвка** 3
Trainingsräume тренажёрные зáлы 3
Traktorist трактори́ст 3
Transferservice диспéтчер по трансфéру 3
Transport трáнспорт 3
Transsib **Трансси́б** 3
träumen **помечтáть/мечтáть** 3
traurig **грýстный** 2 А
traurig sein тосковáть 6 А
Traurigkeit **грусть** 2 А
(sich) **treffen** **встрéтить(ся)/встречáть(ся)** 2
Treffen **встрéча** 2
treiben, gedeihen **вы́расти/расти́** 3
Treibhauseffekt **парникóвый эффéкт** 3 А
Trend **тендéнция** 3
trennen **рассортировáть/сортировáть** 3 А
Treppe лéстница 1
Tresor сейф 3 Б Wt
Tretjakow-Galerie Третьякóвская галерéя, Третьякóвка *ugs.* 1
treu **вéрный** 2 А
Tribüne трибýна 3
Trilogie трилóгия 3
trinken **пить** 1
Troika **трóйка** 5 Б
Trompete трубá 1
Tschüss! **Покá!** 1
T-Shirt **футбóлка** 2
Tuch **платóк** 1
Tulpe тюльпáн 3
tun **сдéлать/дéлать** 1, 2
Tuner тю́нер 3
Tunnel **туннéль** *m.* 3
Tür **дверь** 1
Turnhalle **спортзáл** 1
TV-Kanal телеканáл 3
TV-Programm телепрогрáмма 3
TV-Projekt телепроéкт 3
TV-Show телешóу 3
Typ тип 2

U

U-Bahn **метрó** 1
über **о** *mit Präp.* 2
über wen? von wem? **о ком?** 2
über **над** 3
überall **вездé** 3
überfliegen **перелетéть/перелетáть** 3
Übergabe вы́дача 3
übergeben **передáть/передавáть** 3
überhaupt **вообщé** 6 В
sich **üben** **попрактикóваться/практиковáться** 3
(sich) **überlegen** **подýмать/дýмать** 3
übermäßig чересчýр 4 А
übermorgen **послезáвтра** 2
überqueren, überfahren **проéхать/проезжáть** 3
überraschen **удиви́ть/удивля́ть** 3 А
Überraschung **сюрпри́з** 2
Überschrift **нáдпись** 3
übersiedeln **переéхать/переезжáть** 3
Übersiedler(in) **переселéнец, переселéнка** 6 А
übertragen **передáть/передавáть** 3
sich **überzeugen** **убеди́ться/убеждáться** 4 А
überzeugt **увéренный** 4 А
übrig **остальнóй** 6 В
übrigens **мéжду прóчим** 4 А, **кстáти** 2
Übung **упражнéние** 3, Training **тренирóвка** 3
UdSSR **СССР** *m.* 5 А
Ufer **бéрег** 2
um *zeitlich* **в** *mit Akk.* 1
um … herum **вокрýг** *mit Gen.* 3
um … zu **чтóбы** 1 А
Umbau **перестрóйка** 5 А
Umfang **объём** 3

Umfrage опро́с 3
eine Umfrage durchführen провести́/проводи́ть опро́с 3
umgebend окружа́ющий 3 А
Umgebung среда́ 3 А
umgestalten измени́ть/изменя́ть 5 А, reformieren реформи́ровать 5 В
Umgestaltung перестро́йка 5 А
umkommen поги́бнуть/погиба́ть 3 Б
umschalten переключи́ть/переключа́ть 3
umsiedeln пересели́ться/переселя́ться 6 А
Umstände усло́вия 6 В
Umwelt (окружа́ющая) среда́ 3 А
umziehen перее́хать/переезжа́ть 3
unabhängig незави́симый 5 А, самостоя́тельный 6 А
Unabhängigkeit незави́симость 3
unbedeutend нева́жный 3
unbedingt обяза́тельно 2
unbegreiflich непоня́тный 4 В
unberechtigt несправедли́вый 3
und и, aber а 1
und zwar то́ есть 5 Б
unerklärlich непоня́тный 4 В
unfrei несвобо́дный 5 А
ungefähr приме́рно, приблизи́тельно 3
ungerecht несправедли́вый 3
ungewöhnlich стра́нный 4 А
Union der Sozialistischen Sowjetrepubliken (UdSSR) СССР 5 А
universitär университе́тский 1 А Wt
Universität университе́т 1
Universitäts- университе́тский 1 А Wt
Universum Вселе́нная 3 Б
UNO ООН *w.* 6 А
unrealistisch нереалисти́чный 4 В Wt
unser(e) наш, на́ша, на́ше; на́ши 1, unser(e) (eigen) свой, своя́, своё; свои́ 3
Unsicherheit нестаби́льность 1 В
Unsinnigkeit абсу́рдность 6 А
unter 1. zwischen среди́ *mit Gen.* 1 А, 2. zur Zeit von *mit Präp.* при 5 А
unter anderem ме́жду про́чим 4 А
unterbrechen прерва́ть/прерыва́ть 3
Unterbrechung па́уза 3
Unterbringung прожива́ние 3
unterhalten развле́чь/развлека́ть 3
sich unterhalten разгова́ривать 2, побесе́довать/бесе́довать 1 А, пообща́ться/обща́ться 3
Unterhaltung развлече́ние 1 В
Unternehmen предприя́тие 3 А
Unterricht заня́тия 3, Ausbildung обуче́ние 6 В
unterrichten преподава́ть 1 А
Unterrichts- уче́бный 1 А
Unterrichtsstunde уро́к(и) 2
Unterschied разли́чие 3
unterschiedlich разли́чный 1 А
unterstützen поддержа́ть/подде́рживать 3 А
Unterwäsche ни́жнее бельё 2
unterwegs по доро́ге 4 А
sich unterscheiden отличи́ться/отлича́ться 6 А
unverständlich непоня́тный 4 В
unvollendet, unvollkommen несоверше́нный 3
unwichtig нева́жный 3
unwirksam неэффекти́вный 3
Urlaub о́тпуск 3
Ursprung исто́чник 3
Urteil реше́ние 1 А
USA США 6 Б
User ю́зер 3

V

Valentinskarte валенти́нка 2
Valutawechsel, Geldwechsel обме́н (ва́люты) 3
Vandalismus вандали́зм 2 Б Wt
Vater оте́ц 3
Väterchen Frost Дед Моро́з 2
Vatersname о́тчество 2
Vati па́па 1
verändern измени́ть/изменя́ть 5 А
sich verändern меня́ться 2 А
Veränderung измене́ние 1 В
Verantwortliche(r) отве́тственный 6 В
verantwortungsbewusst, verantwortungsvoll отве́тственный 1 В
Verband, Föderation, Bund федера́ция 5 А
sich verbessern улу́чшиться/улучша́ться 3 А
verbinden соедини́ть/соединя́ть 3
Verbindung связь 6 А
sich in Verbindung setzen связа́ться/свя́зываться 6 А
verbleibend остально́й 6 В
verbringen провести́/проводи́ть 2, 3
verdienen зарабо́тать/зараба́тывать 1 А
Verdienst, verdienstvolle Leistung заслу́га 3 А
vereinen соедини́ть/соединя́ть 3
vereinigt, vereint объединённый 1 А
Vereinte Nationen (UNO) ООН *w.* 6 А
Verfall распа́д 5 А
verfolgen следи́ть 3
über *etw.* verfügen облада́ть 6 А
vergangen про́шлый 6 А
vergehen пройти́/проходи́ть 3
vergessen забы́ть/забыва́ть 2, 3
sich vergewissern убеди́ться/убежда́ться 4 А
vergiften отрави́ть/отравля́ть 3 Б
vergleichen сравни́ть/сра́внивать 3 В
Vergnügen удово́льствие 3
sich vergrößern увели́читься/увели́чиваться 6 В
sich verhalten отнести́сь/относи́ться 4 А
Verhältnisse усло́вия 6 В
Verkäufer продаве́ц 1
Verkäuferin продавщи́ца 1
Verkehr тра́нспорт 3
verlangen потре́бовать/тре́бовать 2 А
verlassen поки́нуть/покида́ть 3
verlässlich надёжный 3
verlaufen пройти́/проходи́ть 3
sich verlieben влюби́ться/влюбля́ться 4 В
verlieren потеря́ть/теря́ть 3 В
vernichten разру́шить/разруша́ть 3 А
Vernichtung уничтоже́ние 3 В
vernünftig разу́мный 3 А
veröffentlichen опубликова́ть/публикова́ть 3 А
verordnen прописа́ть/пропи́сывать 3
verpassen прое́хать/проезжа́ть 3
sich verringern упа́сть/па́дать 6 А
Vers стих 4 А
sich versammeln собра́ться/собира́ться 3
verschieden ра́зный 2, разли́чный 1 А
sich verschlechtern, sich verschlimmern уху́дшиться/ухудша́ться 3 А
verschmutzen загрязни́ть/загрязня́ть 3 А
Verschmutzung загрязне́ние 3 А
verschreiben прописа́ть/пропи́сывать 3
verschwinden исче́знуть/исчеза́ть 3 А
verseuchen отрави́ть/отравля́ть 3 Б
Version ве́рсия 3
versprechen обеща́ть 2
verständlich я́сный 3
verstehen поня́ть/понима́ть 3
Ich habe nicht (richtig) verstanden (Я) не по́нял(а́). 1
Versteigerung аукцио́н 2 А Wt
Versuch экспериме́нт 2
versuchen попыта́ться/пыта́ться 6 В
Verszeile стих 4 А
verteidigen защити́ть/защища́ть 2 Б, beschützen охрани́ть/охраня́ть 3 А
vertieft углублённый 1 А
Vertrag контра́кт 3
Vertreter(in) представи́тель 6 В
verunreinigen загрязни́ть/загрязня́ть 3 А
Verunreinigung загрязне́ние 3 А
verursachen вы́звать/вызыва́ть 3
Verwandte ро́дственники 2
verweilen по/быва́ть 2
verwenden испо́льзовать 3 А, воспо́льзоваться/по́льзоваться 6 А

verwirklichen реализова́ть 3
Veterinär ветерина́р 1 А Wt
Veterinär- ветерина́рный 1 А
Video ви́део 3
Video-CD видеоди́ск 2
Videoclip видеокли́п 2
Videokamera видеока́мера 3
viel мно́го *mit Verb oder Gen. Pl.* 2, viel, bedeutend + *Komp.* намно́го + *Komp.* 3
viel zu, übermäßig чересчу́р 4 А
viele мно́гие 3
viele Grüße большо́й приве́т 2
vielsagend вырази́тельный 4 А
Vier (*Zensur*, gut) четвёрка 2
Viertel че́тверть 1 А
violett фиоле́товый 2
virtuell виртуа́льный 4 А Wt
Virtuosität мастерство́ 2 А
Visagist визажи́ст 2
Visiten- визи́тный 1 В
Visum ви́за 3
Vitamin витами́н 3
Vogel пти́ца 3
Vokabel сло́во 2
Volk наро́д 3 А
Völker- междунаро́дный 6 А
vollendet соверше́нный 3
Volleyball волейбо́л 1
völlig вполне́, соверше́нно 3
vollkommen соверше́нный 3
Volumen объём 3
von 1. от *mit Gen.* 2, с *mit Gen.* 3, 2. über о *mit Präp.* 2; 3. von (Beruf) по *mit Dat.* 1 А
von hier aus отсю́да 1
vor 1. пе́ред *mit Instr.* 2 В, 2. zurück наза́д 3, 3. *bei Zeitangabe* без *mit Gen.* 6 А
vor langer Zeit давно́ 3
Vor- вступи́тельный 6 В
Voraussetzung усло́вие 6 В
vorbeifahren прое́хать/проезжа́ть 3
vorbeischauen сходи́ть/ходи́ть 5 А
vorbereiten пригото́вить/гото́вить 3
sich vorbereiten гото́виться 2
Vordergrund пере́дний план 2 А
vorgehen поступи́ть/поступа́ть 3
Vorgesetzte(r) нача́льник 1 А
Vorhaben пла́ны 2
vorhanden sein есть 1
Vorhang за́навес 4 А
vorherig, vorig про́шлый 6 А
vorkommen показа́ться/каза́ться 4 А
Vorname и́мя 1
Vorschlag предложе́ние 6 В
vorschlagen предлага́ть 2
vorstellen предста́вить/представля́ть 3, bekannt machen по/знако́мить 2
sich *jmdm.* vorstellen предста́вить себе́/представля́ть себе́ 3
Vorstellungsgespräch собесе́дование 1 В
vorteilhaft вы́годный 6 В
Vortrag презента́ция 1 А Wt
Vorwahlnummer код 2

W

wachsen вы́расти/расти́ 3
Waggon ваго́н 2
Wahl вы́бор 3
wählen вы́брать/выбира́ть 3
wahr настоя́щий 3
(nicht) wahr? пра́вда 2
Wahrheit пра́вда 2
wahrscheinlich наве́рно(е) 2
Wahrung охра́на 3 Б
Wahrzeichen си́мвол 4 В
Wald лес, *Pl.* леса́ 2
Waldorfschule вальдо́рфская шко́ла 2
Wand стена́ 2
Wanderung похо́д 2
wann? когда́? 1
Wanne ва́нна 3
Ware това́р 3, изде́лие 3
Warenhaus универма́г 2
warm тёплый 2
warten ждать 2
Wartezimmer приёмная (ко́мната) 3
warum заче́м 4 А, почему́ 2
Was hast du? Что с тобо́й? 3
Was heißt hier …? Како́й (-а́я, -о́е; -и́е) там …! 3
was? что? 1
waschen вы́мыть (помы́ть)/мыть 3
Waschmaschine стира́льная маши́на 1
Wasser вода́ 1
WC туале́т 1
Web-Designer веб-диза́йнер 2
Web-Kamera веб-ка́мера 3
wechseln меня́ться 2 А
Weekend уик-э́нд 3
Weg доро́га 3
wegen из-за *mit Gen.* 6 А
wegfahren уе́хать/уезжа́ть 3
weggehen уйти́/уходи́ть 3
wegnehmen лиши́ть/лиша́ть 6 Б
wehen дуть 2
wehtun боле́ть 2
Weihnachten Рождество́ 2
Weihnachts- рожде́ственский 2
Weihnachtsbaum ёлка 1
weil потому́ что 2
Wein вино́ 1
Weise о́браз 3
weiß бе́лый 2
weit далёкий, groß широ́кий 3
weit von далеко́ от *mit Gen.* 1
weitergehen продо́лжиться/продолжа́ться 5 А
welcher, welche, welches; welche кото́рый, -ая, -ое; -ые 3
welcher? was für ein? како́й? 2
Welt мир 3
Welt- мирово́й 2 А
Weltall Вселе́нная 3 Б, ко́смос 2
wem? кому́? 2
wen? кого́? 2
ein wenig немно́го 1
weniger ме́нее, ме́ньше 3
weniger als ме́нее 3
wenn е́сли 3
wenn auch хотя́ 3
wer? кто? 1
Werbe- рекла́мный 3
werben прореклами́ровать/рекламирова́ть 3
Werbeslogan сло́ган 3
Werbespots рекла́мные ро́лики 3
Werbung рекла́ма 3
werden быть, стать 2
werfen бро́сить/броса́ть 3 А
Werk 1. Arbeit рабо́та 2; 2. (geistiges, kulturelles) Schaffen тво́рчество 1 Б
Werktage бу́дни 3
Werte но́рмы 1 А
wessen чей, чья, чьё; чьи 3
Westen за́пад 1
im Westen на за́паде 1
Westeuropäer западноевропе́ец 6 А
Wettbewerb ко́нкурс 2
Wetter пого́да 2
Wettkampf, Wettspiel соревнова́ние 2
wichtig ва́жный 3
Wichtigkeit значе́ние 6 Б
(sich) widerspiegeln отрази́ть(ся)/отража́ть(ся) 1 В, 4 Б
Wie alt bist du? Ско́лько тебе́ лет? 1
wie bekannt как изве́стно 5 Б
Wie geht's? Как дела́? 1
Wie heißt deutsch …? Как по-неме́цки …? 1
Wie heißt du? Как тебя́ зову́т? 1
Wie heißt russisch …? Как по-ру́сски …? 1
Wie spät ist es? Кото́рый час? 1, Ско́лько (сейча́с) вре́мени? 1
wie viel? ско́лько? 1
wie? как? 1
wieder сно́ва 6 А
wiedererkennen узна́ть/узнава́ть 3
wiedergeben, mitteilen переда́ть/передава́ть 3
Wiese луг 3
Wind ве́тер 2
Windkraftwerk, Windmühle, Windrad ветря́к 3 А
Windsurfing виндсёрфинг 2
Winter зима́ 2
Winter-, winterlich зи́мний, -яя, -ее; -ие 2
winzig мал, мала́, мало́; малы́ 3
wir мы 1
wir haben … у нас 1
wirklich уж 4 А, неуже́ли 2, реа́льно 3
Wirklichkeit реа́льность 3
in Wirklichkeit на са́мом де́ле 4 А
wirksam эффекти́вный 3
Wirtschaft эконо́мика 5 А
wissbegierig любопы́тный 6 А
Wissen зна́ние 6 А
wissen знать 2
wissenschaftlich-technisch нау́чно-техни́ческий 3 Б
Witz анекдо́т 3
wo? где? 1

Woche неде́ля 2
Wochenende уик-э́нд 3, **выходны́е** 3
Wochenendhaus да́ча 2
Wochentage бу́дни 3
woher? отку́да? 1
wohin? куда́? 2
Wohlklang гармо́ния 3
wohlklingend гармони́чно 3
wohnen жить 1, **прожи́ть/ прожива́ть** 6 A
Wohnen, Leben **прожива́ние** 6 A
Wohnheim общежи́тие 6 A
Wohnsituation прожива́ние 3
seinen **Wohnsitz haben**, leben **прожи́ть/прожива́ть** 6 A
Wohnung кварти́ра 1
Wohnzimmer гости́ная 1
Wolga- пово́лжский 6 A Wt
wollen хоте́ть 1, beabsichtigen **собра́ться/собира́ться** 3
womit? на чём? 2
Wort сло́во 2
Wörterbuch слова́рь 3
Wortgruppe, Wortverbindung словосочета́ние 6 A
worüber? wovon? о чём? 2
wozu заче́м 4 A
Wunder чудеса́ 3
wunderbar чуде́сный 2, **замеча́тельный** 4 A
wundern удиви́ть/удивля́ть 3 A
wunderschön прекра́сный 2, 3
Wunsch жела́ние 2
wünschen жела́ть 2
Würstchen соси́ски 1

Z

zahlen заплати́ть/плати́ть 3
Zahn зуб 2
Zahnarzt стомато́лог 2
Zar царь 5 A
Zarin цари́ца 5 A
zehnfach десятикра́тный 6 A
Zeichentrickfilm му́льтик 3
zeichnen нарисова́ть/**рисова́ть** 1, 2
Zeichnen рисова́ние 2 A
Zeichnung рису́нок 2
zeigen показа́ть/пока́зывать 2
Zeit вре́мя 2, Epoche **эпо́ха** 4 A
es ist **Zeit,** *etw. zu machen* **пора́** 3
Zeitschrift журна́л 1
Zeitung газе́та 3
Zeitzeuge свиде́тель исто́рии 5 Б
Zelle батаре́йка 3
Zelt пала́тка 3
Zensur отме́тка 2, **оце́нка** 5 B
zentral, Zentral- центра́льный 1
Zentrum центр 1
Zerfall распа́д 5 A
Zerstörung уничтоже́ние 3 B
Zeuge свиде́тель 5 Б
Ziel цель 3
Zigarette сигаре́та 3
Zimmer ко́мната 1
zirka приме́рно, приблизи́тельно 3
Zirkel кружо́к 2
Zirkus цирк 1

Zitat цита́та 2 A Wt
Zoll тамо́жня 3
Zoll- тамо́женный 3
Zoo зоопа́рк 1
Zoologe зоо́лог 2
Zoologischer Garten зооса́д 1 A, **зоопа́рк** 1
Zootechniker(in) зооте́хник 1 A
zu 1. **к** *mit Dat.* 2, 2. (*Ausbildung/Lehre*) **на** *mit Akk.* 3; 3. (*Musikbegleitung*) **под** *mit Akk.* 2 *Inf. mit* **zu что́бы** 1 A
zu, zuviel сли́шком 3, чересчу́р 4 A,
Zuname фами́лия 1
Zubehör аксессуа́ры 3
zubereiten пригото́вить/гото́вить 3
zuerst снача́ла 1
Zug по́езд, *Pl.* **поезда́** 2
Zugabteil купе́ 2
Zugang до́ступ 3
Zugbegleiter(in) проводни́к, проводни́ца 2
zugeben призна́ть/признава́ть 6 A
Zugfahrkarte биле́т на по́езд 2
zugunsten в по́льзу 2 A
zuhören послу́шать/слу́шать 2, 1
Zukunft бу́дущее 3
zunächst снача́ла 1
zunehmen, steigen **вы́расти/расти́** 6 A, sich vergrößern **увели́читься/ увели́чиваться** 6 B
Zunge язы́к 3
zunichte machen разру́шить/ разруша́ть 3 A
sich **zunutze machen испо́льзовать** 3 A
zur Zeit von при *mit Präp.* 5 A
zurechtkommen спра́виться/ справля́ться 3
zurechtmachen пригото́вить/ гото́вить 3
zurück обра́тно, наза́д 3
zurückgehen, (ab)stammen **произойти́/происходи́ть** 3
zurückhaltend скро́мный 2
zurückkehren, zurückkommen верну́ться 3
zurücklegen прое́хать/проезжа́ть 3
zusammen вме́сте 1
zusammenarbeiten сотру́дничать 6 A
Zusammenfassung резюме́ 1 B
zusammenkommen собра́ться/ собира́ться 3
zusammenstellen соста́вить/ составля́ть 4 A
Zuschauer зри́тель 2 Б
zustimmen согласи́ться/ соглаша́ться 3, unterstützen **поддержа́ть/подде́рживать** 3 A
Zustimmung согла́сие 3
Zutritt до́ступ 3
zuverlässig надёжный 3
zwar хотя́ 3
zwecks, zum Zweck в це́лях *mit Gen.* 6 B

Zwei (*Zensur, ungenügend*) **дво́йка** 2
zweifeln усомни́ться/сомнева́ться 4 A
Zwiebel лук 3
zwischen ме́жду *mit Instr.* 2, **среди́** *mit Gen.* 1 A
Zwischenraum простра́нство 6 Б

Предлоги – Präpositionen

Предлог	Немецкое значение	Примеры
Genitiv		
без	ohne	Прочитайте текст **без** словаря.
в виде	als, in Form/Gestalt *eines (einer) …*	Информация представлена **в виде** таблицы.
вдоль	entlang	Дорога проходит **вдоль** берега.
вместо	statt, anstatt, an Stelle	Он поедет в Москву **вместо** Нины. **Вместо** школы здесь построят супермаркет.
вокруг	um (… herum)	Мы гуляли **вокруг** озера.
для	für	Он купил цветы **для** подруги.
до	*Ort, Zeit*: bis	Как мне дойти **до** вокзала? Лена ждала **до** конца фильма.
из	*Ort*: aus von	Он **из** Москвы. Олег вышел **из** автобуса. Многие **из** нас любят спорт.
из-за	*Grund*: wegen	**Из-за** дождя мы не могли играть в футбол.
кроме	außer	На вечеринке были все, **кроме** Нины.
напротив	gegenüber	Школа находится **напротив** парка.
около	*Ort*: an, neben *Maß*: ungefähr	Этот магазин находится **около** музея. Отсюда до озера **около** пяти километров.
от	*Ort*: von (… weg) *Herkunft*: von *Zweck*: gegen	Она живёт недалеко **от** Екатеринбурга. Я получил письмо **от** Светы. Эти таблетки **от** гриппа.
после	*Zeit*: nach	**После** обеда мы встретились в спортзале.
против	gegen	Нам надо бороться **против** загрязнения природы.
с(о)	*Ort*: von (… herunter) *Zeit*: ab, seit von (… bis … Uhr)	**С** балкона открывается чудесный вид на город. **Со** следующего года российские школьники будут изучать новый предмет. Уже **с** детства он интересуется техникой. Музей работает **с** десяти часов утра до шести часов вечера.
среди	unter, inmitten	Английский язык является самым популярным иностранным языком **среди** школьников.
у	*Ort*: an, neben bei *jmd.* hat *etw. oder jmdn.*	Встретимся **у** ресторана. Вчера она была **у** врача. Какие **у** вас планы на каникулы?
Dativ		
благодаря	dank, infolge	**Благодаря** родителям я хорошо знаю немецкий язык.
к(о)	(hin) zu	Прошу всех **к** столу! Перестройка привела **к** распаду СССР. Я еду **к** своей сестре в Екатеринбург. Результаты опроса мы получим **к** концу этой недели. Ты можешь прийти **ко** мне?
по	*Ort*: durch, entlang in *Zeit*: an; von Beruf; nach	Девушки ходили **по** магазинам. **По** химии у меня нехорошие отметки. Мы тренируемся **по** вторникам. Кто он **по** профессии? Мы сдаём экзамены **по** выбору.

Akkusativ

в(о)	*Ort*: nach *Zeit*: an (*Wochentag*), um in	Туристы приехали **в** Москву. **Во** вторник у меня день рождения. Она встаёт **в** семь часов. Он занимается в фитнес-центре три раза **в** неделю.
за	*Grund*: für *Zeit*: innerhalb für	Спасибо **за** открытку. Ученики организовали литературный вечер **за** два дня. Они выступали **за** охрану окружающей среды.
на	*Ort*: auf, *Richtung*: in für *(Zeit, Termin, Zweck)* *Unterschied*: *Komp.* zum (z. B. Frühstück) zu (zur, zum) (*Ausbildung/Lehre*) an (*Studium/Ausbildung, beginnen*)	Ты куда? – **На** стадион. Мы ездили **на** неделю в Сочи. Мы купили билеты **на** субботу. Мой одноклассник заработал деньги **на** поездку. Мой брат **на** три года моложе меня. Что ты обычно ешь **на** завтрак? Мой брат учится **на** врача. Юлия поступила **на** факультет журналистики.
по	*Zeit:* bis (einschließlich)	С первого **по** пятое мая у нас будут гости из Самары.
под(о)	zu *(Musikinstrument)* mit *(Musik)*-Begleitung	Они пели песни **под** гитару. Фигуристы катаются **под** классическую музыку.
через	*Zeit*: in	Я окончу школу **через** год.

Instrumental

за	*Ort*: hinter *Abfolge:* nach *Zweck* (*mit Verben der Fortbewegung*): um *etw.* zu holen	**За** собором красивый парк. Шаг **за** шагом ситуация стала хуже. Мама пошла в магазин **за** сахаром.
между	*Ort/Zeit*: zwischen	Музей находится **между** почтой и библиотекой. Встретимся **между** пятью и шестью часами.
над(о)	*Ort*: über	**Над** диваном висит постер. Все смеялись **надо** мной.
перед(о)	*Ort/Zeit*: vor	Кресло стоит **перед** окном. **Перед** завтраком он делает зарядку.
под(о)	unter	Дети сидели **под** деревом.
с(о)	mit	Наша квартира **с** балконом. Я переписываюсь **со** Светой по электронной почте.

Präpositiv

в	*Ort/Zeit*: in *Kleidung*: in	Он живёт **в** маленькой деревне. **В** августе у нас каникулы. Он любит ходить **в** джинсах.
на	*Ort*: auf, in *Zeit*: in mit (*Transportmittel*) mit (*Geld verdienen*)	Мы отдыхаем **на** красивом острове. **На** прошлой неделе мы были в театре. Я обычно езжу в школу **на** велосипеде. **На** искусстве денег не заработаешь.
о	über	Мы долго говорили **о** новом фильме молодого режиссёра.
при	bei, unter	**При** Петре Первом в России было проведено много реформ.

Deklination der Substantive

	1. Deklination Plural						2. Deklination Plural		
	männlich			sächlich			weiblich		
Nom.	столы́	коты́	попуга́и	пи́сьма	слова́	варе́нья	шко́лы	тёти	фотографии
Gen.	столо́в	кото́в	попуга́ев	пи́сем	слов_	варе́ний	школ_	тётей	фотогра́фий
Dat.	стола́м	кота́м	попуга́ям	пи́сьмам	слова́м	варе́ньям	шко́лам	тётям	фотогра́фиям
Akk.	столы́	кото́в	попуга́ев	пи́сьма	слова́	варе́нья	шко́лы	тётей	фотогра́фии
Instr.	стола́ми	кота́ми	попуга́ями	пи́сьмами	слова́ми	варе́ньями	шко́лами	тётями	фотогра́фиями
Präp.	(о) стола́х	(о) кота́х	(о) попуга́ях	(о) пи́сьмах	(о) слова́х	(о) варе́ньях	(о) шко́лах	(о) тётях	(о) фотогра́фиях

	3. Deklination	
	Singular	Plural
Nom.	пло́щадь	пло́щади
Gen.	пло́щади	площаде́й
Dat.	пло́щади	площадя́м
Akk.	пло́щадь	пло́щади
Instr.	пло́щадью	площадя́ми
Präp.	(о) пло́щади	(о) площадя́х

Deklination der Adjektive

	Singular						Plural	
	männlich		sächlich		weiblich			
Nom.	но́вый	си́ний	но́вое	си́нее	но́вая	си́няя	но́вые	си́ние
Gen.	но́вого	си́него	но́вого	си́него	но́вой	си́ней	но́вых	си́них
Dat.	но́вому	си́нему	но́вому	си́нему	но́вой	си́ней	но́вым	си́ним
Akk.	но́вый/но́вого	си́ний/си́него	но́вое/но́вого	си́нее/си́него	но́вую	си́нюю	но́вые/но́вых	си́ние/си́них
Instr.	но́вым	си́ним	но́вым	си́ним	но́вой	си́ней	но́выми	си́ними
Präp.	(о) но́вом	(о) си́нем	(о) но́вом	(о) си́нем	(о) но́вой	(о) си́ней	(о) но́вых	(о) си́них

Deklination der Personalpronomen

	Singular					Plural		
	1. Person	2. Person	3. Person			1. Person	2. Person	3. Person
Nom.	я	ты	он	оно́	она́	мы	вы	они́
Gen.	меня́	тебя́	его́		её	нас	вас	их
Dat.	мне	тебе́	ему́		ей	нам	вам	им
Akk.	меня́	тебя́	его́		её	нас	вас	их
Instr.	(со) мной	(с) тобо́й	(с) ним[1]		(с) ней[1]	(с) на́ми	(с) ва́ми	(с) ни́ми[1]
Präp.	(обо) мне́	(о) тебе́	(о) нём[1]		(о) ней[1]	(о) нас	(о) вас	(о) них[1]

1 Hängt eine Form der 3. Person von einer Präposition ab, so wird dieser Form ein *н-* vorgesetzt.

Deklination der Possessivpronomen

	Singular			Plural	Singular			Plural
	männlich	sächlich	weiblich		männlich	sächlich	weiblich	
Nom.	мой	моё	моя́	мои́	наш	на́ше	на́ша	на́ши
Gen.	моего́		моéй	мои́х	на́шего		на́шей	на́ших
Dat.	моему́		моéй	мои́м	на́шему		на́шей	на́шим
Akk.	мой/моего́	моё	мою́	мои́/мои́х	наш/на́шего	на́ше	на́шу	на́ши/на́ших
Instr.	мои́м		моéй	мои́ми	на́шим		на́шей	на́шими
Präp.	(о) моём		(о) моéй	(о) мои́х	(о) на́шем		(о) на́шей	(о) на́ших

Ebenso werden твой, твоя́, твоё, ваш, ва́ша, ва́ше und ва́ши dekliniert.

Deklination der Fragepronomen

Nom.	кто	что
Gen.	кого́	чего́

Dat.	кому́	чему́
Akk.	кого́	что

Instr.	кем	чем
Präp.	(о) ком	(о) чём

Ключи к заданиям игры и портфолио

Ключи к заданиям игры на стр. 8–9

1 мама – мать; папа – отец
2 Он заболел ангиной.
3 СМИ по-немецки *(Massen-)Medien*.
5 Поздравляю с днём рождения!
6 *mögliche Antworten:* Новый год, 7 января (Рождество), Масленица, 8 марта (Международный женский день), 1 мая (Праздник весны и труда), 9 мая (День победы), 1 сентября (День знаний)
7 Школа недалеко от стадиона.
8 писатель = *m.*; писательница = *w.*
9 *mögliche Antworten:*
На каникулах мы с родителями ездили в отпуск в Турцию./На каникулах я вместе с другом посетил очень интересную выставку об истории самолёта в техническом музее.
10 *Turnschuhe* по-русски *кроссовки*.
11 во-первых, во-вторых
13 Вчера Лиза не смогла встретиться с друзьями.
14 *mögliche Antworten:* Первый канал, телеканал Россия, ТВ Центр, НТВ, Культура, Спорт Плюс, ТНТ, Пятый канал, РЕН ТВ, СТС, Домашний, ДТВ, 2 x 2 (*sprich:* два на два), MTV Россия, ТВ 3, ЕвроНовости
15 прилежный – прилежнее; старый – старше
16 *mögliche Antworten:* Да, я очень люблю смотреть мультики. Мне особенно нравится сериал «…»./Нет, не (очень) люблю смотреть мультики.
17 Мой брат ничего не делает по дому.
19 Озеро Байкал находится в Сибири.
20 Транссиб – это самая длинная железная дорога мира, она ведёт от Москвы до Владивостока.
21 *mögliche Antworten:* Москва, Санкт-Петербург, Нижний Новгород, Екатеринбург, Новосибирск, Ростов-на-Дону, Самара, Челябинск, Волгоград, Красноярск
23 *mögliche Antworten:* Я занимаюсь футболом (баскетболом, волейболом, гандболом, (настольным) теннисом, хоккеем, бегом, аэробикой, фитнесом)./
Я не занимаюсь никаким видом спорта./
Я не занимаюсь спортом.
24 *mögliche Antworten:* Андрей Аршавин (футболист), Александр Овечкин (хоккеист), Мария Шарапова (теннисистка), Евгений Плющенко (фигурист), Николай Валуев (боксёр), Игорь Акинфеев (футболист)
25 Приходи(те) к нам в гости!
26 двенадцатое ноября две тысячи десятого года
27 (самый) лучший ученик нашей школы
28 Футболка по-немецки *T-Shirt*.

Ключи к заданиям портфолио

Аудирование

1 а) Г, В, Д, А
б) 1.) Г   2.) В   3.) Д   4.) А, В, Г   5.) помогать людям А, В, Д; защищать их интересы А   6.) В, Д   7.) Г
2 а) Б, В, А
б) 1. (Б) Картина написана Василием Ивановичем Суриковым, время сюжета: после смерти Петра I.
2. (В) Андрей Петрович Рябушкин жил с 1861 по 1904 г., время сюжета – XVII век.
3. (А) Фёдор Петрович Толстой жил с 1783 по 1873 г., любил античность и аллегории, время сюжета – XIX век.
3 1 Туристу отвечает автоответчик, потому что музей закрыт (он звонит в нерабочие часы).
2 Музей не работает в понедельник.
3 В четверг он работает дольше обычного.
4 Билеты стоят 100 рублей, для детей от 8 до 17 – 50 рублей.
5 Детям до 7 лет вообще платить не нужно.
6 Чтобы заказать специальную экскурсию, нужно позвонить по номеру 220-25-16.

Чтение

1 а) 1 Г, 2В, 3Б, 4А
б) *mögliche Antworten:*
А: У каждой работы есть свои плюсы и минусы. Это не все всегда понимают.
Б: Работа постоянно меняется. Почти везде пользуются современной техникой.
В: В рабочем мире есть много интересного, чего школьники ещё не знают.
Хорошие отметки по школьному предмету не самое важное при выборе профессии.
Надо понять, что тебя особенно интересует, что ты умеешь особенно хорошо делать.
Г: При выборе профессии можно советоваться с друзьями, но ты сам(а) должен (должна) принимать решение.
2 1, 2, 4
3 а) 1. б, 2. в, 3. в, 4. а

Медиация

1 Я (очень) интересуюсь (увлекаюсь) русским искусством XIX века.
Искусство отражает проблемы своего времени.
После посещения выставки или галереи у меня всегда хорошее настроение.
Мои друзья не понимают, почему я не каждую субботу хожу на дискотеку.
Мне там музыка не очень нравится.
Я считаю, что музыка – это дело вкуса.

2

Алексей: ...
Ты: Alexej findet, dass wir schon ein Programm zusammengestellt haben. Wir haben die interessantesten Ausschnitte (Auszüge) aus Werken der russischen und der deutschen Literatur verschiedener Epochen gewählt (ausgesucht).
Нина: ...
Ты: Ja, aber Nina bezweifelt, dass wir (die deutschen Freunde) alles verstehen werden, was sie lesen. Außerdem ist sie sicher, dass es auch ihnen schwer fallen wird, uns zu verstehen.
Вика: ...
Ты: Vika sagt, dass das wirklich ein Problem ist. Sie hat eine Idee. Sie schlägt vor, dass sie uns ihre Texte, übersetzt ins Deutsche, geben.
Кристофер: ...
Ты: Кристофер предлагает, с помощью бимера проецировать на экран (стену) картинки с короткими объяснениями на русском или немецком языке.
Алексей: ...
Ты: Alexej hält das für eine gute Idee. Außerdem schlägt er noch vor, Vorhänge mit Motiven aus der jeweiligen Szene aufzuhängen.
Вика: ...
Ты: Vika sagt, dass das Problem also gelöst ist und fragt, wer was macht.

3 Ты хочешь с нами пойти на рок-концерт? Посмотри, вот объявление:
в первый раз в нашем городе (нашей деревне) выступит рок-группа школьников „Die Chaoten“ (Рок-бунтари́). Концерт состоится в субботу, в 11 часов вечера в концертном зале «Haus der lauten Töne» (Дом громких звуков).
Это будет рок-концерт не для людей с мягким характером (не для слабохарактерных).
(Настоящая любовь к музыке, стиль, сильные впечатления, чувства и фантазия – всё это ждёт нас в этот вечер.)

4 Это Иоганн Вольфганг (фон) Гёте. Он самый важный (знаменитый) представитель (писатель, поэт) немецкой классики и немецкой литературы вообще. Он жил с 1749 до 1832 г. Долгое время он провёл во Франкфурте и в Веймаре. Его самые известные драмы – *Гётц фон Берлихинген* и *Фауст*. Гёте написал и несколько прекраснейших (самых прекрасных) баллад, например, *Ученик чародея, Кладоискатель, Лесной царь*.
Это знаменитый композитор Вольфганг Амадей Моцарт. Он родился в 1756 году в городе Зальцбурге. Он был вундеркиндом. Он был сыном музыканта и уже в возрасте 6 лет прекрасно играл на пианино и сочинил (создал) свои первые музыкальные произведения. Когда ему было 13 лет, он стал концертмейстером при Зальцбургском дворе. Позже он переехал в Вену. Он был знаменит, но беден. Он умер в Вене в 1791 году. Его оперы, как, например, *Женитьба Фигаро, Волшебная флейта, Дон Жуан* и *Так поступают все* ставят на сценах театров во всём мире.
Александр I родился в 1777 году в (Санкт-)Петербурге и умер в 1825 в городе Таганроге. С 1801 года до конца своей жизни (до своей смерти) он был царём России. Он был внуком Екатерины Великой. Особую роль в политической жизни Европы он играл в связи с победой над Наполеоном. Он участвовал в Венском конгрессе и был одним из создателей Священного союза европейских государств. Его политика в России после 1815 года считалась реакционной и привела в 1825 году к восстанию декабристов.

5 Der Film besteht aus 7 Folgen und heißt *Die Liebe eines Imperators(Herrschers)*. Er erzählt von einer der skandalösesten Liebesgeschichten der russischen Geschichte. Es geht um Alexander II., den liberalen Zaren, der Alaska verkaufte und von Revolutionären umgebracht wurde, und die Fürstin Jekaterina Dolgorukowa. Die Geschichte dieser schönen, aber komplizierten Liebe wurde nach Erinnerungen von Zeitgenossen und Tagebüchern des Zaren und seiner Geliebten verfasst. Alexander II. war 49 Jahre alt und hatte eine Familie, als er die 18-jährige Fürstin Jekaterina kennen gelernt hat.
Die Fürstin wollte sich mit ihrem Status als ewige Geliebte nicht zufrieden geben, denn der Zar hatte ihr von Anfang an versprochen, sie zu heiraten. Wie man sich unschwer vorstellen kann, litt die Zarin sehr unter dieser Situation und starb früh. Schon nach einem Jahr der Trauer heiratete der Zar dann Jekaterina Dolgorukowa. Die Familie des Zaren verhielt sich Jekaterina gegenüber sehr kühl.
Ein paar Monate später wurde der Zar ermordet.
Jekaterina fuhr (ging) mit ihren Kindern ins Ausland. Sie überlebte ihren Mann um 41 Jahre und starb 1922.

Географи́ческие назва́ния

Стра́ны	А́встрия А́нглия Аргенти́на Бе́льгия Болга́рия Брази́лия Герма́ния Гре́ция Доминика́нская респу́блика Изра́иль И́ндия Ирла́ндия	Испа́ния Ита́лия Казахста́н Кана́да Ке́ния Кипр Маро́кко Мала́йзия Ме́ксика Перу́ По́льша Португа́лия	Росси́я Сингапу́р Слова́кия США Туни́с Ту́рция Фра́нция Че́хия Швейца́рия Эквадо́р Яма́йка Япо́ния
Зарубе́жные города́	Алма́-Ата́ Ви́тебск Ки́ев	Минск Симферо́поль Ло́ндон	Нью-Йорк Атла́нта Пари́ж
Регио́ны Росси́и	Центра́льная Росси́я (Европе́йская часть)	Сиби́рь (За́падная Сиби́рь, Восто́чная Сиби́рь)	Се́верный Кавка́з Да́льний Восто́к
Города́ Росси́и	Ана́дырь Алекса́ндров Барнау́л Владикавка́з Волгогра́д Владивосто́к Влади́мир Во́логда Екатеринбу́рг Ирку́тск Каза́нь Калинингра́д Калу́га Комсомо́льск-на-Аму́ре Кострома́ Краснода́р Красноя́рск Курск Ли́пецк	Петрозаво́дск Магада́н Москва́ Му́рманск Ни́жний Но́вгород Но́вгород Новосиби́рск Омск Оренбу́рг Пересла́вль-Зале́сский Пермь Петропа́вловск-Камча́тский Псков Росто́в Вели́кий Росто́в-на-Дону́ Ряза́нь Сама́ра Санкт-Петербу́рг	Сара́тов Се́ргиев Поса́д Смоле́нск Со́чи Су́здаль Томск Ту́ла Тюме́нь Улан-Удэ́ Улья́новск Уфа́ Хаба́ровск Ха́рьков Челя́бинск Черни́гов Чита́ Яку́тск Яросла́вль
Ре́ки, озёра, моря́ Росси́и	Аму́р Ангара́ Байка́л Во́лга Во́логда	Дон Енисе́й Иртыш Ле́на Москва́-река́	Нева́ Обь Ока́ Чёрное мо́ре
Го́ры Росси́и	Алта́й Кавка́з	Working Working	

Инструкции к заданиям (Arbeitsanweisungen)

Выбери(те)	Wähle (Wählt) ... aus.
~ аргументы, с которыми вы (не) согласны.	~ Argumente, mit denen ihr (nicht) einverstanden seid,
~ ведущего.	~ einen Moderator
~ одно из произведений искусства.	~ eines der Kunstwerke
~ одно из следующих (этих) заданий (высказываний).	~ eine der folgenden (von diesen) Aufgaben (Äußerungen)
~ одну картину.	~ ein Bild (Gemälde)
~ правильный ответ.	~ die richtige Antwort
~ собеседника (собеседницу).	~ einen Gesprächspartner (eine Gesprächspartnerin)
~ 5 слов или выражений.	~ 5 Wörter oder Wendungen
Выпиши(те)	Schreibe (Schreibt) ... heraus.
~ выражения, с помощью которых …	~ die Wendungen, mit deren Hilfe ...
~ основные факты.	~ die wesentlichen Fakten
~ положительные и отрицательные примеры.	~ Beispiele pro und contra
Выполни(те) задания.	Löse(Löst) die Aufgaben.
Выскажи(те) своё мнение к ответам из упр. … (на веб-форуме).	Sage (Sagt) deine (eure) Meinung zu den Antworten aus Übung ... (im Internet-Forum).
Дополни(те)	Ergänze (Ergänzt)
~ ассоциограмму другими словами.	~ die Mindmap mit anderen Wörtern.
~ данные предложения.	~ die vorgegebenen Sätze.
~ письмо.	~ den Brief.
Задай(те) вопросы своим одноклассникам.	Stelle (Stellt) deinen (euren) Mitschülern Fragen.
Закончи(те) предложения.	Vervollständige (Vervollständigt) die Sätze.
Запиши(те)	Notiere dir (Notiert euch)
~ … из текста в именительном падеже.	~ ... aus dem Text im Nominativ.
~ основную информацию к каждому пункту.	~ die wesentlichen Informationen zu jedem Punkt.
Запомни(те)	Präge dir (Prägt euch)... ein.
~ следующие слова и выражения.	~ die folgenden Wörter und Wendungen
~ стандартные выражения.	~ die Standardwendungen
Используй(те)	Nutze (Nutzt) (Benutze, Verwende)
~ (данные слова и) выражения (из упр. …).	~ (die vorgegebenen Wörter und) Wendungen (aus Übung ...).
~ информацию из текстов.	~ die Informationen aus den Texten.
~ конструкции с местоимением …	~ die Konstruktionen mit dem Pronomen ...
~ факты из прочитанного текста, а также других источников СМИ.	~ Fakten aus dem gelesenen Text und aus anderen Medien.
~ языковой материал.	~ das Sprachmaterial.
Исправь(те) неправильные высказывания.	Korrigiere (Korrigiert) die falschen Aussagen.
Назови(те)	Nenne (Nennt)
~ … людей, которых ты видишь на этих картинках.	~ ... Menschen, die du (ihr) auf diesen Bildern siehst (seht).
~ номер картинки.	~ die Nummer des Bildes.
Найди(те)	Finde(t)
~ (в Интернете) (актуальную) информацию о …	~ (im Internet) (aktuelle) Informationen zu (über) ...
~ в СМИ другие заголовки на тему «…» (карикатуру о …).	~ in den Medien andere Überschriften zum Thema „...“ (eine Karikatur zu (über) ...).
~ в тексте (текстах) упр. … существительные с этими суффиксами.	~ im Text (in den Texten) aus Übung ... Substantive mit diesen Suffixen.
~ немецкие и английские слова.	~ deutsche und englische Wörter.
~ объявления о …	~ Anzeigen zu (über) ...
~ предложения с деепричастиями.	~ Sätze mit Adverbialpartizipien.
~ предложения с такой конструкцией в тексте о …	~ im Text über ... Sätze mit dieser Konstruktion.
~ предложения, которые объясняют слова …	~ Sätze, die die Wörter ... erklären.
~ русскую сказку «…».	~ das russische Märchen „...“.
~ следующие слова и выражения.	~ die folgenden Wörter und Wendungen.
Напиши(те)	Schreibe (Schreibt)
~ анекдот на плакате.	~ einen Witz auf das Plakat.
~ буквы в своей тетради в той последовательности, в которой они были представлены.	~ die Buchstaben in dein Heft in der Reihenfolge, in der sie vorgestellt wurden.
~ восемь вопросов и ответов.	~ acht Fragen und Antworten auf.
~ диалог (на правильном русском языке).	~ den Dialog (in korrektem Russisch).
~ интерпретацию песни «…».	~ eine Interpretation des Liedes „...“.
~ инфинитив глагола, от которого образовано деепричастие.	~ den Infinitiv, von dem das Adverbialpartizip gebildet wurde, auf.
~ информацию о … по образцу.	~ Informationen zu (über) ... nach dem Muster auf.
~ о … по образцу.	~ über ... nach dem Muster.
~ рассказ или стихотворение (песню) о … на русском языке.	~ eine Geschichte (Erzählung) oder ein Gedicht (Lied) über ... auf Russisch.
~ резюме по образцу.	~ eine Zusammenfassung (ein Resümee, einen Lebenslauf) nach dem Muster.
~ рекламу.	~ einen Werbetext.
~ своё мнение на форуме.	~ deine (eure) Meinung im Forum.
~ сочинение на тему «…».	~ einen Aufsatz zum Thema „...“.
~ статью на тему «…» (на русском языке о проекте «…») для школьной газеты.	~ einen Artikel zum Thema „...“ (auf Russisch über das Projekt „...“) für die Schülerzeitung.
~ электронное письмо.	~ eine E-Mail.
Нарисуй(те) рекламный плакат с краткой информацией.	Zeichne(t) ein Werbeplakat mit kurzen Informationen.
Обменяйтесь мнениями по образцу.	Tauscht eure Meinungen nach dem Muster aus.

Обоснуй(те)	Begründe(t)
~ своё мнение по-русски.	~ deine (eure) Meinung auf Russisch.
~ свой ответ.	~ deine (eure) Antwort.
Обрати(те) внимание на	Achte(t) auf
~ окончания существительных.	~ die Substantivendungen.
~ содержание, стиль и смысл текста (песни, рассказа).	~ den Inhalt, Stil und Sinn des Textes (Liedes, der Geschichte/Erzählung).
~ форму (формы) глаголов (слов).	~ die Verbform(en) (Wortform(en)).
~ частицу *бы*.	~ die Partikel бы.
Обсудите	Diskutiert
~ в группах (в классе).	~ in Gruppen (in der Klasse).
~ песню.	~ das Lied.
~ результаты опроса.	~ die Ergebnisse der Umfrage.
~ свои мнения.	~ eure Meinungen.
~ содержание программы.	~ den Programminhalt.
Объясни(те)	Erkläre (Erklärt)
~ значение … по-немецки.	~ die Bedeutung ... auf Deutsch.
~ значение одной из поговорок.	~ die Bedeutung einer der Redensarten.
~ по-русски, что такое …	~ auf Russisch, was ... ist.
~ свой выбор.	~ deine (eure) Wahl.
Объясни(те),	Erkläre (Erklärt),
~ о чём здесь написано.	~ worum es hier geht.
~ о чём эти плакаты.	~ was auf diesen Plakaten dargestellt wird.
~ почему она тебе нравится.	~ warum sie dir gefällt.
~ почему ты так думаешь.	~ warum du so denkst.
Ознакомься (Ознакомьтесь)	Mach dich (Macht euch) ... bekannt (vertraut).
~ с информацией о…	~ mit den Informationen zu (über) ...
~ с (со) (следующими) результатами интернет-опроса (на тему «…»).	~ mit den (folgenden) Ergebnissen der Internet-Umfrage (zum Thema „...“)
Опиши(те)	Beschreibe (Beschreibt)
~ карикатуру.	~ die Karikatur.
~ картинку.	~ das Bild.
~ одно из произведений искусства.	~ eines der Kunstwerke.
~ факты в хронологическом порядке.	~ die Fakten in der chronologischen Reihenfolge.
~ фотографию.	~ das Foto.
Ответь(те) на вопросы (по-русски).	Antworte(t) auf die Fragen (Beantworte(t) die Fragen) (auf Russisch).
Переведи(те)	Übersetze (Übersetzt)
~ анекдоты.	~ die Witze.
~ афоризмы и пословицы.	~ die Aphorismen und Sprichwörter.
~ газетные заголовки.	~ die Zeitungsüberschriften.
~ на немецкий язык.	~ ins Deutsche.
~ немецкие слова на русский язык, пользуясь словарём.	~ die deutschen Wörter ins Russische. Verwende dabei das Wörterbuch.

Переведи(те)	Übersetze (Übersetzt)
~ (следующие) предложения.	~ die (folgenden) Sätze.
~ словосочетания.	~ die Wortgruppen (Wortverbindungen).
~ со словарём.	~ mit dem Wörterbuch.
~ стихотворение.	~ das Gedicht.
~ существительные.	~ die Substantive.
~ текст.	~ den Text.
~ цитаты о …	~ die Zitate über ...
Передай(те)	Gib (Gebt) ... wieder.
~ (главное/основное) содержание (статьи, …) (своими словами в письменной форме) на немецком (русском) языке.	~ den (wesentlichen) Inhalt (des Artikels, ...) (schriftlich mit eigenen Worten) auf Deutsch (Russisch)
~ следующие предложения (ответ) в косвенной речи.	~ die folgenden Sätze (die Antwort) in der indirekten Rede
~ содержание рассказа «…».	~ den Inhalt der Geschichte (Erzählung) „...“
~ содержание этой информации на русском языке.	~ den Inhalt dieser Informationen auf Russisch
Перескажи(те) её содержание (сказки) на русском языке.	Gib (Gebt) seinen Inhalt (des Märchens) auf Russisch wieder.
Перефразируй(те) слова и выражения.	Umschreibe (Umschreibt) die Wörter und Wendungen (mit anderen Worten).
Поговорите о результатах.	Unterhaltet euch (Sprecht) über die Ergebnisse.
Подведи(те) итоги опроса.	Fasse (Fasst) die Ergebnisse der Umfrage zusammen.
Подготовь(те)	Bereite(t) ... vor.
~ викторину о жизни и творчестве … для …	~ das Quiz über das Leben und Schaffen ... für ...
~ доклад о …	~ einen Vortrag zu (über) ...
~ презентацию (о …).	~ eine Präsentation (zu ...)
~ речь.	~ eine Rede
Поделись (Поделитесь) своими впечатлениями от …	Teile (Teilt) deine (eure) Eindrücke von ... mit.
Попробуй(те)	Versuche (Versucht),
~ перевести … на немецкий язык.	~ ... ins Deutsche zu übersetzen.
~ перевести следующие существительные.	~ die folgenden Substantive zu übersetzen.
~ перевести текст припева.	~ den Liedrefrain zu übersetzen.
~ продолжить последнюю строчку песни.	~ die letzte Liedzeile fortzusetzen.
Послушай(те)	Höre (Hört)
~ диалоги ещё раз.	~ die Dialoge noch einmal.
~ песню.	~ das Lied.
~ разговоры.	~ die Gespräche.
Посмотри(те) на	Sieh dir (Seht euch) ... an.
~ ассоциограмму.	~ die Mindmap
~ диаграмму.	~ das Diagramm
~ картины.	~ die Bilder (Gemälde)
~ рисунки.	~ die Bilder
~ фотографии (с видами …).	~ die Fotografien (mit den Ansichten ...)
Поставь(те) имена в правильную (нужную грамматическую) форму.	Stell(t) die Namen in die richtige (erforderliche grammatische) Form.

Предложи(те) передачу.	Schlage (Schlagt) eine Sendung vor.
Представь(те) ~ карикатуру своим одноклассникам. ~ результат(ы) (своего) опроса в классе.	Präsentiere (Präsentiert) ~ die Karikatur deinen (euren) Mitschülern. ~ das Ergebnis (die Ergebnisse) der (eurer/deiner) Umfrage in der Klasse.
Представь(те) себе (ситуацию …).	Stell dir (Stellt euch) (eine Situation ...) vor.
Преобразуй(те) ~ вопросы. ~ предложения по образцу.	Verändere (Verändert) ~ die Fragen. ~ die Sätze nach dem Muster.
Приведи(те) ~ другие аргументы. ~ примеры (, которые (не) подтверждают эти аргументы).	Nenne (Nennt) ~ andere Argumente. ~ Beispiele (, die diese Argumente (nicht) bestätigen).
Придумай(те) ~ вопросы по … ~ диалоги. ~ заголовки в виде лозунгов к мнениям. ~ конец этой истории. ~ маленькую историю. ~ мини-диалоги. ~ флаер о …	Denke dir (Denkt euch) ... aus. ~ Fragen zu ... ~ Dialoge ~ zu den Meinungen Überschriften in Form von Losungen ~ ein Ende dieser Geschichte ~ eine kleine Geschichte ~ Mini-Dialoge ~ einen Flyer zu ...
Проведи(те) (в классе) ~ дискуссию. ~ интервью о … ~ круглый стол под лозунгом «…». ~ опрос (о …) (на тему «…»).	Führe (Führt) (in der Klasse) ... durch. ~ eine Diskussion ~ ein Interview zu ... ~ einen runden Tisch unter dem Motto „...“ ~ eine Umfrage (über) (zum Thema „...“)
Проиллюстрируй(те) анекдот.	Illustriere (Illustriert) den Witz.
Проинтерпретируй(те) карикатуру.	Interpretiere (Interpretiert) die Karikatur.
Прокомментируй(те) ~ картинку (к тексту о …). ~ ответы одноклассников.	Kommentiere (Kommentiert) ~ das Bild (zum Text über ...). ~ die Antworten der Mitschüler.
Прослушай(те) ~ диалог. ~ объяснения … два раза. ~ песню. ~ разговор (между …) (ещё раз). ~ рассказ. ~ сообщение на автоответчике. ~ текст (о …).	Höre dir (Hört euch)... an. ~ den Dialog ~ die Erklärungen (Erläuterungen) ... zwei Mal ~ das Lied ~ das Gespräch (zwischen ...) (noch einmal) ~ die Geschichte (Erzählung) ~ die Mitteilung auf dem Anrufbeantworter ~ den Text (über ...)

Прочитай(те) ~ анекдоты. ~ афоризмы и пословицы. ~ вслух. ~ выражения. ~ высказывания. ~ диалог (на правильном русском языке). ~ краткую биографию … ~ мнения (на тему «…»). ~ объявления (турагентств из Интернета). ~ описание одной из картин … ~ отрывок (из интервью/статьи/стихотворения). ~ письмо. ~ (следующие) предложения. ~ программу передач. ~ разговор. ~ рассказ. ~ результаты опроса. ~ резюме. ~ рекламу проекта «…». ~ рецензию ещё раз. ~ слова. ~ словосочетания. ~ со словарём. ~ стандартные выражения. ~ статью (о …). ~ стихотворение. ~ текст(ы) о … ~ цитаты о(б) …	Lies (Lest) ~ die Witze. ~ die Aphorismen und Sprichwörter. ~ laut vor. ~ die Wendungen. ~ die Äußerungen (Aussagen). ~ den Dialog (in korrektem Russisch). ~ eine kurze Biographie von ... ~ die Meinungen (zum Thema „...“). ~ die Anzeigen (der Reisefirmen aus dem Internet). ~ die Beschreibung eines der Gemälde (Bilder) ... ~ den Ausschnitt (aus dem Interview/Artikel/Gedicht). ~ den Brief. ~ die (folgenden) Sätze. ~ das Fernsehprogramm. ~ das Gespräch. ~ die Geschichte (Erzählung). ~ die Ergebnisse der Befragung/Umfrage. ~ die Zusammenfassung (das Resümee). ~ die Werbung des Projekts „...“. ~ die Rezension noch einmal. ~ die Wörter. ~ die Wortgruppen (Wortverbindungen). ~ mit dem Wörterbuch. ~ die Standardwendungen. ~ den Artikel (über ...). ~ das Gedicht. ~ den Text (die Texte) über ... ~ die Zitate über ...
Работай(те) ~ в группах по три человека. ~ с текстами.	Arbeite(t) ~ in Gruppen von je drei Personen. ~ mit den Texten.
Разыграй(те) ~ диалог между … ~ диалог на тему «…». ~ сценку (собеседования).	Spiele (Spielt) ... nach (Führt ... auf). ~ den Dialog zwischen ... ~ den Dialog zum Thema „...“ ~ eine Szene (ein Rollenspiel) (eines Vorstellungsgesprächs).
Распредели(те) роли.	Verteile (Verteilt) die Rollen.
Расскажи(те) ~ ей (ему) о …. по образцу. ~ немного о себе. ~ по-немецки …	Erzähle (Erzählt) ~ ihr (ihm) über ... nach dem Muster. ~ ein wenig über dich (euch). ~ auf Deutsch ...

Сделай(те) ~ заметки. ~ карточки для повторения ~ плакат. ~ постер с объявлениями. ~ презентацию результатов. ~ рекламу …	Fertige (Fertigt) … an. ~ Notizen ~ Kärtchen zu Wiederholung ~ ein Plakat ~ ein Poster mit Anzeigen ~ eine Präsentation der Ergebnisse ~ eine Werbeanzeige …
Скажи(те), ~ как ты понимаешь последнюю строчку песни. ~ какие высказывания правильны, а какие – нет. ~ каким, по-твоему, должен быть … ~ к какому разговору подходит плакат. ~ кто это сказал. Скажи(те) по-русски.	Sage (Sagt), ~ wie du die letzte Zeile des Liedes verstehst. ~ welche Aussagen richtig sind und welche nicht. ~ wie, deiner Meinung nach, … sein sollte. ~ zu welchem Gespräch das Plakat passt. ~ wer das gesagt hat. Sage (Sagt) auf Russisch.
Собери(те) ~ аргументы в пользу …	Sammle (Sammelt) ~ Argumente für …

Составь(те) ~ ассоциограмму (о …) на тему «…». ~ график о … ~ плакат. ~ флаер о … ~ хронику. Составь(те) ~ вопросы. ~ диалог (мини-диалоги) на тему «…». ~ диалог между … ~ предложения (с союзом …). ~ словосочетания с этими словами.	Erstelle (Erstellt) ~ eine Mindmap (über …) zum Thema „…“. ~ eine Grafik zu … ~ ein Plakat. ~ einen Flyer zu … ~ eine Chronik. Bilde(t) ~ Fragen. ~ einen Dialog (Mini-Dialoge) zum Thema „…“. ~ einen Dialog zwischen … ~ Sätze (mit der Präposition …). ~ Wortgruppen (Wortverbindungen) mit diesen Wörtern.
Спроси(те) у своих одноклассников.	Frag(t) deine (eure) Mitschüler.
Сравни(те) ~ две карты. ~ предложения. ~ результаты с …	Vergleiche (Vergleicht) ~ zwei Karten. ~ die Sätze. ~ die Ergebnisse mit …
Употреби(те) ~ в диалоге выражения из задания … ~ данные в скобках слова в нужном падеже.	Verwende(t) ~ im Dialog die Wendungen aus der Aufgabe … ~ die in Klammern vorgegebenen Wörter im benötigten Kasus.

Bildnachweis

Cover Corbis/Gregor M. Schmid, Russian Picture Service/ Jelena Beloussowa | **11** www.istock.com | **12**/*1* wikipedia.org, *2* RIA NOVOSTI/Vladimir Fedorenko, *3* ullstein bild – Novosti | **13** RIA NOVOSTI/Michael Mordasov | **14/15** *Hintergrund (H)* picture-alliance/ITAR-TASS | **14**/*1* flickr.com, *2+3* ITAR-TASS, *4* ITAR-TASS/Yury Belinsky | **15**/*1* RIA NOVOSTI/Boris Babanov, *2* ITAR-TASS/Valery Sharifulin, *3* RIA NOVOSTI/Valery Melnikov, *4* RIA NOVOSTI/Vitaly Karpov, *5* RIA NOVOSTI/Sergey Pytakov, *6* ITAR-TASS/emptytass, *7* RIA NOVOSTI/Anton Denisov; | **16** ITAR-TASS | **18** RIA NOVOSTI | **20** RIA NOVOSTI/Ekaterina Chesnokova | **24/25** *H* ITAR-TASS | **24**/*1* ITAR-TASS/fotoimedia, *2* RIA NOVOSTI/Alexander Polyakov, *3* ITAR-TASS, *4* ITAR-TASS/emtytass | **25** ITAR-TASS/Igor Kubedinov | **26**/*1* ITAR-TASS, *2* ITAR-TASS/emtytass | **27**/ *1* René Heilig, Berlin, *2* Cornelsen Verlag, *3* wikipedia.org | **28** akg-images/© Marc Chagall/ VG Bild-Kunst | **29** akg-images/© Marc Chagall/VG Bild-Kunst | **30** ITAR-TASS | **31**/*1* flickr.com | **32**/*1* ITAR-TASS/Vitaly Belousov; *2* VISUM/Travel Ink, *3* R. Heilig, Berlin, *4* RIA NOVOSTI /Alexander Polyakov | **33**/*1* ITAR-TASS/Anton Tushin, *2* ITAR-TASS/Stanislav Krasilnikov | **34/35** *H1* Valeria Sheremetieva, Berlin, *H2+ H3* flickr.com | **34**/*1–3* flickr.com | **35** pixelio.de/Thommy Weiss | **36**/*1–3* flickr.com, *4* Fotex/Camerique | **39** flickr.com | **40** *H* Fotolia/Alexander Maier, *1* Florian Werner/ LOOK-foto, *2* flickr.com | **42** Reinhard Wendlinger/Westend61 | **43** flickr.com | **44/45** *H1* flickr.com, *H2* ITAR-TASS | **44**/*1* lickr.com, *2* ITAR-TASS, *3* RIA NOVOSTI/ Dmitry Korobeinikov, *4* wikipedia.org, *5* RIA NOVOSTI | **45**/*1* flickr.com, *2* RIA NOVOSTI/Ekaterina Chesnokova; **46**/*1* ITAR-TASS/Maxim Shemetov, *2* ITAR-TASS/ Malyshev | **47** ITAR-TASS/Alexandr Kurov; **49** RIA NOVOSTI/Mikhail Fomichev | **50**/*1* ITAR-TASS, *2* RIA NOVOSTI/Chertkov, *3* RIA NOVOSTI/Khomenko, *4* ITAR-TASS | **51**/*1* RIA NOVOSTI, *2* wikipedia.org | **54/55** RIA NOVOSTI/Sergey Pyatakov | **54**/*1 (Karte)* Archiv VWV, *2* wikipedia.org, *3* wikipedia.org, *4* Archiv VWV | **55**/*1* ITAR-TASS/Yevgeny Khaldei, *2* ITAR-TASS/ Konstantin Kizhel, Sergei Smolsky, *3* RIA NOVOSTI/Oleg Lastochkin, *4* ITAR-TASS/Mikhail Klimentyev | **57**/*1* wikipedia.org, *2a* Cornelsen Verlag, *2b* ITAR-TASS/emptytass, *3* wikipedia.org, *4* ITAR-TASS/Alexander Semyonov, *5* wikipedia.org, *6* R. Heilig, Berlin | **59**/*1-5* R. Heilig, Berlin | **60**/*1* RIA NOVOSTI/Yakov Berliner, *2* Cornelsen Verlag | **62** wikipedia.org | **63**/*1* RIA NOVOSTI/Iliya Pitalev, *2* RIA NOVOSTI, *3* wikipedia.org, *4* ITAR-TASS/ fotoimedia | **64/65** *H* Harry Walter, Greifswald | **64**/*1* ITAR-TASS/ Anton Tushin, *2* ITAR-TASS/emptytass, *3* ITAR-TASS | **65**/*1* picturealliance, *2* RIA NOVOSTI/Vladimir Baranov | **66** RIA NOVOSTI/Yu. Nabatov | **67** imago/Camera 4 | **68** R. Heilig, Berlin | **69** flickr.com | **70** wikipedia.org | **71** flickr.com | **72** ITAR-TASS/Valery Sharifulin | **74**/*1* RIA NOVOSTI/Ozersky, *2* ullstein bild – Granger Collection, *3* wikipedia.org | **75** argus/Mike Schroeder | **76** flickr.com | **81**/*1* wikipedia.org, *2* ullstein bild – Imagno, *3* ullstein bild – Nowosti